EDMUND MUDRAK
NORDISCHE GÖTTER- UND HELDENSAGEN

EDMUND MUDRAK
NORDISCHE
GÖTTER- UND HELDENSAGEN

impian

Genehmigte Lizenzausgabe für Impian GmbH, Hamburg, 2018
Copyright © 2003 Ensslin im Arena Verlag GmbH, Würzburg
(Erstausgabe 1954)

Einbandgestaltung: Felicitas Horstschäfer, Berlin
unter Verwendung von shutterstock/Barandash Karandashich
Druck und Bindung: CPI books GmbH, Leck
Printed in Germany

ISBN 978-3-96269-046-5

www.impian.de

INHALT

DIE GÖTTER

DIE HELDEN

Beowulf

Die Skjöldunge

WESEN UND QUELLEN
DER NORDISCHEN GÖTTER- UND HELDENSAGE

NACHWORT

DIE GÖTTER

DAS WERDEN DER WELT

In die ferne Urzeit, da es noch keine Menschen, ja nicht einmal die Erde gab, dringt keine Erinnerung zurück. Der forschende Geist hat sich aber nie damit abgefunden, dass es Dinge gibt, die er nicht in Erfahrung bringen kann. Er hat seit eh und je immer neue Wege eingeschlagen, um dies Ziel zu erreichen, und so verschieden wie die Zeiten und die Völker waren auch die Antworten, die ihm auf seine Fragen zuteil wurden. Wo aber der Verstand auch heute noch vor vielen Rätseln steht, hat die aus dem Denken des Volkes hervorgegangene Überlieferung die Lösung gefunden. So weiß uns die Sage zu berichten, wie die Welt zustande gekommen ist und woher die Wesen stammen, die sie bevölkern.

Eine alte Dichtung sagt uns, wie es war, bevor es unsere Erde gab:

> Urzeit war es,
> da nichts war:
> Nicht war Sand noch See
> noch Salzwogen,
> nicht Erde unten,
> noch oben Himmel.
> Gähnung grundlos,
> doch Gras nirgends.

Draußen aber im Weltraum gab es einen Bereich, Nebelheim genannt. In der Mitte Nebelheims lag die Quelle Hvergelmir. Von dort strömten zahlreiche Gewässer in eine gähnende Kluft, Ginungagap genannt, deren Stelle jetzt unsere Erde einnimmt, und da dort gewaltige Kälte herrschte, gefroren alle diese Gewässer zu Eis. Weit im Süden gab es ein anderes Gebiet, Muspell genannt. Dort glühte es ständig von heißen Flammen und niemand konnte die Hitze ertragen außer den Lebewesen, die dort heimisch waren. Der Landesverteidiger, der mit flammendem Schwert die Grenze behütete, hieß Surt, doch hatte noch niemand versucht in sein Gebiet einzufallen.

In Ginungagap traf das Eis der Ströme, die von Hvergelmir in Nebelheim ausgegangen waren und die man Elivagar nennt, mit der heißen Luft aus Muspellheim zusammen. Da schmolz das Eis und Wasser troff hernieder und die Tropfen wurden lebendig und aus ihnen erwuchs ein gewaltiger Thurse oder Riese, den man Ymir nannte. Einer von seinen Nachkommen, der Riese Vafthrudnir, hat selbst vom Werden seines Ahnen erzählt:

> »Aus den Elivagar
> flogen Eistropfen.
> Aus den Tropfen ein Thurse wuchs;
> unsre Sippen
> stammen dort alle her,
> drum ist´s ein schlimmes Geschlecht.«

Von diesem Ymir stammte das Geschlecht der Reiffriesen ab, das so wie sein Ahn böse war und von dem viele Übeltaten ausgingen.

Ymir war aber nicht das einzige Lebewesen, das damals entstand. Aus den Tropfen des Schmelzwassers erwuchs auch eine Kuh, Audhumla genannt, aus deren Euter vier Milchströme hervorgingen. Diese Milch diente Ymir zur Nahrung, denn es gab damals noch nichts anderes, womit er seinen Hunger hätte stillen können. Die Kuh aber leckte an dem salzigen Eis und da kam nach und nach die Gestalt eines Mannes zum Vorschein, der viel freundlicher anzusehen war als Ymir. Der Mann hieß Buri und war ganz anders geartet als der böse Riese. Ihr ganz verschiedenes Wesen trennte die beiden und machte sie zu Feinden. So kam es schließlich, dass Buris Enkel

Odin, Vili und Ve, die Söhne seines Nachkommen Bur, mit Ymir hart aneinander gerieten. Dabei musste Ymir sein Leben lassen und seinem riesigen Leib entströmte das Blut in solcher Überfülle, dass die drei Brüder alle Nachkommen Ymirs darin ertränken konnten. Ein einziger entkam dem Verderben, der Riese Bergelmir. Dieser bestieg mit seiner Frau einen ausgehöhlten Baumstamm, der ihn wie ein Schiff über die Fluten trug und so vor dem Tod rettete. Von ihm stammte ein neues Geschlecht von Reifriesen ab. Aus dem Riesenleib Ymirs errichteten die drei Brüder unsere Welt, wie es die Dichtung weiß:

> Aus Ymirs Fleisch
> ward die Erde geschaffen,
> aus dem Blute das Brandungsmeer,
> das Gebirge aus den Knochen,
> die Bäume aus dem Haar,
> aus der Hirnschale der Himmel.

Noch aber überströmte das aus dem Blut geschaffene Meer die Erde, sodass dort kein Leben gedeihen konnte. Odin und seine Brüder wussten jedoch die Überschwemmung zu beseitigen, indem sie das feste Land aus den Meeresfluten heraushoben. Seither umgab das Meer die Erde wie ein Ring, doch fehlte noch jede Ordnung in der neuen Schöpfung. Auch dafür wussten Odin, Vili und Ve Rat. Ymirs Schädel, aus dem sie den Himmel geschaffen hatten, wurde mit seinen vier Enden über die Erde gestellt und unter jede Ecke stellten sie einen Zwerg. Die vier Zwerge hießen Oster, Vester, Norder und Suder und danach sind noch heute die vier Himmelsrichtungen benannt. Da es kein Licht auf der Erde gab, nahmen die drei Brüder die Funken, die aus Muspellheim herübersprühten, und schufen sie zu Lichtern um, denen sie ihre Stätte am Himmel und ihren Weg zuwiesen. Nunmehr wechselten Tag und Nacht in regelmäßiger Folge, sodass nach ihrem unbeirrbaren Lauf eine feste Ordnung begründet werden konnte, der Wechsel von Tag und Nacht, der Monat und das Jahr.

DIE ORDNUNG DER WELT UND IHRE BEWOHNER

Drei große Bereiche hatten die drei Brüder Odin, Vili und Ve aus dem Leibe Ymirs geschaffen, das Meer, die Erde und darüber das gewaltige Himmelsgewölbe. Noch aber fehlte es an Bewohnern für die Erde. Da gingen einmal Odin und seine Brüder am Meeresstrand entlang und fanden zwei Baumstämme. Diesen gaben sie Menschengestalt und dann verlieh ihnen Odin den Atem und das Leben. Vili schenkte ihnen den Verstand und die Fähigkeit sich zu bewegen, Ve aber Antlitz und Rede, Gehör und Sehkraft. Sie gaben dem Paar Kleidung und Namen: Den Mann nannten sie Askr, die Frau Embla. Diese beiden wurden zum Ursprung des gesamten Menschengeschlechts.

Odin nahm Frigg zur Ehe, die Tochter Fjörgynns, und von diesem Paar stammt das göttliche Geschlecht der Asen ab; der älteste Sohn Odins war der Asen-Thor, der durch seine riesige Kraft alle anderen übertraf.

Die Asen erwählten als ihren Wohnsitz den Raum mitten in der Welt und nannten ihn nach dem Namen ihres Geschlechtes Asgard. Odins Sitz hieß Hlidskjalf und von dort aus konnte er alles sehen, was in der ganzen Welt vorging. Ihre heilige Gerichtsstätte hatten die Asen am Stamm der Esche Yggdrasil. Das ist ein herrlicher Baum, größer und schöner als alle anderen, und seine Zweige breiten sich über die ganze Welt aus, während der Wipfel hinauf in den Himmel ragt. Drei Wurzeln tragen den Baum und halten ihn aufrecht. Unter der einen Wurzel liegt das Totenreich, in das die Menschen nach ihrem Lebensende eingehen, unter der zweiten wohnen die Reifriesen, unter der dritten aber wurde den Menschen ihre Wohnstätte angewiesen. Diesen Bereich nannten die Asen Midgard und schützten ihn durch einen Wall vor den Einfällen der Reifriesen, die den Menschen ebenso wie ihnen selbst feindlich gesinnt sind. Drei Quellen entspringen unter den Wurzeln Yggdrasils; in der einen, Hvergelmir genannt, haust ein Drache namens Nidhögg. Er hasst die Welt und nagt stets an den Wurzeln der Esche, denn er weiß, dass der Baum ebenso lange wie die Welt steht und dass, sobald er fällt, auch die Welt untergehen muss. Die zweite Quelle heißt nach ihrem Herren die Quelle Mimirs; in ihr sind Wissen und Weisheit verborgen und Mimir hütet diese Schätze eifersüchtig. Die dritte Quelle heißt der Urd. Dort wohnen die drei Schwestern Urd, Verdandi und Skuld, die man die Nornen nennt und die das Schicksal bestimmen. Man nennt sie daher auch Schicksalsschwestern oder Schicksalsfrauen. Sie behüten und pflegen den Baum, schöpfen Wasser aus der Quelle und begießen ihn damit, sodass er immer frisch bleibt und nicht verdorrt. So wirken sie dem Treiben Nidhöggs entgegen.

Zwei Schwäne leben in der Urdquelle, die heilig ist und alles reinigt, was mit ihr in Berührung kommt. Von den die ganze Welt überschattenden Zweigen der Esche fällt der Tau in alle Täler und schenkt ihnen Fruchtbarkeit und Gedeihen; man nennt aber diesen Tau auch Honigtau und es heißt, dass sich die Bienen davon nähren.

So sagt eine alte Dichtung von der Esche Yggdrasil:

> Eine Esche weiß ich,
> sie heißt Yggdrasil,
> die hohe, umhüllt
> von hellem Nebel;
> von dort kommt der Tau,
> der in die Täler fällt.
> Immergrün steht sie
> am Urdbrunnen.

Hoch oben in den Wipfeln der Esche haust ein Adler; er ist sehr weise und ein grimmiger Feind des Drachen Nidhögg. Auch Nidhögg hasst den Adler und der Zwist der beiden wird dauernd geschürt und vermehrt durch das Eichhorn Ratatösk, das stets den Stamm Yggdrasils hinauf- und hinunterläuft und den beiden Feinden die bösen Worte des anderen hinterbringt.

So war nun alles in der Welt gut eingerichtet. Asen und Menschen wohnten in Frieden und kannten keinen Streit. Groß war der Reichtum an Gold und in heiterer Ruhe, mit frohen Unterhaltungen flossen die Tage dahin.

DER RIESENBAUMEISTER

So wie die Asen Midgard, den Wohnsitz der Menschen, durch einen Wall gesichert hatten, gedachten sie auch Asgard vor feindlichen Angriffen, die etwa von den Riesen oder von anderen, noch unbekannten Feinden kommen konnten, zu sichern. Es kam ihnen daher sehr gelegen, als sich eines Tages ein Mann von mächtigem Wuchs einstellte und sich bereit erklärte einen Wall um Asgard zu bauen.

Er sagte, dass er diese Arbeit, so schwer und umfangreich sie auch sei, in drei Halbjahren fertig stellen könne. Den Asen gefiel dieses Angebot, doch erschraken sie, als der Fremde auf die Frage, welchen Lohn er begehre, antwortete: »Ich will weder Gold noch Geldeswert. Doch bin ich noch unbeweibt und so sollt ihr mir Freyja zur Frau geben. Als Mitgift aber sollt ihr mir die Sonne und den Mond überlassen.«

Freyja war eine der anmutigsten Frauen unter den Asen und weder sie noch Sonne und Mond konnten und wollten die Asen missen. Sie berieten lange und schließlich machten sie dem Baumeister den Gegenvorschlag, sie wollten ihm den geforderten Lohn geben, wenn er die Arbeit nicht so, wie er es angeboten habe, in drei Halbjahren, sondern im Laufe eines einzigen Winters vollende. Außerdem müsse er alles ganz allein, ohne jeden Helfer fertig bringen. Sie fügten aber die Bedingung daran, dass am ersten Sommertag auch nicht die geringste Kleinigkeit an dem Werk fehlen dürfe; sollte noch etwas mangeln, so verliere der Baumeister den Anspruch auf seinen gesamten Lohn.

Die Asen hatten gemeint, der Fremde werde auf diese Bedingung nicht eingehen können. Dieser aber gab zu ihrer Überraschung die Antwort, er wolle den Bau in der geforderten kurzen Frist fertig stellen und sei also bereit es trotz der ihm gestellten Bedingungen zu wagen. Doch verlangte er seinerseits, dass er sein Ross Svadilfari bei der Arbeit verwenden dürfe.

Das schien den Asen zuerst bedenklich, aber da meinte einer von ihnen namens Loki, sie könnten ohne Gefahr darauf eingehen, denn eine solche Arbeit könne in der geforderten kurzen Zeit niemand verrichten, ob er dabei nun ein Ross zur Hilfe habe oder nicht. Mit Loki war es aber so bestellt: Er war schön von Angesicht, aber von böser Sinnesart. Sehr klug war er, wendete aber seinen Verstand vor allem dazu an, Streit und Unfrieden zu stiften, und so manchen Rat gab er in der Absicht, möglichst viel Schaden anzurichten. Diese Sinnesart hatten die Asen bis dahin noch nicht erproben können und so vertrauten sie arglos darauf, dass es Loki, dessen Klugheit sie schon erkannt hatten, mit seinem Rat ehrlich meine.

Die Abmachung wurde feierlich durch Eide bekräftigt und am ersten Wintertag begann der Baumeister mit seiner Arbeit. Da erkannten die Asen alsbald, welche Bewandtnis es mit dem Ross hatte. Denn mit seiner Hilfe schleppte der Baumeister in der Nacht Steine von gewaltiger Größe herbei und dabei leistete das Ross doppelt so viel wie sein Herr, mochte dieser auch mit gewaltiger Kraft unermüdlich am Werk sein. Der Baumeister ließ aber, je weiter der Winter fortschritt, keineswegs in seinem Eifer nach, sondern steigerte noch seine Anstrengungen.

Nur drei Tage fehlten bis zum ersten Sommertag, da war der Burgwall bereits so hoch und stark gebaut, dass es unmöglich schien, ihn zu erstürmen. Er war aber auch schon so weit gediehen, dass nur noch ein kleines Stück in der Gegend des Burgtores fehlte. Voll Schrecken erkannten die Asen, dass mit Ablauf des Winters auch die geforderte Arbeit getan sein würde. Sie traten daher in aller Eile zu einer Beratung zusammen und fragten, wessen Schuld es sei, dass sie diesen verderblichen Vertrag geschlossen hatten. Es zeigte sich alsbald, dass es Loki gewesen war, der dazu geraten hatte, und dass auf seinen Zuspruch hin dem Baumeister gestattet worden war, beim Bau auch das Ross Svadilfari zu verwenden. So richtete sich der Unmut aller gegen Loki und schließlich bedrohte man ihn mit dem Tod, wenn er nicht in letzter Stunde das drohende Unheil abwende. Der Ränkeschmied geriet in Furcht, als er den Zorn der anderen sah, und beteuerte mit seinem Eid, dass er ganz gewiss die rechtzeitige Vollendung des Baues verhindern werde, möge es nun der Baumeister anstellen, wie er wolle.

Am selben Abend noch, als der Baumeister eben mit seinem Hengst auszog, um wieder mächtige Steine herbeizuschaffen, kam aus dem Wald eine

Stute an den Hengst heran, und sobald dieser die Stute sah, zerriss er die Zugseile und stürzte der Stute nach in den Wald. Vergeblich versuchte der Baumeister sein Ross einzufangen. So ging es die ganze Nacht und die Arbeit ruhte. Am nächsten Tag wollte es nicht recht vorwärts gehen und der Baumeister erkannte, dass er den Burgwall nicht in der vereinbarten Frist fertig stellen könne, so nahe er seinem Ziel auch war. Darüber geriet er in gewaltigen Zorn und dabei vergaß er alle Vorsicht und Verstellung, sodass die Asen erkannten, dass kein anderer den Wall erbaut hatte als ein Bergriese, einer ihrer ärgsten Feinde. Da riefen sie Thor herbei, den Stärksten unter ihnen; der griff den Feind an und erschlug ihn.

Es war kein Zufall gewesen, dass Svadilfari, von der Stute verlockt, gerade im letzten Augenblick seinen Dienst versagt hatte. Als nämlich Loki erkannt hatte, dass er die Fertigstellung des Walles anders nicht verhindern könne, hatte er sich in die Stute verwandelt und den Hengst von der Arbeit weggelockt. Er hatte also unredliche Mittel angewendet, um den Baumeister um seinen Lohn zu bringen, und auf diese Weise hatten die Asen den feierlich geschlossenen und beschworenen Vertrag gebrochen. Damit war die Zeit der Schuldlosigkeit, da sie ihre Tage heiter und unbekümmert verbracht hatten, vorbei. Die erste schwere Schuld lastete auf ihnen.

DER WANENKRIEG

Gar bald zeigte sich, dass der Burgwall, den der Riese für die Asen erbaut hatte, keinen unbedingten Schutz gewährte. Noch ein anderes Geschlecht von überirdischer, göttlicher Art war im Laufe der Zeit herangewachsen, die Wanen. Eine zauberkundige Frau aus diesem Geschlecht, Gullveig genannt, war einst nach Asgard gekommen; aber die misstrauischen Asen hatten sie hart misshandelt und sogar zu töten versucht, denn sie hegten den Argwohn, die Zauberin habe böse Anschläge vor. Als die Wanen von dem Geschick Gullveigs erfuhren, beschlossen sie sich an den Asen zu rächen und zogen mit Heeresmacht gegen Asgard. Sie verlangten zur Sühne, die Asen sollten ihnen ebenfalls einen Anteil an den Gütern der Welt einräumen. Diese hielten Rat über diese Forderung und beschlossen schließlich im Vertrauen auf ihre Macht und ihre feste Burg ihren Gegnern im Kampf entgegenzutreten. Odin selbst schleuderte seinen Speer in die Reihen der Gegner und eröffnete damit die Schlacht. So war der Krieg in die Welt gekommen, aber er verlief anders, als die Asen gedacht hatten. Die Wanen stürmten mit solcher Macht gegen sie an, dass sie ihre Reihen durchbrachen, und als sich die Asen hinter ihrem Burgwall zurückzogen, gelang es den Wanen sogar, in dieses mächtige Bollwerk eine Bresche zu schlagen. Die alte Dichtung berichtet von diesem Kampf:

> Odin den Ger
> in die Gegner warf:
> Der erste Krieg
> kam in die Welt;
> es brach der Bordwall
> der Burg der Asen,
> Wanen stampften
> streitkühn die Flur.

So mussten die Asen den Kampf abbrechen und mit den Wanen über den Frieden verhandeln. Da wurde nun beschlossen, dass beide Teile einander Geiseln stellen sollten, und zwar gaben die Wanen ihre besten Männer heraus, nämlich Njörd und dessen Sohn Freyr. Die Asen dagegen stellten als Geisel Hönir, einen Mann von schönem, stattlichem Äußeren, und sagten den Wanen, er werde für sie einen guten Führer abgeben. Mit ihm zugleich sandten sie den weisen Mimir, der Hönir in allen Dingen beraten sollte.
Um den Frieden feierlich zu bekräftigen, vereinigten Asen und Wanen ihren Speichel in einer Schüssel und aus diesem Speichel schufen sie einen Mann von größter Weisheit, den sie Kvasir nannten.

DAS SCHICKSAL DES WEISEN MIMIR

Als die Wanen wieder in ihrem Land angekommen waren, machten sie im Vertrauen auf die Verheißungen der Asen Hönir sogleich zum Führer. Mimir beriet Hönir in allen Dingen, dieser aber geriet stets in Verlegenheit, wenn er in Abwesenheit Mimirs eine Entscheidung treffen sollte. Er sagte in solchen Fällen stets, dass an seiner Stelle andere Männer entscheiden sollten. Da erkannten die Wanen, dass die Asen ihnen einen Mann als Geisel gestellt hatten, dessen Verstand weit geringer war, als sein stattliches Aussehen hatte erwarten lassen, und dass sie hintergangen worden waren. Um sich zu rächen und gleichzeitig zu zeigen, dass sie den Betrug durchschaut hatten, enthaupteten sie Mimir und sandten das Haupt den Asen. Odin verstand es aber, das Haupt des Toten vor Verwesung zu schützen und es zum Reden zu bringen. Über schwierige Fragen und in gefährlicher Lage sprach er stets mit Mimirs Haupt und holte dessen Rat ein.

KVASIR UND DER DICHTERMET

Der weise Kvasir, der aus dem Speichel der Asen und Wanen geschaffen worden war, unternahm weite Wanderungen, um Menschen Wissen zu lehren. Er war nämlich so klug, dass niemand eine Frage an ihn stellen konnte, die er nicht zu beantworten vermocht hätte. Auf seinem weiten Weg kam er auch zu den Zwergen Fjalar und Galar. Diese taten, als wollten sie ihm ganz allein, von allen anderen unbelauscht, verschiedene Fragen stellen; in Wahrheit führten sie jedoch eine arge Untat im Schilde. Sobald sie mit Kvasir allein waren, erschlugen sie den Ahnungslosen, ließen sein Blut in den Kessel Ödhrörir rinnen und vermischten es mit Honig. Der Trank, der auf diese Weise entstand, verlieh jedem, der davon genoss, die Gabe der Dichterkunst. Um ihr Verbrechen vor den Asen zu verheimlichen, erklärten sie diesen, Kvasir sei in der Überfülle seines eigenen Verstandes ertrunken.

An diese Übeltat fügten die heimtückischen Zwerge alsbald eine zweite. Auf ihre Einladung hin kam der Riese Gilling samt seiner Frau zu ihnen auf Besuch. Sie luden Gilling zu einer Bootsfahrt auf dem Meer ein und steuerten absichtlich auf eine unterirdische Klippe, sodass Gilling, der nicht schwimmen konnte, ertrinken musste. Als sie dann nach Hause kamen, berichteten sie Gillings Weib, dass Gilling ein Opfer des Meeres geworden sei; sie forderten sie auf, mit ihnen an den Strand zu gehen, weil sie ihr dort die Unglücksstelle zeigen wollten. Die Riesin ging auf diesen Vorschlag ein, aber sobald sie aus der Tür hinaus ins Freie trat, ließ ihr Galar, der auf dem Dach oberhalb der Tür lauerte, einen Mühlstein auf den Kopf fallen, sodass auch sie den Tod fand.

Gilling hatte aber einen Sohn, den Riesen Suttung, und als dieser erfahren hatte, wie die beiden Zwerge seinen Eltern mitgespielt hatten, brach er sogleich auf, um sie zu rächen. Unvermutet überfiel er die beiden Brüder. Dann brachte er sie im Boot auf eine kleine Insel, die bei Flut stets vom Wasser überspült wurde, und setzte sie dort aus. Als die beiden Brüder den Tod vor Augen sahen, bettelten sie bei Suttung um ihr Leben und boten ihm an, den aus Kvasirs Blut hergestellten Trank auszuliefern. Suttung ahnte, welche Kostbarkeit dieser wunderbare Met war, und nahm die Buße an. Um des Trankes, den er so erhielt, ganz sicher zu sein, verbarg er ihn zu Hnitbjörg, das heißt Schlagfelsen. Zur Hüterin des Dichtermets bestellte er Gunnlöd, seine eigene Tochter.

ODIN GEWINNT DEN DICHTERMET

Eines Tages machte sich Odin auf, um sich in den Besitz des Dichtermets zu bringen. Auf seinem Weg kam er zu einer Wiese, auf der eben die neun Knechte des Riesen Baugi das Gras mähten; Baugi aber war der Bruder Suttungs. Odin sah, dass es den Sensen der Knechte an Schärfe fehlte, und fragte sie, ob er ihnen die Sensen wetzen solle. Als sie bejahten, nahm er einen Wetzstein vom Gürtel und schärfte die Sensen so, dass alle verwundert waren, wie gut ihnen nunmehr die Arbeit von der Hand ging. Da wollten sie den Wetzstein kaufen und Odin sagte, der solle ihn haben, der dafür den gerechten Kaufpreis entrichte. Dazu waren alle bereit, Odin aber warf den Wetzstein in die Luft und nun wollte jeder der Knechte ihn haben. Sie gerieten darüber in so heftigen Streit, dass sie einander schließlich wechselseitig mit ihren Sensen erschlugen.

Odin begab sich sodann zu Baugis Gehöft. Er nannte sich Bölverk und bat den Riesen um Nachtherberge. Als der Hausherr mit seinem Gast ins Gespräch kam, klagte er, dass er in einer argen Lage sei: »Meine neun Knechte haben einander allesamt totgeschlagen und nun weiß ich nicht, woher ich Arbeiter bekommen soll.« Da erbot sich Bölverk, er allein wolle die Arbeit aller neun Knechte verrichten. »Ich habe gehört, dass dein Bruder Suttung einen Trank von wunderbarer Wirkung verwahrt«, setzte er hinzu. »Das soll mein Lohn sein, dass du mir einen Trunk von diesem Met verschaffst.« Darauf antwortete Baugi, der Met gehöre Suttung allein, der niemandem etwas davon gönne. »Das aber verspreche ich dir«, schloss er, »dass ich dich zu meinem Bruder geleiten und versuchen will dir zu einem Trunk von dem kostbaren Met zu verhelfen.«

Mit diesem Versprechen gab sich Bölverk zufrieden und tat nunmehr den ganzen Sommer über ganz allein dieselbe Arbeit, die früher neun Männer verrichtet hatten. Als aber der Winter kam, mahnte er Baugi an sein Versprechen und alsbald brachen beide auf und begaben sich zu Suttung, dem Baugi den Wunsch Bölverks vortrug. Er hatte aber keinen Erfolg damit, denn Suttung schlug ihm seine Bitte rundweg ab. Da meinte Bölverk, dass es nun an der Zeit sei, es mit einer List zu versuchen, und Baugi war mit diesem Vorschlag einverstanden. Nun zog Bölverk den Bohrer Rati hervor und verlangte, Baugi solle damit ein Loch in die Felswand von Hnitbjörg bohren. Dieser machte sich sogleich an die Arbeit und erklärte nach einiger Zeit, der Fels sei bereits durchgebohrt. Bölverk jedoch blies in die Öffnung und da flog ihm Staub entgegen. Baugi hatte also nicht die Wahrheit gesagt. Er musste nun weiterbohren, bis die Arbeit wirklich geschafft war. Da verwandelte sich Bölverk in einen Wurm und kroch durch die kleine Öffnung in das Innere des Felsens. Heimtückisch stieß Baugi mit dem Bohrer nach, sobald der Wurm in das Loch geschlüpft war; dieser aber war auf der Hut gewesen und Baugi verfehlte ihn.

Im Inneren der Höhle angelangt trat Bölverk in seiner wahren Gestalt vor Gunnlöd. Drei Nächte lang teilte er mit ihr das Lager, sie aber versprach ihm drei Trünke von dem Met, den sie verwahrte. Der Met war in drei Gefäßen aufbewahrt und Bölverk leerte jedes davon mit einem einzigen Zug. Dann verwandelte er sich in die Gestalt eines Adlers und flog davon. Als Suttung den Adler fliegen sah, warf er sein Adlergewand um und nahm die Verfolgung auf. Die Asen sahen schon von weitem, was da vor sich ging und dass der Verfolger Odin fast schon erreicht hatte. Da stellten sie Schüsseln auf, in die Odin den Trank entleerte; Suttung jedoch musste unverrichteter Dinge umkehren.

LOKIS NACHKOMMEN

Durch seine argen Ratschläge hatte Loki die erste Schuld über die Asen gebracht, denn der Betrug am Riesenbaumeister war nicht ohne deren Wissen und Zustimmung geschehen. Diesem Betrug folgten aber weit schlimmere Taten. Obgleich die Riesen die Erbfeinde der Asen waren, verband sich Loki mit der Riesin Angrboda und diesem argen Bund entstammten drei Sprösslinge. Der Erstgeborene war Fenrir, ein wolfsgestaltiges Wesen von gewaltiger Kraft und Größe; nach ihm kam eine Schlange von unheimlicher Länge zur Welt, zuletzt aber ein weibliches Geschöpf von sonderbarem Aussehen, genannt die Hel. Es war halb blau, halb fleischfarben und von hässlichem, finsterem Wesen.

Diese drei Geschwister wuchsen zunächst bei ihrer Mutter in Riesenheim auf, den Asen aber ward eine Weissagung zuteil, wonach von diesen Kindern Lokis ihnen einst schwere Gefahr drohen werde. Da ließ Odin alle drei vor sich bringen und warf die Schlange in das Meer, das die ganze Erde umschließt. Sie war aber schon so mächtig herangewachsen, dass sie um alle

Lande herumreichte und ihr Leib einen Kreis bildete; sie biss sich selbst in den Schwanz, und weil sie den gesamten Midgard einschloss, nannte man sie die Midgardschlange. Die Hel warf Odin hinab ins Totenreich und machte sie zur Herrin über neun Welten. Dort, wo sie ihren Sitz hat, ist es düster und unfreundlich. Das zeigt sich schon an den Namen ihrer Wohnung und ihres Hausrats und Gesindes, denn der Saal, in dem sie thront, heißt Eljudnir, Mühe und Plage, ihre Schüssel Hunger, ihr Messer Verschmachtung, ihr Knecht Gangträge, ihre Magd Gehfaul, ihre Tür Fallendes Unheil, weil sie hinter dem Eintretenden jäh zufällt und ihm die Ferse abzuschlagen droht, ihr Bett Sarg, ihr Wandbehang Blinkendes Unheil.

Den Wolf Fenrir behielten die Asen bei sich und zogen ihn auf. Er war von allem Anfang an wild und ungebärdig, sodass nur einer von allen Asen, der kühne Tyr, es wagte, ihm sein Futter zu bringen. Er wuchs mächtig mit jedem Tage und drohende Weissagungen verkündeten, dass er den Asen schweren Schaden bringen werde. Um das zu verhindern, gedachten die Asen ihn zu fesseln und schufen starke Bande, die sie dem Wolf mit der Aufforderung anlegten, er möge zeigen, dass er stark genug sei sie zu zerreißen. Der Wolf wehrte sich nicht gegen die Fesselung, und als er sich dann gegen die Fessel stemmte, war sie im Augenblick zerrissen. Als die Asen das sahen, fertigten sie eine zweite Fessel, doppelt so stark wie die erste, und verfuhren ebenso wie mit der ersten. Fenrir ließ sich auch diese Fessel ohne Widerstreben anlegen, aber im nächsten Augenblick sprengte er sie mit solcher Kraft, dass die Stücke weit davonflogen.

Nun sahen die Asen ein, dass sie selbst nicht imstande waren eine Fessel herzustellen, die der gewaltigen Kraft des Wolfes standhalten konnte. Da ließen sie von kunstfertigen Zwergen eine Fessel herstellen, die dünn und unscheinbar aussah, aber unzerreißbar war. Seltsam waren die Bestandteile, aus denen sie die Fessel schufen. Sie nahmen dazu den Lärm eines Katzentrittes, den Bart der Frau, die Wurzeln des Berges, die Sehnen des Bären, den Atem des Fisches und den Speichel des Vogels.

Die Fessel, die auf diese Weise entstand, war glatt und weich wie ein Band aus Seide, aber wie sehr sich die Asen auch abmühten, so vermochten sie trotzdem nicht sie zu zerreißen. Da schmeichelten sie dem Wolf und sagten zu ihm, dass er gewiss weit stärker sei als sie und die Fessel ohne allzu große Anstrengung sprengen könne. Der Wolf entgegnete, wenn das Band nicht stärker sei, als es aussehe, so werde es ihm nicht viel Ruhm bringen, wenn er es zerreiße; es habe aber den Anschein, als sei es mit List und Tücke gefertigt, und darum wolle er es sich nicht anlegen lassen. Die Asen antworteten, sie würden sich gewiss nicht vor ihm fürchten, wenn er nicht einmal dieses schwache Band zerreißen könne, und ihn dann gerne wieder losbinden. Das Misstrauen des Wolfes ließ sich aber nicht so leicht beseitigen und schließlich erklärte er, nur dann werde er sich fesseln lassen, wenn einer der Asen ihm als Unterpfand dafür, dass sie keinen Betrug planten, die Hand in den Rachen lege. Als die Asen diese Bedingung hörten, sahen sie einander betreten an und keiner von ihnen wollte sich bereit finden seine Hand als Pfand darzubieten. Da endlich trat Tyr hervor und legte seine Hand dem Wolf in den Rachen. Nun ließ sich dieser das Band anlegen, aber als er dann versuchte es zu zerreißen, strengte er vergeblich alle seine Kräfte an. Je mehr er sich gegen die Fessel stemmte und sträubte, umso fester zog sie sich zusammen, und schließlich musste Fenrir erkennen, dass er nichts gegen sie vermochte. Als die Asen das sahen, lachten sie und keiner von ihnen dachte daran, das dem Wolf gegebene Versprechen einzulösen und ihn loszulassen. Tyr aber musste für alle die Zeche zahlen, denn Fenrir biss ihm die Hand ab und seither ist er einhändig, weshalb er der »einhändige Ase« genannt wird.

Die Asen zogen nun die Fessel durch eine große Steinplatte und verankerten diese tief im Erdboden, um nur ja zu verhindern, dass Fenrir wieder loskomme. Dieser riss seinen Rachen weit auf und fuhr mit dem Kopf hin und her, um die Asen zu beißen. Da steckten ihm diese ein Schwert in den Rachen, sodass der Griff dessen Boden berührte, die Spitze aber den Gaumen. Nun heult der Wolf fürchterlich mit dauernd aufgesperrtem Rachen, aus dem der Speichel herabfließt und zu einem Strom anwächst, der Van, das heißt Hoffnung, genannt wird. So soll es gehen bis zum Weltenende, dann aber wird Fenrir von seinen Fesseln befreit.

DAS WETTSCHMIEDEN DER ZWERGE

Lokis Versuche, den Asen zu schaden, nahmen kein Ende. Eines Tages gelang es ihm, Sif, die Gattin Thors, ihres Haupthaares und damit ihres schönsten Schmuckes zu berauben. Seine Tat blieb aber nicht ungestraft. Denn sobald Thor erkannte, was geschehen war, ergriff er den weit schwächeren Loki und hätte ihm alle Knochen im Leib zerbrochen, wenn der Übeltäter nicht versprochen hätte für Sif goldenes Haar herbeizuschaffen. Er beauftragte damit kunstfertige Zwerge, die Söhne Ivaldis, und diese brachten das Werk wirklich zustande. Aber auch noch andere Kleinode mussten sie fertigen. Da war zunächst ein herrlicher Speer, Gungnir genannt, den später Odin zum Geschenk erhielt.

Eine besonders kunstvolle Arbeit war das Schiff Skidbladnir, das so groß war, dass es alle Asen in voller Kriegsrüstung aufnehmen konnte. Wenn es dagegen nicht gebraucht wurde, so konnte man es so klein zusammenfalten, dass man es in der Tasche tragen konnte. Die Zwerge waren mit Recht auf diese drei Kunstwerke besonders stolz.

Als Loki mit den Kleinoden unterwegs war, begegnete ihm ein Zwerg namens Brokk, dem er seine Schätze mit den Worten zeigte, solche Zier wie Ivaldis Söhne vermöge kein anderer Schmied zu schaffen. Da antwortete Brokk, sein Bruder Sindri sei ebenso tüchtig, und als Loki das nicht glauben wollte, rief der Zwerg aus, Sindri könne ganz gewiss drei ebenso bedeutende Meisterwerke schmieden. Da verwettete Loki seinen Kopf dafür, dass kein Schmied den Söhnen Ivaldis gleichkomme. Brokk aber suchte Sindri auf und erzählte ihm von seiner Wette mit Loki. Darauf begaben sich die beiden Brüder zur Schmiede, Sindri legte ein Schweinsfell in die Esse und befahl Brokk so lange ohne Rast mit dem Blasebalg zu arbeiten, bis er wiederkomme. Damit verließ Sindri die Schmiede, Brokk aber bediente eifrig den Blasebalg, obgleich sich ihm eine Fliege auf die Hand setzte und ihm Stich auf Stich versetzte. Er hielt so lange aus, bis Sindri sein Werk aus der Esse nahm: Es war ein Eber mit goldenen Borsten. Nun legte Sindri Gold in die Esse und trug Brokk auf, wieder so lange zu blasen, bis er zurückkomme. Die Fliege kam bald darauf wieder, setzte sich Brokk auf den Hals und stach ihn so stark, dass er es kaum aushalten konnte. Da kam gerade noch zur rechten Zeit Sindri wieder und sagte, nun sei es so weit, dass Brokk einhalten könne. Mit diesen Worten nahm er einen goldenen Ring aus der Esse, den er Draupnir, den »Träufler« nannte.

Noch ein drittes Werk galt es nun zu fertigen und dazu legte Sindri Eisen in die Esse. Er schärfte seinem Bruder ein, den Blasebalg ja nicht vorzeitig ruhen zu lassen, denn dadurch würde alles verdorben. Kaum war er weggegangen, so kam die Fliege wieder. Sie setzte sich diesmal Brokk zwischen die Augen und stach ihn in die Lider, sodass das Blut dem Zwerg in die Augen rann und er nichts mehr sehen konnte. Da griff er schnell mit der Hand nach der Fliege und streifte sie ab, doch im selben Augenblick sank auch schon der Blasebalg zusammen und das Schmiedefeuer erlosch. Zum Glück war aber das Werkstück schon fast vollendet, da dies geschah, und als Sindri kam, nahm er einen Hammer aus der Esse, dessen Griff nicht ganz die richtige Länge hatte, weil das Feuer zu früh erloschen war.

Sindri überreichte nunmehr Brokk den goldenen Eber, den goldenen Ring und den Hammer und trug ihm auf, damit zu den Asen zu gehen, die darüber entscheiden sollten, ob diese drei Kleinode oder die von Ivaldis Söhnen geschmiedeten den Vorzug verdienten. Auch Loki stellte sich ein, um sich dem Urteil der Asen zu unterwerfen.

Die Asen nahmen ihre Richterstühle ein und erklärten, das Urteil solle von Odin, Thor und Freyr gefällt werden. Da überreichte Loki den Speer Gungnir Odin, Thor gab er das für Sif bestimmte Goldhaar und Freyr das Schiff Skidbladnir. Die drei Kostbarkeiten hatten aber besonders wertvolle Eigenschaften, die Loki nunmehr verriet. Gungnir war nicht mehr zu hemmen, wenn einmal mit ihm ein Stoß geführt worden war; das für Sif bestimmte Goldhaar wuchs sogleich an deren Haupt fest und war ganz so, wie ihr eigenes Haar gewesen war; Skidbladnir aber hatte überall dorthin, wohin sein Herr zu fahren wünschte, günstigen Wind.

Nach Loki kam Brokk an die Reihe seine Kostbarkeiten vorzuführen. Er gab Odin den Ring Draupnir und sagte, jede neunte Nacht würden von

Draupnir acht Ringe abtropfen, von denen jeder so schwer sei wie Draupnir selbst. Den Eber gab er Freyr und sagte dazu, dass er schneller als jedes Ross bei Tag und Nacht über Land und Meer rennen werde; im Dunkeln aber würden die Borsten des Ebers so hell strahlen, dass es hell genug sein werde, um den Weg nicht zu verfehlen. Das letzte Kleinod, den Hammer, gab er Thor. Er nannte die Waffe Mjölnir und sagte dazu, sie werde den Dienst nie versagen, so stark Thor auch damit zuschlage, und wenn er den Hammer schleudere, so werde er stets sein Ziel treffen, dann aber von selbst in seine Hand zurückkehren. Und wenn er wolle, so werde der Hammer so klein, dass er ihn in der Hand verbergen könne.

Nun war allerdings der Hammerstiel etwas zu kurz geraten. Das war aber das Werk Lokis, denn er war es gewesen, der in Gestalt einer Fliege Brokk hatte hindern wollen mit dem Blasebalg zu arbeiten, da er gehofft hatte, auf diese Weise die Vollendung von Sindris Meisterwerken zu stören und seine Wette zu gewinnen. Alle seine Anschläge waren aber misslungen, denn die Richter entschieden, dass der Hammer das beste von den sechs Kleinoden sei, und damit war Lokis Haupt dem Zwerg verfallen. Wohl bat Loki, er möge doch Lösegeld annehmen, aber davon wollte Brokk nichts wissen. »So nimm mich denn«, sagte Loki, aber im selben Augenblick, da Brokk nach ihm greifen wollte, war er verschwunden; er hatte sich in seinen Schuhen, die ihn über Land und Meer trugen, davongemacht. Da bat Brokk Thor um Hilfe und dieser hatte Loki alsbald eingeholt und brachte ihn zurück. Brokk griff nun nach Loki, um ihn zu enthaupten – da rief dieser: »Den Kopf habe ich dir verwettet, nicht aber den Hals dazu!« Voll Zorn erkannte Brokk, dass Loki ihn bei der Wette hintergangen hatte. Nun gedachte er Lokis Lippen zu vernähen, sodass dieser verhungern und verdursten müsse. Das Messer, das er dazu verwenden wollte, schnitt aber nicht. Er rief: »Hätte ich doch Sindris Ahle zur Hand!« Im selben Augenblick, in dem er diesen Wunsch ausgesprochen hatte, lag ihm plötzlich die Nadel in der Hand und nun konnte er seine Absicht ausführen. Da riss Loki die Nahtränder auf, und wie sehr ihn auch seine wunden Lippen schmerzten, so hatte er doch das Verhängnis von sich abgewehrt.

FREYR UND GERD

S eit Odin mit seinen Brüdern den Urriesen Ymir getötet und das Geschlecht der Reifriesen in dessen Blut ertränkt hatte, herrschte eine schwere Feindschaft zwischen den Asen und den Riesen, und wo immer die beiden Geschlechter einander begegneten, war es zu einem bösen Ende gekommen. Der Vertrag mit dem Riesen, der den Burgwall für die Asen erbaut hatte, war von Anfang an nicht ehrlich gemeint gewesen und hatte schließlich zu schwerer Schuld geführt und die Verbindung Lokis mit der Riesin Angrboda hatte eine Nachkommenschaft von schlimmster Art hervorgebracht. Dennoch aber führte die Liebe noch einmal Angehörige aus den beiden feindlichen Lagern zusammen.

Das begann damit, dass Freyr einmal den Hochsitz in Hlidskjalf einnahm, von wo er alles sehen konnte, was in der ganzen Welt geschah. Seine Blicke schweiften auch hinüber nach Riesenheim und da erblickte er ein wunderschönes Mädchen, das eben vom Wohnhaus ihres Vaters hinüberging zum Frauengemach. Dieses Mädchen war Gerd, Gymirs Tochter. Ihr Anblick fesselt ihn so, dass ihn ein schwerer Liebeskummer befiel. Sein Vater Njörd erkannte die düstere Stimmung Freyrs, doch fragte er ihn vergeblich nach dem Grund seines Kummers. Da rief Njörd Skinir, den vertrauten Diener seines Sohnes, zu sich und trug ihm auf, er möge Freyr nach dem Grund seiner Schwermut befragen. Skinir meinte zwar, Freyr werde ihm eine unwirsche Antwort geben, erfüllte den Auftrag aber doch und trat mit der Frage vor seinen Herrn, warum er plötzlich alle Gesellschaft meide und stets nur die Einsamkeit suche. Er berief sich darauf, dass ihm Freyr früher stets sein Vertrauen geschenkt habe, und dieser gab nun sein Geheimnis preis. »Im Hof des Riesen Gymir habe ich eine Jungfrau von solcher Schönheit gesehen, dass mich die Sehnsucht nach ihr verzehrt. Ich weiss aber genau, dass mir ihre Liebe immer versagt bleiben muss – so groß ist die Feindschaft zwischen uns und den Riesen, dass mir niemals eine Verbindung mit ihr erlaubt wird!« Skinir meinte jedoch, es werde ihm sicher gelingen, Gerd für Freyr zu gewinnen, wenn dieser ihn als Freiwerber zu ihr senden wolle.

Allerdings bedürfe es besonderer Mittel, wenn er die Gefahr dieser Wer-
bungsfahrt bestehen solle:

> »Gib mir das Ross,
> zu durchschreiten die düstre,
> verwunschne Waberlohe,
> die Klinge auch,
> die kämpft von selbst
> wider der Riesen Reihn!«

So groß war Freyrs Sehnsucht nach Gerd, dass er sich ohne Zögern bereit
erklärte Skinir Ross und Schwert zu überlassen. Sogleich sattelte Skinir das
Tier und begann seinen Ritt, mochte es auch finstre Nacht sein. Als er ins
Riesenreich und zu Gymirs Gehöft kam, traf er auf einen Hirten, der als
Wächter auf einem Hügel saß. Er sah, dass an dem Tor des Zaunes, der
rings um das Gehöft ging, bissige Hunde angebunden waren, und redete
den Wächter an: »Sag an, Hirte, der du hier auf dem Hügel sitzt und alle
Wege behütest, wie ich wohl vor den grimmigen Hunden da zu Gerd gelangen und ihr Botschaft bringen kann?«
Der Hirte antwortete höhnisch: »Todgeweiht bist du, wenn du es wagst, Zutritt zu Gerd zu suchen! Niemals wird es dir gelingen, ihr deine Botschaft
auszurichten!« Skinir sah, dass es unmöglich war, an den Hunden vorbei
durch das Tor in Gymirs Behausung einzudringen. Rings um den Zaun des
Hofes aber drohten die Flammen der Waberlohe. Da spornte er rasch und
entschlossen sein Ross und sogleich setzte er dieses mit mächtigem Sprung
über die Waberlohe hinweg.
Mit so gewaltigem Sprung war das Ross über alle Hindernisse hinwegge-
setzt, dass der Boden dröhnte und das Getöse bis in Gerds Gemach drang.
Sie fragte ihre Dienerin, was das für ein Lärm sei. Diese berichtete, eben sei
draußen ein Mann von seinem Ross gestiegen.
Erstaunt ließ Gerd den Fremden durch ihre Dienerin zu sich laden, und als
Skinir vor sie trat, fragte sie:

>>Bist du einer der Alben
oder der Asensöhne
oder der weisen Wanen?
Warum rittest du allein
durch rasende Feuer
unsern Saal zu sehen?<<

Skinir antwortete:

>>Bin keiner der Alben
noch der Asensöhne
noch der weisen Wanen.
Dennoch ritt ich allein
durch rasende Feuer
euren Saal zu sehen.<<

Er bot Gerd elf goldene Äpfel, damit sie ihm, dem Fremden, Frieden ge-
währe und Freyr, in dessen Auftrag er gekommen war, ihre Gunst schenke.
Gerd jedoch wies die Gabe ebenso zurück wie die Werbung:

>>Die elf Äpfel
werd ich annehmen nie
einem Werber zu Wunsch.
Bei Njörds Sohn
werd ich nimmer hausen,
solange mein Leben währt!<<

Vergeblich bot Skinir ihr auch den Ring Draupnir an, der sich jede neunte
Nach um acht ebenso schwere Ringe vermehrt. Stolz rief Gerd dagegen,
dass es in Gymirs Hof nicht an Schätzen mangle, über die sie nach ihrem
Gutdünken verfügen könne. Als Skinir sah, dass seine Versprechungen
nichts fruchteten, nahm er seine Zuflucht zu Drohungen und drohte sogar

Gerd das Leben zu nehmen, wenn sie auf ihrer Abweisung beharre. Dadurch jedoch steigerte er noch ihren Unmut. Sie antwortete, niemals werde sie dem Zwang gehorchen, ihr Vater Gymir aber werde sie zu schützen wissen und Skinir zum Kampf stellen.

Dieser erkannte, dass weder Versprechungen noch Drohungen Gerds Sinn zu beugen vermochten. Da griff er zum letzten Mittel, zu zauberischer Verwünschung: Auf einsamen Felsen solle sie in Zukunft ihr Leben verbringen, von Unholden gequält. Voll Entsetzen hörte Gerd diese Verfluchung – wehe, wenn sie je wirklich wahr werden sollte! Lieber wollte sie dem Werber ihr Jawort geben, als dass sie das Schicksal ertragen hätte, das Skinir ihr androhte. So trug sie ihm denn auf, Freyr ihre Einwilligung zu überbringen. In neun Nächten solle die Hochzeit vor sich gehen.

Froh trat Skinir nun den Heimweg an, und obgleich Freyrs Sehnsucht die Frist von neun Tagen, die Gerd verlangt hatte, viel zu lange erschien, war er doch überglücklich, als Skinir ihm berichtete, wie alles abgelaufen war. Als Botenlohn überließ er Skinir Ross und Schwert, mit deren Hilfe dieser Gerd für Freyr gewonnen hatte.

In Wahrheit freilich war wenig Anlass zur Freude. Wieder war es zu einer Verbindung mit einer Frau vom Geschlecht der Riesen gekommen und nicht aus eigenem, freiem Willen hatte Gerd die Werbung angenommen, sondern aus Furcht vor Skinirs Drohung. Die Hingabe von Ross und Schwert an Skinir aber sollte Freyr noch bitter bereuen.

ODIN ALS HERR DER KRIEGER IN WALHALL

Längst war die frohe Zeit des Friedens und des Glückes dahingeschwunden, die einst in der Welt geherrscht hatte. Immer mehr Unrecht und Schuld häufte sich an und Odin wusste genau, dass die Zeit des Kampfes um die Welt und deren Bestand mit Gewissheit kommen werde. Noch waren zwar die ärgsten Feinde, der Fenriswolf und die Midgardschlange, gefesselt oder ins tiefe Meer versenkt und die Riesen, die gegen

Asen und Menschen bitterste Feindschaft hegten, wagten, bisher noch führerlos, keinen Angriff. Dennoch war der Kampf unabwendbar und so galt
die Sorge Odins schon jetzt jener großen Schlacht, die über die Geschicke
der Welt entscheiden sollte. Stark und zahlreich war die Heerschar der
Feinde. Wie sollte ihr die geringe Zahl der Asen begegnen können?
Da beschloss Odin die tapfersten Krieger, die jemals auf der Welt gelebt
hatten, als sein Gefolge um sich zu scharen. Von ihm selbst geführt sollten
sie einst im Kampf gegen die Weltenfeinde noch einmal ihre Kraft und Tapferkeit erproben. Solange diese Auserwählten auf der Erde lebten, durften
sie weder Furcht noch Todesangst kennen. Kam es zur Schlacht, so entsandte Odin seine Botinnen, die Walküren, um die besten Helden zu sich zu
berufen. Wenn die Krieger auch manchmal mit dem Schicksal haderten,
dass die besten, denen der Siegespreis gewiss schien, in der Vollkraft ihrer
Jugend den Tod fanden, so mussten sie sich doch der Erkenntnis fügen, dass
es galt, stets bereit zu sein: Denn niemand, selbst Odin nicht, kannte die
Zeit, wann die Feinde mit ihrem Angriff beginnen würden. In einem großen
Saal versammelte Odin die in der Schlacht gefallenen Krieger, die Einherjer, um sich. Walhall, »Saal der in der Schlacht Gefallenen«, war sein Name. Von diesem Saal und seinem Schmuck heißt es im Lied:

> Schilde sind die Schindeln,
> Schäfte sind die Sparren,
> es decken Brünnen die Bank.

Einen mächtigen Fluss, Thund genannt, müssen die Schlachttoten durchwaten, um nach Walhall zu gelangen. So mächtig ist der Saalbau, dass fünf-
hundertvierzig Tore aus ihm ins Freie führen, und diese sind so groß, dass
durch jedes davon achthundert Einherjer hinaus in die Schlacht ziehen können. Übung im Kampf ist ihr Tagwerk und viele von ihnen sinken mit
schweren Wunden zu Boden. Ist jedoch das Kampfspiel zu Ende, so werden
sie alle wieder heil, erheben sich frisch und gesund und ziehen froh in Walhall ein, wo sie bei reichlichem Mahl und stets frisch gefülltem Trinkhorn

vereinigt sind. Niemals mangelt es ihnen an Speise, denn der Eber Sährimnir, der in einem mächtigen Kessel gesotten wird, ist am Abend wieder heil
und steht Tag für Tag als Nahrung für die Einherjer bereit.

Auch mit dem Met hat es eine besondere Bewandtnis. Inmitten von Walhall
steht der Baum Lärad, dessen Krone über das Dach der Halle hinausragt
und seine Zweige darüber ausbreitet. Auf dem Dach steht die Ziege Heidrun und beißt die jungen Sprossen von den Zweigen des Baumes. Ihr Euter
ist prall gefüllt, doch spendet es Met statt Milch und dieser Met, der stets
reichlich fließt, ist das Getränk der Einherjer.

Der Führer dieses Totenheeres, Odin, sitzt auf seinem Hochsitz, doch verschmäht er das Fleisch des Ebers und den Met. Er trinkt bloß Wein, der ihm
zugleich als Speise dient. Mit dem Fleisch auf seinem Tisch füttert er die
Wölfe Geri und Freki, die seine Begleiter sind. Auf seinen Schultern sitzen
die Raben Hugin und Munin, die er täglich am Morgen auf Kundschaft aus-
sendet. Schon zur Frühstückszeit kehren sie von ihrem Flug über die ganze
Welt zurück und flüstern Odin ins Ohr, was sie erfahren haben. Man kann
den Gott aber nicht bloß an den Wölfen und Raben erkennen: Nur ein Auge
hat Odin, weil er sein zweites Auge hingeben musste, als er einen Trunk aus
der mit Weisheit gefüllten Quelle Mimirs tun wollte, die am Fuß des Weltenbaumes entspringt. So teuer aber dieser Preis auch war, Odin musste ihn
bezahlen, denn es ist sein Amt, in kluger Voraussicht dafür zu sorgen, dass
alles wohl vorbereitet und gerüstet ist, wenn das Heer der Weltenfeinde
zum Angriff antritt.

DER RAUB DES HAMMERS MJÖLNIR

Die Riesen fürchteten aber die Waffen der Asen und ganz besonders
meinten sie, sie könnten keinen Angriff wagen, solange Thor im Besitz des Hammers Mjölnir sei. Ihr Ziel war den gefährlichen Hammer in
ihren Besitz zu bringen, denn wenn er nicht mehr den Asen, sondern ihnen
zu Gebote stand, dann, so sprachen sie untereinander, könnten sie den An-

griff auf die verhassten Feinde wagen, da ihnen mit Hilfe dieser Waffe der Sieg gewiss sei. Lang und sorgfältig bereiteten sie ihren Plan vor und schließlich gelang es auch, ihn auszuführen. Eines Morgens erwachte Thor aus tiefem Schlaf und griff, wie er es stets gewohnt war, sogleich nach dem Hammer, den er auch nachts nicht von seiner Seite ließ. Diesmal aber tastete er ins Leere - der Hammer war verschwunden! Wütend fuhr er auf, denn er wusste nur zu gut, was dieser Verlust zu bedeuten hatte.

> Grimm ward Vingthor,
> als er erwachte
> und umsonst seinen
> Hammer suchte.
> Er schwang das Haar,
> er schwenkte den Bart,
> jäh griff um sich
> der Jörd Sprössling.

Loki war der Erste, dem er seinen Verlust klagte, denn wenn überhaupt einer von den Asen, war dieser es, dessen kluger Rat Hilfe erwarten ließ. Loki fand sich sogleich bereit den Dieb aufzuspüren, denn er wusste genau, dass dieser bei den Riesen zu suchen war. Gemeinsam mit Thor eilte er zu Freyja und bat sie, ihm ihr Federkleid zu leihen, dessen er bedürfe, um den Hammer aufzufinden.

Freyja war gerne bereit diesen Wunsch zu erfüllen; Loki legte sogleich das Federkleid an und flog in stürmischer Eile dahin, sodass die Federn laut im Wind rauschten. Unermüdlich verfolgte er seinen Weg und bald lagen vor ihm ausgebreitet die Gefilde der Riesen. Der Hof Thryms, des Riesenkönigs, war sein erstes Ziel.

> Auf dem Hügel saß Thrym,
> der Thursen König;
> er band den Bracken

Bänder von Gold
und strich den Mähren
die Mähnen glatt.

Schon von ferne sah er den Flug Lokis, und als dieser herangekommen war, fragte er ihn, was ihn dazu bewogen habe, Thursenheim aufzusuchen. Loki machte keine Umschweife und fragte Thrym geradeheraus, ob er den Hammer Thors verborgen halte. Dieser versuchte erst gar nicht zu leugnen und gab zur Antwort:

»Verhohlen hab ich
den Hammer Thors
unter der Erde
wohl acht Meilen.
Wieder heimwärts
holt ihn niemand,
führt man als Frau
mir Freyja nicht her.«

So groß war also die Gier des Riesen, Freyja zu besitzen, dass er dafür selbst die unvergleichliche Waffe hinzugeben bereit war, mit deren Hilfe er den Sieg über die Asen zu erringen hoffte. Loki machte sich mit seinem Bescheid ohne Zögern auf den Rückweg, und sobald er wieder bei den Asen angekommen war, fragte Thor, der ihn schon mit Ungeduld erwartet hatte, was er ausgerichtet habe:

»Ward dir Kunde,
die wert der Müh?
Sag aus der Luft
raschen Bericht!
Das Wort versagt
dem Sitzenden oft;

leicht bringt Lügen
der Sitzende vor.«

Loki antwortete:

»Kunde ward mir,
die wert der Müh:
Thrym hat den Hammer,
der Thursen König.
Wieder heimwärts
holt ihn niemand,
führt man als Frau
ihm Freyja nicht hin.«

Als die beiden vor die Göttin traten, um ihr die Forderung Thryms auszurichten, fanden sie schlechten Empfang. Freyja ergrimmte in furchtbarem Zorn, als sie von der Zumutung hörte, sie solle eines Riesen Gattin werden. Mit solcher Hast sprang sie von ihrem Sitz auf, dass ihr herrlicher Halsschmuck, Brisingamen genannt, sich löste und zu Boden fiel und der ganze Saal erbebte.

»Nie und nimmer«, so rief sie aus, »werde ich jemals Riesenheim betreten und niemals eines Riesen Gattin werden!«

Da begaben sich alle Asen zur Ratsversammlung, um nach einem Weg zu suchen, wie der Hammer Mjölnir wieder zurückgewonnen werden könne. Niemand indessen wusste zu sagen, wie dies geschehen solle, bis endlich Heimdall das Wort nahm, einer der weisesten und angesehensten unter allen Asen. Er riet, man solle Thor als Freyja verkleiden und dem Riesenkönig als Gattin zuführen. Als Thor diesen Vorschlag hörte, sträubte er sich gewaltig gegen die Verkleidung als Frau, denn es galt als eine arge Schmach für einen Mann, wenn er Frauenkleidung anlegte, und er fürchtete daher, dass er später Hohn und Spott dafür ernten werde. Loki jedoch entgegnete auf seinen Widerspruch:

»Solche Sprache
spare dir, Thor!
Bald sitzen Riesen
im Saal Asgards,
holst du nicht heim
den Hammer dir.«

Diese Worte gaben den Ausschlag, denn nur zu gut wussten die Asen, was
sie von den Riesen zu erwarten hatten, wenn diese im Besitz des Hammers
verblieben. Thor wurde nun als Freyja verkleidet und mit deren Schmuck,
dem Brisingamen, geschmückt; der Brautschleier verhüllte sein Antlitz, sodass er unkenntlich war. Ebenso wie Thor als Freyja wurde Loki als Magd
verkleidet, denn er hatte sich angeboten Thor in dieser Gestalt zu begleiten.
Beide bestiegen den Wagen, an den Thors Böcke geschirrt wurden, die ihm
stets als Zugtiere dienten, und die Fahrt begann.

Berge barsten,
es brannte der Grund:
Aus fuhr da Thor
nach Thursenheim.

Schon aus weiter Ferne kündigte sich das Donnern des Wagens in Thursenheim an.

Da sagte Thrym,
der Thursen König:
»Stehet nun auf,
bestreut die Bänke!
Führt mir als Frau
nun Freyja her,
des Njörd Tochter
aus Noatun!

Zum Hof gehn mir Kühe,
die Hörner golden,
Ochsen rabenschwarz,
dem Riesen zur Lust.
Hab vielen Schmuck,
hab viele Schätze,
Freyja allein
fehlte mir noch.«

Reich war der Tisch für das Brautgelage gedeckt, aber voll Verwunderung
sah Thrym das Gebaren seiner Braut, denn es schien ihm, dass sie der Speise und dem Trank überreich zuspreche. Sie verzehrte einen ganzen Ochsen
und acht Lachse sowie alles Backwerk, das für die Frauen bestimmt war.
Dazu trank sie drei Tonnen Bier. Das kam selbst ihm, der wie alle Riesen
ein gewaltiger Fresser war, übermäßig vor, sodass er laut rief: »Nie sah ich
eine Braut solche Unmengen verzehren und nie habe ich eine Maid so trinken gesehen!« Da griff Loki ein, der als Dienerin verkleidet neben der
Braut saß: »Acht Tage lang hat Freyja weder Speise noch Trank zu sich genommen, so groß war ihre Sehnsucht als Hausfrau in Thryms Hof einzuziehen!« Da gab der Riese sich zufrieden. Es war nun an der Zeit, dass Freyja
den Brautkuss empfangen sollte. Als jedoch Thrym den Schleier lüftete, der
ihr Antlitz verdeckte, fuhr er voll Entsetzen bis ans Saalende zurück, denn
furchtbar flammten ihm Thors Augen entgegen. Er rief:

»Wie furchtbar sind
Freyjas Augen!
Wie Feuer flammt es
aus Freyjas Blick!«

Da griff wieder die Magd der Braut ein: »Schon acht Nächte lang hat Freyja
kein Auge zugetan, denn die Sehnsucht nach der Hochzeit raubte ihr den
Schlaf!«

Indessen trat, in dürftige Kleider gehüllt, die Schwester Thryms heran und
begehrte eine Gabe von der Braut: »Willst du meine Zuneigung gewinnen,
dann reiche mir als Geschenk die goldenen Ringe von deinem Arm!« Noch
bevor die Braut auf dieses Verlangen antworten konnte, befahl der Riese
den Hammer Mjölnir herbeizubringen und der Braut in den Schoß zu legen.
Frohlockend hörte Thor diese Worte, denn nun war er seinem Ziel nahe.

> Das Herz im Leibe
> lachte da Thor,
> als der Hartgemute
> den Hammer sah:
> Erst traf er Thrym,
> der Thursen König;
> der Riesen Geschlecht
> erschlug er ganz.

So war den Riesen der Raub des Hammers übel geraten. Thrym, ihr König,
seine Gesippen und alle Gäste, die gekommen waren, um an der Hochzeit
teilzunehmen, hatten ihr Unterfangen mit dem Leben bezahlen müssen.
Thor aber kehrte siegreich mit dem glücklich zurückgewonnenen Hammer
nach Asgard heim.

THOR BEIM UTGARD-LOKI

Loki hatte sich bei Thrym glänzend bewährt und war ein treuer Helfer
Thors gewesen. Als dieser wieder einmal auf seinem Wagen ausfuhr,
nahm er ihn daher als Gefährten auf die Reise mit. Von den beiden Böcken
gezogen rollte der Wagen rasch dahin, bis endlich bei einem Bauernhof
Rast gemacht wurde. Es war schon Abend und Thor sprach den Bauern um
ein Nachtlager an, das ihm gerne gewährt wurde. Der Ase wollte sich dafür
erkenntlich zeigen und sagte, für das Abendessen wolle er selber sorgen.

Er schlachtete seine beiden Böcke, ließ sie zurichten und im Kessel sieden. Als sich die Bauernfamilie mit den beiden Gästen zum Mahl niederließ, legte Thor die Bockshäute vor dem Feuer in der Stube auf den Fußboden und sagte, niemand dürfe einen Knochen zerbrechen; alle sollten vielmehr die Knochen auf die Bockshäute werfen. Dies schienen alle zu befolgen, und als die Mahlzeit beendet war, legten sie sich zur Ruhe.

Thor erhob sich schon beim Morgengrauen. Er weihte mit seinem Hammer Mjölnir die Bocksfelle mit den Knochen darauf und im Nu standen die beiden Böcke wieder frisch und lebendig da - nur der eine von ihnen lahmte an einem Hinterbein. Da geriet Thor in furchtbaren Zorn, denn er erkannte daran, dass jemand sein Verbot übertreten und einen Knochen zerbrochen hatte. Er stellte den Bauern zur Rede und dieser meinte schon, es gehe ihm und seiner ganzen Familie ans Leben. Da gestand Thjalfi, der Sohn des Bauern, dass er im Eifer einen Schenkelknochen gespalten und das Mark herausgesogen habe. Er und der Bauer baten Thor um Gnade und dieser besänftigte sich schließlich. Er nahm aber zum Ausgleich Thjalfi und dessen Schwester Röskva als seine Diener mit.

Er ließ seinen Wagen und die beiden Böcke beim Bauernhof zurück und trat zu Fuß den Weg nach Osten an, denn er wollte Riesenheim aufsuchen. Er kam samt seinen Begleitern an den Meeresstrand und überquerte die tiefe See in einem Boot. Als die vier Gefährten drüben an Land kamen, sahen sie, dass sich dort ein mächtiger Wald hinzog, durch den sie den ganzen Tag über wanderten, bis es dunkel wurde. Da suchten sie nach einer Herberge und fanden wirklich einen großen Saal. Dieser war auf der einen Seite in seiner ganzen Breite offen, doch machten sie sich darüber keine Gedanken und begaben sich zur Ruhe. Als es aber gegen Mitternacht ging, gab es ein starkes Erdbeben, sodass der Boden sich hob und senkte und das ganze Haus schwankte. Da erhoben sich die Gefährten und tasteten sich in der Finsternis vorwärts, bis sie in der Mitte des Saales den Zugang zu einem Nebenraum entdeckten, in den sie alsbald eintraten. Das Erdbeben hatte sie in große Furcht versetzt, sodass Thor am Eingang Wache hielt. Es war ihnen unheimlich zumute, denn sie hörten die ganze Zeit über ein Summen und Rauschen, das sie sich nicht erklären konnten. Als es hell wurde, trat Thor hinaus ins Freie und da sah er nicht weit von sich einen Mann von ungeheurer Größe liegen. Der Riese schlief und schnarchte dabei und nun wusste Thor, was für ein Geräusch er in der Nacht gehört hatte. Er besaß einen Kraftgürtel, der seine Körperkraft gewaltig steigerte; den legte er um und gedachte nun mit dem Riesen abzurechnen – da erwachte dieser und erhob sich. Thor zögerte mit seinem Hammer zuzuschlagen, wie er gewollt hatte, und fragte den Fremden nach seinem Namen. »Ich heiße Skrymir«, war die Antwort, »dich aber erkenne ich ohne erst lange zu fragen, denn du bist der Asen-Thor. Hast du etwa meinen Handschuh weggetragen?« Er sah um sich und griff nach seinem Handschuh, der ganz in der Nähe lag. Da erkannte Thor, dass er und seine Gefährten die Nacht im Handschuh des Riesen zugebracht hatten.

Skrymir trug Thor seine Begleitung an, und als dieser annahm, öffnete der Riese seinen Proviantsack um zu frühstücken, bevor die Gesellschaft aufbrach. Thor und seine Gefährten genossen ihr Mahl etwas abseits. Da schlug Skrymir vor, sie wollten eine Speisegemeinschaft eingehen, womit Thor sich einverstanden erklärte. Nun packte Skrymir den gesamten Mundvorrat zusammen, nahm das Bündel auf den Rücken und begann auszuschreiten. Er war bei diesem Marsch immer der Erste und machte gewaltig große Schritte; erst spät am Abend machte er Halt und wählte sein Nachtlager unter einer großen Eiche. Er sagte zu Thor, er wolle sich nun schlafen legen, übergab diesem den Mundvorrat und meinte, nun sollten sich Thor und dessen Begleiter das Abendessen bereiten. Thor wollte das Bündel aufschnüren, aber wie sehr er sich auch abmühte, es gelang ihm nicht, den Knoten zu lösen, den Skrymir geknüpft hatte. Darüber packte ihn wütender Zorn; er erhob sich, trat zu dem schlafenden Skrymir und schlug mit dem Hammer Mjölnir nach dessen Kopf. Der Riese erwachte davon und fragte: »Ist mir etwa ein Laubblatt auf den Kopf gefallen? Warum aber bist du noch wach, Thor? Habt ihr eure Mahlzeit beendet und wollt ihr nicht endlich auch zur Ruhe gehen?« Da sagte Thor, das wollten sie nun tun, und trat mit seinen Begleitern unter eine andere Eiche. Sie hatten aber mächtigen Hunger und von Schlaf war keine Rede. So wurde es Mitternacht und Skrymir schlief tief und fest. Er schnarchte, dass der ganze Wald dröhnte.

Da ging Thor zu dem Riesen, schwang seinen Hammer und versetzte ihm einen Hieb auf den Scheitel, sodass der Hammer tief eindrang. Skrymir erwachte wieder und rief, es sei ihm wohl eine Eichel auf den Kopf gefallen. »Was aber ist mit dir, Thor, dass du immer noch nicht schläfst?« Thor antwortete, er sei nur eben gerade erwacht, und kehrte an seinen Schlafplatz zurück. Skrymir schlief nun wieder ein, Thor aber erhob sich kurz vor Tagesanbruch neuerlich, trat zu Skrymir und schlug mit aller Kraft nach der Schläfe des Riesen, sodass der Hammer bis zum Stiel eindrang. Da setzte sich Skrymir auf, strich mit der Hand über die Schläfe und meinte, es hätten ihm wohl Vögel vom Baum her Reisig auf die Schläfe geworfen. »Wenn du wach bist, Thor«, fuhr er fort, »dann ist es Zeit aufzubrechen, denn es ist jetzt kein langer Weg mehr nach Utgard. Ich will euch aber den guten Rat geben, dass ihr euch bescheiden aufführt, denn die Leute dort sind noch größer an Wuchs als ich und können keine Spottreden vertragen. Es wäre vielleicht sogar besser für euch, wenn ihr umkehren wolltet. Wenn ihr aber bei eurem Vorhaben bleibt, so wandert nur weiter gegen Osten; ich muss euch jetzt verlassen, denn mein Weg führt nun nach Norden.« Skrymir nahm das Proviantbündel und verschwand seitwärts im Wald.

Thor und seine Begleiter verfolgten ihren Weg weiter bis zur Mittagszeit. Da sahen sie mitten im Feld eine Burg stehen, die so hoch war, dass sie nur mit zurückgelegtem Kopf ihre ganze Höhe sehen konnten. Das Tor war mit einem Gatter geschlossen, und als sie hinzutraten, begehrten sie vergeblich Einlass, denn niemand hörte auf ihr Rufen. Da zwängten sie sich zwischen den Latten des Gatters hindurch und kamen so ins Innere. Sie sahen eine große Halle vor sich, und da die Türe offen stand, traten sie ein. Auf den beiden Längsbänken in der Halle saßen viele Leute von mächtigem Wuchs und auf dem Hochsitz in der Mitte saß Utgard-Loki, der König des Gebietes. Sie entboten ihm ihren Gruß, er aber wandte sich ihnen nur lässig zu und sagte endlich: »Ihr werdet ja wohl nicht viel Neuigkeiten zu berichten wissen, nach denen ich euch fragen könnte. Es scheint mir aber ganz so, als ob der kleine Bursche da der Wagen-Thor wäre? Er sieht nicht eben sehr bedeutend aus, aber vielleicht ist er doch stärker, als es den Anschein hat. Wenn ihr aber hier Aufnahme finden wollt, so sagt an, über welche besondere Fertigkeiten ihr verfügt, denn hier bei uns darf niemand weilen, der sich nicht durch irgendeine Kunst vor allen anderen auszeichnet.« Darauf nahm Loki das Wort und sagte, es sei gewiss niemand anwesend, der imstande sei, seine Mahlzeit schneller zu verzehren als er. Darauf erwiderte Utgard-Loki, er werde ihm sogleich Gelegenheit geben diese Kunst zu erweisen. Er rief einen Mann vom äußersten Bankende herbei, den er Logi nannte, und trug ihm auf, sogleich seine Kunst gegen Loki zu erproben. Ein Trog wurde geholt, ganz mit Fleisch gefüllt, und den beiden vorgesetzt. Jeder begann nun an einem Ende des Troges zu essen und es währte nicht lange, da trafen sie in der Mitte desselben zusammen. Loki hatte alles Fleisch sauber von den Knochen getrennt und verzehrt, Logi dagegen hatte die Knochen ebenfalls verschlungen und den Trog dazu. Da lautete das Urteil, dass Loki die Probe nicht bestanden habe.

Nun deutete Utgard-Loki auf Thjalfi und fragte, welche Kunst wohl der junge Mensch dort verstehe. Thjalfi antwortete, dass er sich getraue mit jedem um die Wette zu laufen, den Utgard-Loki ihm entgegenstelle. Da erhob sich Utgard-Loki und trat hinaus ins Freie; dort auf dem freien Feld gab es eine gute Rennbahn. Utgard-Loki rief einen kleinen Burschen herbei, den er Hugi nannte, und trug ihm auf, sich mit Thjalfi im Schnellauf zu messen. Die beiden begannen nun ihren Lauf, aber als Thjalfi zum Ziel kam, war Hugi bereits dort angelangt und hatte gewendet, sodass er seinem Gegner bereits wieder entgegenkam. Utgard-Loki meinte, Thjalfi sei gewiss der beste Läufer, der jemals zu ihm gekommen sei, wenn er aber gegen Hugi bestehen wolle, müsse er sich noch weit mehr anstrengen. Nun begann der zweite Lauf, der damit endete, dass Thjalfi noch eine volle Bogenschussweite vom Ziel entfernt war, als Hugi dort bereits wieder umkehrte. Beim dritten Lauf aber war Thjalfi noch nicht einmal bis zur Mitte der Bahn gelangt, als Hugi schon das Ziel erreicht hatte. Da war es keine Frage, wer den Wettkampf gewonnen hatte.

Nun forderte Utgard-Loki Thor auf, seine Kunst zu zeigen, wozu er gewiss imstande sei, da von seinen großen Taten überall erzählt werde. Thor erklärte, er wolle sich am liebsten im Trinken versuchen, und damit war Utgard-Loki einverstanden. Er ließ das große Horn herbeiholen, das seine Gefolgsleute zu leeren hatten, wenn ihnen Strafe für einen Verstoß auferlegt wurde. Dieses Horn wurde Thor überreicht und Utgard-Loki sagte dazu, das nenne er gut getrunken, wenn jemand es mit einem einzigen Zug leere. Andere müssten zwei Züge tun, doch gebe es keinen in seinem Gefolge, der das Horn nicht in drei Zügen leer trinke. Thor fand das Horn zwar recht lang, sonst aber nicht besonders groß, und da er sehr durstig war, glaubte er, nicht mehr als einen einzigen Zug nötig zu haben, um seine Aufgabe zu bewältigen. Er trank gewaltig, musste aber doch absetzen, und als er in das Horn blickte, schien es ihm, als habe der Inhalt nur sehr wenig abgenommen. Utgard-Loki sagte spöttisch, das sei ein guter Trunk gewesen, aber er hätte es nicht geglaubt, wenn jemand ihm gesagt hätte, dass Thor auf einen Zug nicht mehr zu bewältigen vermöge. »Sicherlich aber«, schloss er, »wirst du das Horn leeren, wenn du nun zum zweiten Mal ansetzt.«
Thor setzte wortlos das Horn wieder an den Mund und nahm sich fest vor, diesmal einen besseren Zug zu tun als das erste Mal. Wie sehr er sich indes auch anstrengte, er merkte, dass es nicht nach Wunsch vorwärts ging, und als er wieder absetzen musste, sah er, dass gerade der obere Rand des Hornes frei geworden war. Wieder machte Utgard-Loki eine spöttische Bemerkung und sagte, wenn Thor sich beim dritten Mal nicht besser bewähre, werde er wegen seiner Trinkfestigkeit hierzulande nicht so berühmt werden, wie er es bei den Asen sei. Da begann Thor voll Zorn noch ein drittes Mal zu trinken und versuchte nun mit aller Macht, die ihm zu Gebote stand, das Horn zu leeren. Das aber gelang ihm auch diesmal nicht, und als er es absetzen musste und hineinsah, merkte er wohl, dass der Trank darin ganz erheblich abgenommen hatte, doch gab er nun auf und sagte, er wolle nicht mehr weitertrinken. Da sagte Utgard-Loki, es sei nun schon klar, dass Thors Kraft nicht so groß sei, wie er früher geglaubt habe; wenn dieser aber noch andere Wettkämpfe versuchen wolle, so könne das geschehen. Da

fragte Thor, welches Spiel Utgard-Loki ihm vorschlage, und dieser wies auf seine Katze und sagte, Thor möge sie vom Boden aufheben, wie das die kleinen Jungen am Hofe gerne täten. Die Katze war ziemlich groß und Thor langte ihr mit der Hand unter den Bauch, um sie aufzuheben. Die Katze aber machte einen krummen Rücken, sodass sie mit allen vier Füßen auf dem Boden blieb, wie sehr Thor sich auch mühte sie in die Höhe zu stemmen. Nur mit größter Anstrengung gelang es ihm endlich, die Katze so weit anzuheben, dass sich ein Fuß vom Boden löste. Aber auch Thors Kraft war zu Ende und so musste er dieses Spiel aufgeben. Da meinte Utgard-Loki, das komme eben daher, dass die Katze ziemlich groß sei, Thor aber nur klein, und darum habe er diesen Ausgang erwartet. Da rief Thor zornig aus, wenn er hier schon für so klein gehalten werde, so möge doch nur einer kommen und sich mit ihm im Ringkampf messen. Da antwortete Utgard-Loki, niemand sei in der Halle, der Thor nicht weit überlegen sei. Er befahl, man solle seine Pflegemutter Elli herbeirufen, die zwar eine alte Frau sei, aber schon Leute zu Fall gebracht habe, die nicht schwächer gewesen seien als Thor. Da trat eine uralte Frau in die Halle und Utgard-Loki forderte sie auf, mit Thor zu ringen. Der Kampf war schnell zu Ende; wie sehr sich Thor auch anstrengte, die Alte stand umso fester, je mehr ihr Gegner sich abmühte, und als sie selbst zum Angriff überging, sank Thor bald mit einem Bein ins Knie. Da machte Utgard-Loki dem Ringkampf ein Ende und meinte, dass Thor wohl keine Lust haben werde sich noch mit anderen zu messen. Da es inzwischen Abend geworden war, wies Utgard-Loki Thor und seinen Begleitern Plätze für die Nachtruhe an. Man setzte ihnen reichliche Kost vor und sie verbrachten die Nacht in ungestörtem Schlaf.

Am nächsten Morgen machten sich Thor und seine Begleiter reisefertig. Sie wurden wieder gut und reichlich bewirtet, und als sie ihre Mahlzeit beendet hatten, geleitete sie Utgard-Loki selbst aus der Burg hinaus ins Freie. Er fragte Thor, was er wohl vom Ausgang seiner Reise denke, und dieser antwortete, er wisse wohl, dass er wenig Ruhm erworben habe. Da sagte Utgard-Loki: »Da du nun meine Burg verlassen hast und sie mit meinem Willen nie wieder betreten wirst, will ich dir die Wahrheit sagen. Hätte ich deine gewaltige Kraft früher gekannt, so wärest du gewiss auch dies eine Mal nicht hineingekommen. Ich war es, dem du im Wald begegnet und mit dem du einen Tag lang gewandert bist. Das Bündel mit dem Proviant konntest du nicht aufschnüren, weil ich es mit Zauberkraft verschnürt hatte, sodass du die Stelle nicht fandest, von wo aus der Knoten gelöst werden konnte. Von den drei Hieben mit dem Hammer, die du gegen mich führtest, wäre der schwächste stark genug gewesen mich zu töten, doch schob ich stets einen Berg zum Schutz vor, was dir freilich verborgen blieb. Du hast wohl bei meiner Burg einen Berg gesehen mit drei viereckigen Tälern: Das sind die Spuren deiner Hammerhiebe. Was aber die Wettkämpfe anbelangt, so war Loki gewiss hungrig und hat tüchtig gegessen; aber Logi, das Lauffeuer, war doch schneller als er, denn das Feuer verzehrte ebenso schnell das Fleisch wie auch die Knochen und den Trog. Hugi, mit dem sich Thjalfi im Wettlauf maß, war mein Gedanke und so schnell wie dieser vermochte Thjalfi nicht zu laufen. Als du aber aus dem Horn trankst, habe ich meinen Augen nicht getraut. Das andere Ende des Hornes war nämlich, ohne dass du es merken konntest, mit dem Meer verbunden, und wenn du nun an den Strand kommst, wirst du sehen, wie stark der Wasserspiegel gesunken ist – so gewaltig hast du getrunken. Als du dann die Katze emporzuheben suchtest und sich ihr einer Fuß vom Boden löste, wurden wir alle in Furcht versetzt, denn was du für eine Katze hieltest, war in Wirklichkeit die Midgardschlange, die du fast bis zum Himmel emporhobst. Dein Wettkampf mit Elli galt dem Alter und es ist nicht zu verwundern, dass du aber nicht standhieltest, denn es gibt niemanden, den das Alter nicht zu Fall bringt. Jetzt aber müssen wir scheiden. Es wird das Beste sein, wenn du nicht noch einmal versuchst zu mir zu gelangen, denn du siehst, dass ich meine Burg mit Künsten verteidigen kann, gegen die du machtlos bist.«

Kaum hatte er ausgesprochen, da hob Thor den Hammer gegen ihn – aber schon war Utgard-Loki verschwunden. Thor wandte sich nach der Burg um, aber er sah nichts als weite grüne Felder, sodass niemand geglaubt hätte, hier habe jemals eine Burg gestanden. Da kehrte Thor um und zog nach Hause zurück. Diese Fahrt zum Utgard-Loki war gar nicht nach seinem

Wunsch verlaufen, wenngleich er seinen Misserfolg Blendwerken zuschreiben konnte, denen er nicht gewachsen war. Am meisten kränkte ihn, dass er die Midgardschlange vor Augen gehabt hatte ohne sie zu erkennen, denn er wusste wohl, dass sie seine gefährlichste Feindin war, gegen die ihm noch ein schwerer Kampf bevorstand.

HYMIRS BRAUKESSEL

Einst brachten die Asen von der Jagd reiche Beute mit und gedachten ein frohes Mahl zu feiern. Da bemerkten sie zu ihrem Missvergnügen, dass es ihnen an Getränk mangelte. Sie befragten das Los und dieses wies sie in seinem Spruch zu dem Meerriesen Ägir, der alles Nötige in reichem Überfluss besaß. Wie alle Riesen war aber Ägir den Asen schlecht gesinnt, und als Thor von ihm im Auftrag aller Asen verlangte, er solle für das Gastmahl, das sie vorhätten, das Bier beisteuern, suchte er nach einer Ausflucht. »Gerne will ich euren Wunsch erfüllen«, sagte er, »aber ich habe keinen Braukessel, der ausreicht, um genug Bier für euch zu brauen. Verschafft mir zuerst einen Kessel, dann soll es euch an Bier nicht fehlen!«
Die Asen hielten nun Rat, wo ein Kessel, wie Ägir ihn verlangte, zu finden sei, aber keiner von ihnen wusste einen Bottich von solcher Größe zu nennen, bis endlich Tyr das Wort ergriff: »Östlich von den Elivagar wohnt der weise Hymir. In seinem Besitz ist ein Kessel von gewaltiger Größe; es gilt, ihn für Ägir zu holen!« Als die Asen das hörten, wurden sie froh und bestimmten, dass Thor und Tyr ausziehen sollten, um den Kessel herbeizuschaffen. Sogleich bestiegen die beiden Gefährten Thors Wagen, der, von den beiden Böcken des Gottes gezogen, mit größter Schnelligkeit dahinfuhr. So war das Ziel bald erreicht und gemeinsam traten Thor und Tyr in Hymirs Halle. Sie trafen jedoch den Hausherren nicht an; nur zwei Frauen saßen dort, die eine uralt und gräulich anzusehen, denn statt des einen Hauptes saßen neun auf dem Rumpf. Weit schöner gestaltet war die zweite Frau, deren herrliches Blondhaar wie Gold glänzte. Sie empfing die Frem-

den geziemend und riet ihnen sich unter den Kesseln in der Halle zu verbergen. Ihr Gatte sei oft geizig gegen seine Gäste und bereite ihnen manchmal einen schlimmen Empfang.

Lange mussten Thor und Tyr ausharren, bis endlich Hymir von der Jagd heimkehrte. Es klirrte von Eis, als der Riese in den Saal trat, und sein mächtiger Bart war ganz und gar gefroren. Mit freundlichen Worten begrüßte ihn die Hausfrau und sprach ihm gütlich zu, er möge seinen Sinn sänftigen, denn es seien Gäste gekommen, Tyr und Thor. Sie setzte hinzu, beide seien hinter dem Balken am Saalgiebel verborgen. Wortlos richtete Hymir den Blick dorthin, wo er nun die Fremden wusste. Da barst der Balken vor der Schärfe seines Auges und alle acht Kessel, die er besaß, stürzten von dem Querträger, an dem sie hingen, zu Boden; von ihnen allen überdauerte nur einer den jähen Sturz. Hart gehämmert, wie er war, blieb er heil, während die anderen zerbrachen. Nun traten die beiden Gefährten vor Hymir, der sie misstrauisch musterte, denn böse Ahnungen stiegen in ihm auf, als er Thor, den ärgsten Feind der Riesen, in seiner Halle erblickte. Dennoch wahrte er das Gastrecht. Auf sein Geheiß wurden drei Stiere aus dem Stall geholt und als Abendkost zubereitet. Staunend sah der Riese während der Mahlzeit, dass Thor ganz allein zwei von den drei Stieren verzehrte.

Allzu reichlich schien Hymir, was bei dieser Mahlzeit aufgegangen war, und er sagte daher, dass sie die Speise, die sie am nächsten Abend verzehren wollten, beim Fischfang erbeuten müssten. Thor antwortete, dass ihm das recht sei, doch müsse ihm Hymir einen Köder für seine Angel verschaffen. Habe er den, so wolle er gerne mit hinaus aufs Meer rudern. Hymir antwortete, wenn Thor so mutig und stark sei, wie sein Ruf es verkünde, so möge er sich den Köder selbst verschaffen. Er brauche bloß hinaus zur Herde zu gehen – von den Stieren dort werde er den Köder, dessen er bedürfe, leicht erlangen können. Also ging Thor hinaus auf die Weide.

Dort traf er einen mächtigen schwarzen Stier; ihn tötete er und nahm das ganze Haupt als Köder mit. Als er damit in Hymirs Halle zurückkehrte, sah der Riese mit größtem Unbehagen, welchen Schaden Thor angerichtet hatte. Er hielt aber seinen Zorn im Zaum und meinte bloß, dass er an Thors

Wirken wenig Freude habe. Am nächsten Morgen ruderten sie aufs Meer hinaus, Thor aber drängte darauf, möglichst weit vom Strand weg auf die hohe See zu fahren. Der Riese antwortete, er habe dazu wenig Lust, aber Thor setzte dennoch seinen Willen durch. Das Glück war dabei auf Hymirs Seite, denn es gelang ihm, gleich zwei Wale zu fangen. Thor hielt sich dagegen zurück, denn ihn verlangte nach weit besserer Beute. Heimlich legte er auf dem Hinterschiff die Fangleine zurecht, spießte das Stierhaupt an die Angel und warf sie aus. Tief unten auf dem Grund des Meeres lag die Midgardschlange. Sobald sie den Köder merkte, schnappte sie danach und nun hatte sie Thor in seiner Gewalt. Er zog so mächtig an der Fangleine, dass er das Untier bis dicht an die Reling heranbrachte, und schon hob er seinen Hammer, um den vernichtenden Schlag zu tun. Entsetzt sah Hymir, was vor sich ging; in raschem Entschluss zerschnitt er die Angelschnur, und die Midgardschlange war gerettet. Laut rauschte das Meer, als ihr Riesenleib sich hinabsenkte, Thors Hammer aber verfehlte sein Ziel. Zornig versetzte Thor dem Riesen einen furchtbaren Schlag, der jeden anderen getötet hätte. Hymir hielt zwar stand, doch hatte ihn der Hieb halb betäubt und jede Lust auf Fischfang war ihm vergangen. Er lenkte das Schiff dem Land zu und nach dem Anlegen stellte er Thor vor die Wahl, ob er die Beute an Land bringen oder das Schiff versorgen wolle. Da packte Thor das Schiff am Steven und hob es, ohne vorher das Bodenwasser auszuschöpfen, samt den Rudern auf die Schulter. So trug er es zu Hymirs Gehöft.
Hymir hatte wohl erkannt, dass Thor ihm an Kraft weit überlegen war. Als dieser jedoch vor dem Aufbruch den Braukessel forderte, verlangte Hymir, Thor solle vorher seine Kraft an dem Kelch erweisen, der ihm als Trinkgefäß diente. Könne er ihn nicht zerbrechen, dann sei seine Stärke nicht so groß, wie er glauben machen wolle. Also packte Thor den Kelch und schleuderte ihn, ohne sich von seinem Sitz zu erheben, mit solcher Wucht gegen den steinernen Pfeiler im Saal, dass das Geschoss die Säule durchschlug. Wie gewaltig aber auch dieser Wurf gewesen war, der Kelch fiel unversehrt zu Boden. Da gab die Hausfrau Thor den Rat, er solle auf Hymirs Stirn zielen, denn die sei weit härter als jeder Kelch.

Da nahm Thor alle seine Asenkraft zusammen. Weit holte er aus und traf den Riesen mit dem Kelch mitten auf die Stirn. Diese blieb heil, der Kelch aber brach in Stücke. Voll Schmerz und Trauer sah Hymir sein Lieblingsgefäß vernichtet und auch der Kessel war verloren – nie mehr sollte er darin sein Bier brauen! Nun verlangte er von Thor, dass er den Kessel allein wegtrage, denn er meinte, es werde dem Asen trotz seiner Kraft unmöglich sein, das schwere und gewaltige Gefäß aufzuheben. Er hatte sich jedoch auch darin getäuscht. Thor packte den Kessel am Rand und stülpte ihn sich über den Kopf. Zwar reichten die Kesselringe bis zu seinen Knöcheln hinab, aber auch das war für ihn kein Hindernis – er machte sich samt seiner Last sogleich auf den Weg.

Noch war er nicht weit gegangen, da hörte er zahlreiches Volk hinter sich herkommen. Er merkte wohl, dass es darum ging, ihm den Kessel wieder abzujagen; aber die große Übermacht schreckte ihn nicht. Er nahm den Kessel vom Nacken und setzte ihn auf den Boden; dann schwang er seinen Hammer Mjölnir und erlegte damit alle Verfolger, von denen kein einziger entkam. Nun gab es kein Hindernis mehr auf seinem Weg. Glücklich kam er samt dem Kessel zu den Asen.

> Nun mögen die Asen
> bei Ägir Bier
> wacker trinken
> den Winter hindurch.

THORS KAMPF GEGEN HRUNGNIR

Eines Tages sattelte Odin sein Ross Sleipnir und ritt hinaus in die Welt, um sich dort umsehen. Er kam dabei nach Riesenheim, zum Gehöft eines Thursen namens Hrungnir. Der Riese hatte schon von fern den Mann mit dem Goldhelm durch die Luft und über das Meer reiten sehen und lobte dessen treffliches Ross. Odin antwortete, damit habe Hrungnir gewiss

Recht und er wette um seinen Kopf, dass es in ganz Riesenheim kein Ross gebe, das seinem gleichkomme. Hrungnir wollte das jedoch nicht zugeben und erwiderte, Sleipnir sei gewiss ein guter Hengst, aber sein eigenes Ross Goldmähne habe noch weit höhere Beine. Er war aber durch Odins Worte sogleich in gewaltigen Zorn geraten, denn wie alle Riesen war er äußerst jähzornig. Er sprang daher behände auf Goldmähne und setzte Odin nach, ohne ihn allerdings einholen zu können. In seinem Zorn merkte Hrungnir gar nicht, wohin der Ritt ging, und so kam er erst zur Besinnung, als er bereits die nach Asgard führende Brücke Bifröst hinter sich gelassen und das Tor Asgards durchritten hatte.

Da er nun einmal Asgard betreten hatte, übten die Asen Gastfreundschaft und luden ihn ein, an ihrem Gelage teilzunehmen. Dazu war Hrungnir sogleich bereit, und um seinen Durst zu stillen, brachte man ihm, der unersättlich war, die Schalen, aus denen Thor zu trinken pflegte. Es währte indes nicht lange, bis er ganz und gar betrunken war und alle Besinnung verlor. Da begann er prahlerische Drohungen auszustoßen und rief, er werde Walhall von seiner Stätte heben und nach Thursenheim bringen, Asgard aber in Grund und Boden stampfen. Die Asen wollte er alle erschlagen, ausgenommen Sif und Freyja, die er beide mit nach Hause nehmen wollte.

Eine Zeit lang hörten die Asen diese trunkenen Reden mit an, dann aber wurden sie ihrer überdrüssig. Sie riefen Thors Namen und sogleich trat dieser, der eben auf Ostfahrt gewesen war, in die Halle. Er sah, wie gerade Freyja dem Riesen einschenkte, und fragte in höchstem Zorn, wie es komme, dass ein Riese in Asgard zu Gast sei und von Freyja bedient werde. Als Hrungnir Thor und dessen hoch geschwungenen Hammer sah, ernüchterte er sich schnell und antwortete, er sei hier, weil Odin ihn eingeladen habe. Als ihn Thor trotzdem weiter bedrohte, sagte Hrungnir: »Es wird dir wenig Ehre bringen, wenn du das Gastrecht verletzt und einen Waffenlosen erschlägst. Wenn du Mut hast, dann stelle dich mir zum Zweikampf an der Ländergrenze, bei Grjotunagard, und dann wird sich zeigen, wer der Stärkere ist. Hätte ich nicht meinen Schild und meinen Schleifstein zu Hause gelassen, so wäre ich sogleich bereit gegen dich zu kämpfen. Nun aber sieh zu, dass du nicht als übler Neiding handelst!« Bisher hatte noch niemand gewagt Thor zum Zweikampf herauszufordern und schon das war für Thor Grund genug sich Hrungnir zu stellen. Er ließ diesen daher unversehrt ziehen und der Riese sprengte auf Goldmähne, so schnell er konnte, nach Riesenheim zurück. Er rühmte dort seine Reise zu den Asen nach Kräften und die Riesen rechneten es ihm hoch an, dass er Thor zum Zweikampf herausgefordert hatte. Sie wollten nun alles daransetzen, dass Hrungnir den Sieg erringe, denn er war weitaus der Stärkste von ihnen allen und sie fürchteten, dass es ihnen schlimm ergehen werde, wenn er besiegt würde. Sie beschlossen also ihm einen Helfer zur Seite zu stellen und machten aus Lehm eine Gestalt von gewaltiger Größe. Sie war neun Meilen hoch und unter den Armen drei Meilen breit. Weil sie kein Herz fanden, das für diesen Riesen groß genug gewesen wäre, nahmen sie ein Stutenherz und setzten es ihm in die Brust. Hrungnirs Herz war von Stein und ebenso sein Kopf. Aus Stein war auch sein Schild und als Angriffswaffe führte er seinen Schleifstein.

Als die für den Zweikampf bestimmte Zeit herankam, bezog Hrungnir bei Grjotunagard Stellung. Seinen Steinschild hielt er zur Abwehr vor sich hin, den Schleifstein aber hielt er zum Wurf bereit. Neben ihm stand als Helfer der Lehmriese, der Mökkurkalfi hieß; aber dieser war feige und bebte aus Angst vor dem nahen Kampf. Thor ließ sich zum Zweikampf von Thjalfi begleiten. Dieser lief ihm voraus, und als er Hrungnirs ansichtig ward, rief er ihm zu: »Töricht bist du, Hrungnir, wenn du deinen Schild vor dich hinhältst! Thor kommt die untere Straße durch die Erde und wird dich von unten her angreifen!« Auf diese Worte hin legte Hrungnir seinen Schild zu Boden und stellte sich darauf, den Schleifstein aber fasste er mit beiden Händen. Da kam auch schon unter Blitzen und lautem Dröhnen Thor zum Angriff herbei. Er schleuderte schon von weitem seinen Hammer Mjölnir gegen Hrungnir, während dieser gleichzeitig mit beiden Armen seinen Schleifstein gegen Thor entsandte. Die beiden Geschosse trafen einander in der Luft und dabei zersprang der Schleifstein. Die einzelnen Trümmer fielen zu Boden, ein Splitter aber traf Thor an der Stirn, drang dort ein und blieb stecken. Der Hammer Mjölnir dagegen flog unversehrt mit voller Wucht weiter und zertrümmerte Hrungnirs Schädel. Gleichzeitig griff Thjalfi den Lehmriesen Mökkurkalfi an und bereitete dem Feigling mit leichter Mühe ein Ende.

THOR BEIM RIESEN GEIRRÖD

Eines Tages entlieh Loki von Freyja deren Federhemd und flog damit nach Riesenheim. Er kam zum Hof des Riesen Geirröd. Neugierig setzte er sich auf die große Halle dort und schaute durch das Lichtloch ins Innere. Dabei sah ihn Geirröd und verlangte, man solle den Vogel fangen und ihm bringen. Der Mann, der diesen Auftrag ausführen sollte, mühte sich lange vergeblich über das steile Dach zu Loki zu gelangen, der ihm dabei mit hämischer Freude zusah. Gedachte er doch sich in die Luft zu erheben, sobald der andere ihm bedrohlich nahe käme. Als er dann aber wegfliegen wollte, gelang ihm das nicht, denn seine Füße hafteten fest. So konnte sich Geirröds Knecht seiner bemächtigen und ihn zu seinem Herrn bringen. An den Augen des Gefangenen erkannte Geirröd sogleich, was er bereits vermutet hatte, dass es nämlich gar kein Vogel war. Er verlangte daher Auskunft von ihm, wer er sei und woher er komme. Loki aber antwortete nicht auf seine Fragen. Darauf ließ ihn Geirröd in eine Kiste sperren und dort drei Monate lang hungern. Als er ihn dann wieder befragte, war Loki durch Gefangenschaft und Hunger so zermürbt, dass er alles sagte, was Geirröd wissen wollte, und als dieser ihn vor die Wahl stellte, entweder zu sterben oder dafür zu sorgen, dass Thor ohne seinen Hammer und ohne seinen Kraftgürtel Geirröds Gehöft aufsuche, versprach er diese Bedingung für seine Freilassung zu erfüllen.

Als Loki wieder in Asgard angelangt war, erzählte er Thor, er sei in Thursenheim bei Geirröd zu Gast gewesen. Dieser habe ihn freundlich aufgenommen und ihm aufgetragen, er möge Thor seine Einladung zu einem Besuch überbringen. Er fügte hinzu, Thor möge aber seinen Hammer und seinen Kraftgürtel zu Hause lassen, weil Geirröd sonst argwöhnen könnte, er komme nicht als friedlicher Gast, sondern in feindlicher Absicht.

Thor glaubte Lokis Worten und machte sich tatsächlich auf den Weg. Er kehrte zur Nacht bei einer Frau namens Grid ein, die zwar aus dem Riesengeschlecht stammte, den Asen aber freundlich gesinnt war. Als sie von Thor hörte, dass er von Geirröd zu Gast geladen sei und diesen aufsuchen wolle, erkannte sie sogleich, dass es nicht mit rechten Dingen zugehe. Sie warnte Thor vor Geirröd, der ein äußerst verschlagener Riese sei, und lieh ihm drei Dinge, deren er, wie sie sagte, bei Geirröd bedürfe: ihren Stab, genannt Gridarvöl, ihre Eisenhandschuhe und ihren Kraftgürtel.

Als Thor schon Geirröds Gehöft vor sich sah, hinderte ihn der mächtige Strom Vimur am Weitergehen. Da umgürtete er sich mit Grids Kraftgürtel und begann den Fluss zu durchwaten, wobei er sich mit Gridarvöl gegen die Strömung stützte. Als er gerade in die Mitte gekommen war, schwoll der Strom plötzlich so mächtig an, dass ihm das Wasser bis zu den Schultern reichte. Da sprach er:

> »Wachse nicht, Vimur,
> da ich dich durchwaten muss
> nach der Riesen Reich!
> Wisse, wenn du wächst,
> so wächst mir Asenkraft
> wie der Himmel so hoch!«

Er sah aber, dass stromaufwärts in einer Schlucht Gjalp, eine Tochter Geirröds, stand und den Fluss anschwellen ließ. Da griff er einen Stein aus dem Flussbett und schleuderte ihn nach ihr. Der Wurf verfehlte sein Ziel nicht und sogleich nahm das Wasser ab. Nun erreichte Thor das andere Ufer, bekam eine Bergesche zu fassen und stieg die Böschung hinauf.

Bei Geirröd wurde ihm das Ziegenhaus als Herberge zugewiesen. Er ließ sich auf dem einzigen Stuhl nieder, den er dort vorfand, merkte jedoch alsbald, dass sich dieser mit ihm in die Höhe hob. So kam er rasch dem Dachfirst bedrohlich nahe und erkannte die Gefahr zwischen Stuhl und Dach erdrückt zu werden. Da stemmte er den Stab Gridarvöl mit aller Kraft gegen die Dachsparren und drückte nach unten. Es gab sogleich ein lautes Krachen, dem ein Schmerzensgeschrei folgte. Unter dem Stuhl waren nämlich Geirröds Töchter Gjalp und Greip verborgen gewesen und hatten versucht Thor zu töten; dieser aber hatte beiden das Rückgrat gebrochen.

Geirröd ließ Thor nun in die Halle rufen und forderte ihn zum Wettkampf heraus. Aus dem mächtigen Feuer, das dort im Golf brannte, griff Geirröd mit einer Zange einen glühenden Eisenklumpen und schleuderte ihn gegen Thor. Dieser hatte jedoch die Eisenhandschuhe angelegt, die Grid ihm geliehen hatte, packte damit das Wurfgeschoss und sandte es gegen Geirröd zurück. Dieser sprang zwar schnell hinter einen Eisenpfosten, um sich zu decken, aber der Eisenklumpen durchschlug nicht nur den Pfosten, sondern durchbohrte auch Geirröd selbst und flog sodann durch die Wand hinaus ins Freie, wo er in den Erdboden fuhr.

So hatte der Anschlag auf Thor, zu dessen Ausführung Loki die Hand geboten hatte, für Geirröd und dessen Töchter ein furchtbares Ende genommen, und als das Geschehene bekannt wurde, stieg Thors Ruhm auf das Höchste, die Riesen aber fürchteten ihn von nun an mehr als je zuvor.

DER RAUB IDUNS

Einmal gingen drei Asen, darunter auch Loki, gemeinsam auf Wanderschaft. Sie zogen weit über Berg und Tal dahin und kamen schließlich müde und hungrig in ein Tal, wo sie zu rasten gedachten. Sie sahen dort eine Viehherde, griffen sich aus ihr einen Ochsen heraus, schlachteten ihn und bereiteten ihn zur Mahlzeit zu. Sie erhitzten in einem mächtigen Feuer Steine, packten dann das Fleisch des Ochsen dazwischen und umhüllten das Ganze mit Laub; dann warteten sie, bis das Fleisch gar wäre. Als sie jedoch nachschauten, war das Fleisch noch roh und hart, sodass sie nochmals beginnen mussten. Sobald sie jedoch meinten, nun sei die Speise fertig, stellte sich heraus, dass es nicht anders war als das erste Mal. Verwundert hielten sie untereinander Rat, wie das wohl zugehen könne, als sich aus dem Wipfel der Eiche, unter der sie ihre Rast hielten, eine Stimme hören ließ: »Mein Werk ist es, dass euer Fleisch nicht gar wird, und solange ihr mir nicht versprecht, dass ihr mich mithalten lasst, werdet ihr niemals zu eurer Mahlzeit kommen!« Überrascht blickten sie aufwärts und sahen, dass die Stimme von einem großen Adler kam, der im Geäst der Eiche saß. Sie versprachen ihm, was er verlangt hatte, und nun flog er herab. Gleich darauf war die Mahlzeit fertig, der Adler aber nahm sofort beide Keulen und beide Schulterstücke des Ochsen für sich weg.

Darüber geriet Loki in heftigen Zorn, ergriff eine lange Stange und schlug damit nach dem Adler. Dieser erhob sich sogleich in die Luft; das eine Ende der Stange aber haftete an ihm, das andere an Lokis Händen. Der Adler flog in solcher Höhe, dass Lokis Füße gerade über Stock und Stein hinschleiften, und es war diesem zumute, als würden ihm die Arme aus dem Leib gerissen. Da rief er dem Adler zu, er möge ihn schonen, worauf dieser entgegnete: »Niemals mehr wirst du frei, wenn du mir nicht versprichst Idun mit ihren Lebensäpfeln aus Asgard herauszuschaffen.« In seiner Not versprach Loki diese Forderung zu erfüllen und nun konnte er seine Hände von der Stange lösen, sodass seine Qualen ein Ende nahmen.

Der Adler war kein anderer gewesen als der Riese Thjazi, der Adlergestalt angenommen hatte. Bevor die beiden sich trennten, verabredeten sie Tag und Stunde, wann Loki sein Versprechen erfüllen solle, und als dann die vereinbarte Zeit herannahte, begab sich Loki zu Idun und erzählte ihr, er habe im Wald nahe vor den Toren von Asgard einen Baum mit Äpfeln gefunden, die ebenso gut seien wie die ihren. Sie möge ihn begleiten, um selbst zu sehen, dass er die Wahrheit spreche, und wenn sie ihre Äpfel mitnehme, so könne sie diese sogleich mit den von ihm gefundenen vergleichen.

Idun war arglos und bereit Lokis Rat zu befolgen, nahm ihre Äpfel und ließ sich von ihm an die Stelle führen, wo der Baum mit den Äpfeln stehen sollte. Statt eines Baumes war dort aber der Riese Thjazi in Adlergestalt; der ergriff Idun und schleppte sie mit sich auf sein Gehöft.

Die Asen merkten alsbald mit Entsetzen, was der Verlust Iduns und ihrer Äpfel für sie bedeutete. Sie, die ihre Tage bisher in unveränderter Kraft und Jugendfrische verbracht hatten, wurden zusehends alt und matt, seit ihnen die wunderbaren Äpfel fehlten, die sie sonst Tag für Tag aßen. Da es galt, rasch zu handeln, hielten sie sogleich ein Thing ab. Es stellte sich alsbald heraus, dass niemand mehr Idun gesehen hatte, seit sie in Begleitung Lokis Asgard verlassen hatte. Sogleich ließen die Asen Loki herbeiholen und bedrohten ihn mit dem Tod, wenn er nicht eilends Idun wieder zur Stelle schaffe. Da geriet Loki in Todesangst und versprach in Riesenheim nach Idun zu suchen, wenn ihm Freyja ihr Federhemd leihe. Diesen Wunsch erfüllte Freyja, worauf Loki sogleich seinen Flug nordwärts nach Riesenheim lenkte und das Gehöft Thjazis aufsuchte. Der Riese war gerade zum Fischfang aufs Meer hinausgerudert, sodass Loki Idun allein im Haus antraf. Da verwandelte er sie in eine Nuss, nahm sie zwischen die Klauen und flog mit ihr, so schnell er konnte, auf Asgard zu.

Gleich darauf kam Thjazi nach Hause und vermisste Idun. Er ahnte sogleich, was geschehen war, nahm Adlergestalt an und machte sich an die Verfolgung Lokis.

Die Asen, die ungeduldig nach diesem Ausschau hielten, sahen alsbald den Vogel mit einer Nuss in den Fängen auf Asgard zufliegen, während ein Adler ihn verfolgte. Da schichteten sie rasch vor dem Wall Asgards Hobelspäne auf, und als der Vogel glücklich darüber hinweggekommen war und sich in Asgard niederließ, setzten sie die Späne in Brand. Das Feuer flammte hoch und erfasste den Adler, der eben herbeigeflogen kam und nicht mehr ausweichen konnte. Nun musste Thjazi zu Boden; da ergriffen ihn die Asen und erschlugen ihn.

Thjazi hatte eine Tochter namens Skadi. Diese gedachte den Tod ihres Vaters an den Asen zu rächen, rüstete sich mit den Waffen Thjazis und begab sich nach Asgard. Die Asen wollten den Kampf vermeiden und boten Skadi Buße an. Sie schlossen mit ihr den Vergleich, dass sie einen der Asen zu ihrem Gatten wählen dürfe. Bei dieser Gattenwahl solle sie aber nicht mehr zu sehen bekommen als die Füße derer, unter denen ihr die Wahl zustand.

Wie es vereinbart war, wurde es auch gehalten, und als Skadi ein Paar be-
sonders schöner Füße sah, rief sie aus: »Diesen da wähle ich – denn an
Balder wird nichts Hässliches sein!« Die Füße waren indes nicht die
Balders gewesen, wie sie geglaubt hatte, sondern gehörten Njörd von Noa-
tun. Njörd liebte es, nahe am Meer zu wohnen, und dort lag auch seine
Wohnstätte, denn Noatun heißt »Gehöft der Schiffe«. Skadi dagegen war
im Gebirge aufgewachsen und liebte über alles die Jagd. Da beschloss das
Paar, sie wollten immer abwechselnd neun Tage in Noatun und dann neun
Tage in Thrymheim, in Skadis Heimat, zubringen. Beiden war jedoch diese
Vereinbarung bald leid, und als Njörd nach Noatun zurückkehrte, sprach er:

> »Leid sind mir die Berge;
> nicht lange war ich dort,
> neun Nächte nur.
> Schöner schien mir
> der Schwäne Gesang
> als der Wölfe Wutgeheul.«

Skadi gefiel es aber in Noatun nicht besser als Njörd in Thrymheim und
darum sprach sie:

> »Nicht schlafen kann ich
> vor dem Schreien der Vögel
> an der Brandung Bett.
> Jeden Morgen,
> wenn sie vom Meer kommt,
> weckt mich die Möwe.«

Darauf beschlossen sie, dass Njörd für immer in Noatun bleiben solle,
Skadi aber zog wieder hinauf ins Gebirge nach Thrymheim.

DER RAUB DES HALSSCHMUCKS BRISINGAMEN

Der größte Stolz Freyjas war ein herrlicher Halsschmuck, Brisingamen genannt. Vier Zwerge hatten einst das Kleinod geschmiedet und sie, die an schönem Schmuck so große Freude fand, dass sie davon den Beinamen Menglöd, die Schmuckfrohe, trug, hatte es um teuren Preis erkauft. Einst hatte sie den Schmuck Thor überlassen, als er seines Hammers wegen den Riesen Thrym aufgesucht und sich dabei als Braut verkleidet hatte; denn da sie sich niemals vom Brisingamen trennte, war es geradezu ihr Kennzeichen geworden und Thrym hätte sogleich Verdacht geschöpft, wenn die Braut, die man ihm als Freyja zuführte, nicht den Schmuck getragen hätte. Das alles wusste Loki genau, der den Asen schon so manchen Schaden zugefügt hatte; so wie er einst Sif um ihr Goldhaar gebracht hatte, wofür er freilich schwer hatte büßen müssen, beschloss er nun das Brisingamen zu rauben, und wirklich gelang es ihm einmal, sich bei Freyja einzuschleichen und ihr den Schmuck zu entwenden.

Als er jedoch mit seinem Raub entfliehen wollte, merkte es Heimdall, der nie schlummernde Wächter an Asgards Tor. Er ahnte sogleich, dass Loki eine Meintat begangen habe, und folgte ihm ohne Zögern nach. Loki eilte nun davon, so schnell er konnte, um sich seinem Verfolger zu entziehen. Aber Heimdall blieb ihm dicht auf den Fersen und schließlich setzte der Meeresstrand der weiteren Flucht ein Ende. Loki wusste selbst in dieser Lage Rat. Er verwandelte sich in einen Seehund und tauchte ins Meer. Aus Leibeskräften schwamm er, bis er eine kleine Insel erreichte, die Vaga-Schäre genannt wird; die erklomm er und glaubte nun vor Heimdall sicher zu sein. Dieser hatte sich jedoch nicht täuschen lassen. Auch er verstand die Kunst seine Gestalt zu wandeln, nahm ebenfalls die eines Seehundes an und folgte Loki auf die Schäre. Dieser erkannte alsbald, dass er keine Möglichkeit zur Flucht mehr hatte, und stellte sich Heimdall zum Kampf. Lange und grimmig bissen sie sich miteinander herum, bis endlich Heimdall über seinen immer matter werdenden Gegner die Oberhand gewann. Da musste sich Loki besiegt geben und Heimdall das Kleinod Brisingamen überlassen, der es voll Stolz Freyja überbrachte. Diese war überglücklich, als sie ihren Schmuck wieder in Händen hatte, und rühmte vor jedermann Heimdalls Hilfe, der sie vor einem schweren Verlust bewahrt hatte. Heimdall aber hieß seit jenem Tag »Freyjas Halsbandsucher«.

BALDERS TOD

Die Asen hatten Loki nun schon so manche Übeltat zu vergelten. Von seiner Verbindung mit einer Riesin stammten der Fenriswolf und die Midgardschlange, die zwar im Augenblick unschädlich gemacht waren, aber doch als finstere Drohung für die Zukunft der Welt fürchten ließen. Sein Rat hatte die Asen in schwere Schuld verstrickt, als sie an dem Riesenbaumeister Verrat geübt hatten, und seine Vergehen an Sif und Freyja, seine Versuche, Thor in die Gewalt der Riesen zu bringen und diesen Idun und ihre Äpfel auszuliefern, waren unvergessen. Trotzdem hatte man ihn immer wieder gewähren lassen, hatte er doch vieles von dem, was er angestiftet hatte, wieder gutgemacht und überdies hatte er den Asen auch schon wertvolle Dienste geleistet, wie etwa damals, als er ausgekundschaftet hatte, wohin Thors Hammer gekommen war, und dabei geholfen hatte, dass es gelang, Thrym zu täuschen und den Hammer wieder heimzuholen.

So hätte man ihn wohl in Frieden leben lassen, denn es schien, als wären die Gefahren überwunden, die zu schweren Sorgen Anlass gegeben hatten. Die Asen hatten es zu verhindern gewusst, dass Freyja, Sonne und Mond dem Riesenreich verfielen, mit den Wanen waren sie versöhnt, sodass sie die von diesen gestellten Geiseln zu den Ihrigen zählen durften, und wunderbare Waffen sicherten ihnen den Sieg im Kampf. Trotzdem spürten sie, dass die Zeiten, in denen sie einst so glücklich gewesen waren, nicht wiederkehren konnten, und manches drohende Zeichen sagte ihnen, dass in naher Zukunft einer der Besten unter ihnen, der lichte Balder, in schwerste Gefahr geraten werde; denn Balder hatte schwere Träume, die er nicht zu deuten wusste, die aber ihn wie alle anderen Asen in arge Unruhe versetzten. Ver-

geblich traten sie alle zur Beratung darüber zusammen, welche Gefahren
Balder wohl drohen könnten – sie fanden die Lösung nicht. Da beschloss
Odin einen letzten Versuch zu wagen.

Er bestieg Sleipnir, sein achtbeiniges Ross, das ihn rasch über Land und
Meer trug, und ritt hinab in die Unterwelt. Ein Hund kam ihm dort entgegen, der ihn mit schaurigem Geheul empfing; Odin aber setzte seinen Ritt
fort, bis er zu Hels Behausung kam.

Von dort führte ihn sein Weg vor das Tor hinaus nach Osten bis zum Grabhügel einer zukunftskundigen Frau, einer Völva. Hier machte er Halt und
begann ein Wecklied für die Tote zu singen. So machtvoll war seine Weise,
dass die Völva, für kurze Frist ihrem Todesschlaf entrissen, aus dem Hügel
trat und ihm Rede und Antwort stand. Sie fragte:

> »Wer ist der Mann,
> mir unbekannt,
> der mir vermehrt
> mühvollen Weg?
> Regen schlug mich,
> bereift war ich
> und taubeträuft:
> Tot war ich lang.«

Odin verhehlte seine wahre Gestalt und antwortete:

> »Vegtam heiß ich,
> bin Valtams Sohn.
> Sprich von der Tiefe,
> vom Tag will ich's!
> Wem sind die Sitze
> besät mit Ringen
> und strahlt die Bank,
> bestreut mit Gold?«

Da sprach die Völva:

>»Für Balder steht hier
gebraut der Met,
schimmernder Trank,
der Schild liegt darauf.
Unheil ahnen
Asensippen.
Genötigt sprach ich,
nun will ich schweigen.«

Nun wussten die Asen, dass Balder in höchster Gefahr schwebte – war doch schon im Reich der Hel der Platz für ihn bereit! Da beschlossen sie alles zu unternehmen, was in ihren Kräften stand, um das drohende Verderben doch noch abzuwenden. Frigg sandte überallhin Boten und ließ sich Eide schwören, dass weder belebte Wesen noch unbelebte Dinge Balder jemals schaden würden. Da leisteten den Eid Feuer und Wasser, Eisen und alle Metalle, alle Steine, die Erde, die Bäume, die Krankheiten aller Art, alle Vierfüßler, die Vögel und die Giftschlangen. Als das alles geschehen war, meinten die Asen, nun sei Balder gewiss in Sicherheit, und um das zu erproben, beriefen sie ein großes Thing. Dort stellte sich Balder inmitten des Versammlungsplatzes auf und nun versuchten sich alle an ihm. Die einen schossen nach ihm, andere hieben mit dem Schwert auf ihn ein und manche warfen Steine nach ihm. Er aber stand unversehrt da, denn kein Schwert verletzte ihn und kein Wurf oder Schuss schadete ihm.

Loki war bei dieser Versammlung auch zugegen, aber er teilte nicht die Freude der anderen Asen darüber, dass von Balder jede Gefahr abgewendet war. Er nahm die Gestalt einer Frau an und begab sich zu Frigg, die neugierig fragte, was soeben auf dem Thingplatz geschehe. Da erzählte die Fremde, alle Asen schössen auf Balder oder würfen nach ihm, er aber bleibe davon ganz unberührt. Da sagte Frigg: »Weder Eisen noch Holz wird Balder schaden, denn ich habe ihnen Eide abgenommen.« Die fremde Frau fragte,

ob wirklich alle Dinge den Eid geleistet hätten; da antwortete Frigg: »Westlich von Walhall wächst an einem Baum ein Schößling, der heißt Mistelzweig. Der war noch so jung, dass ich ihm keinen Eid abgenommen
habe.« Nach diesem Gespräch nahm die Fremde von Frigg Abschied und
ging weiter. Sie nahm ihren Weg zu dem Mistelzweig, von dem Frigg
gesprochen hatte, und am Ziel angelangt verwandelte sich Loki wieder in
seine wahre Gestalt. Er riss den Mistelzweig aus und begab sich zum
Thingplatz zurück, wo die Unterhaltung noch in vollem Gang war. Abseits
von den Männern, die Balder lachend umringten, stand dessen Bruder Höd.
Höd war blind und so hatte er an der allgemeinen Freude keinen Anteil. Zu
ihm gesellte sich Loki und fragte ihn, warum nicht auch er so wie alle anderen nach Balder schieße. Höd antwortete, das könne er nicht, denn er sei
blind und habe auch keine Waffe. Da erbot sich Loki ihm zu zeigen, wo
Balder stehe, und da habe er einen Stock, mit dem könne er wie alle anderen
Balder Ehre erweisen und nach ihm schießen. Höd nahm den Mistelzweig
und schoss damit in die Richtung, die ihm Loki angab. Das Geschoss aber
traf und durchbohrte Balder, sodass er tot zu Boden sank. Maßloses Entset-
zen erfasste die Asen, als sie erkannten, dass die Weissagung von Balders
Ende nun doch in Erfüllung gegangen war. Sie hatten wohl gesehen, dass
Höd den unheilvollen Schuss getan, Loki aber gezielt hatte, doch war der
Thingplatz eine heilige Friedensstätte und so wagte keiner von ihnen das
Geschehene zu rächen.

Während sie aber alle in ihrem Kummer ratlos waren, suchte Frigg nach einem Weg, um Balder zu retten. Sie sagte, wer ihre Gunst und ihre Huld erwerben wolle, der solle ins Reich der Hel reiten und dieser Lösegeld für
Balder anbieten; vielleicht könne es geschehen, dass sie ihn zu den Asen
zurückkehren lasse. Frigg bat so inständig und eindringlich, dass sich Hermod, ein Bruder Balders, zu dem Ritt bereit fand. Odin lieh ihm Sleipnir
und Hermod trat alsbald ohne Zögern die Reise an.

Die Asen mussten inzwischen für Balders Bestattung sorgen. Sie schafften
den Toten ans Meer und legten ihn auf sein Schiff. Dieses wollten sie vom
Strand ins Meer lassen und Feuer daran legen, um Balder im Feuer zu be-

statten. Sie bemühten sich indes vergeblich das große Schiff vom Platz zu rücken und schickten nach der Riesin Hyrrokin, die ungeheuer stark war. Diese stemmte sich gegen den Vordersteven des Schiffes und drückte mit solcher Wucht, dass das Schiff sich in Bewegung setzte. Aus den Walzen, die man dem Schiff untergelegt hatte, sprang infolge der schnellen Bewegung Feuer und alle Lande erbebten. Über all das geriet Thor in Zorn und hätte die Riesin Hyrrokin mit seinem Hammer Mjölnir erschlagen, hätten nicht alle Asen um Schonung für sie gebeten. Aber Nanna, Balders Gattin, brach vor Leid das Herz, sodass sie auf der Stelle starb. Da wurde auch sie auf den Scheiterhaufen gelegt, der an Bord des Schiffes für Balder errichtet war, und als dieser angezündet worden war, stieß man das Schiff hinaus ins Meer. Kostbare Gaben hatte man dem Toten mit auf die Reise ins Jenseits gegeben. Odin hatte seinen Ring Draupnir auf den Holzstoß gelegt und auch Balders Ross war mit allem Reitzeug auf den Scheiterhaufen geführt worden.

HERMOD BEI HEL

Während dies alles geschah, war Hermod unterwegs ins Totenreich. Neun Nächte lang ritt er durch dunkle, tiefe Täler, bis er zu der Brücke kam, die über den Fluss Gjöll führt und daher Gjöll-Brücke heißt. Modgud, die sie bewacht, fragte Hermod nach Namen und Herkunft und setzte hinzu, dass er nicht wie ein Toter aussehe, während Weg und Brücke doch für die Toten bestimmt seien. Sie wunderte sich auch, weil die Brücke laut erdröhnte, sobald das Ross Sleipnir seine Hufe darauf setzte. »Fünf Scharen von toten Kriegern kamen gestern hier über die Brücke«, sagte sie, »aber unter ihnen allen dröhnte die Brücke nicht so laut wie unter dir allein!« Da nannte Hermod seinen Namen und fragte, ob Balder bereits über die Brücke gekommen sei – »denn ich bin auf dem Weg zur Hel, um sie zu bitten, sie möge Balder wieder ans Licht der Welt zurücksenden«. Da antwortete Modgud, Balder sei schon über die Brücke gekommen, und wies ihm den Weg: »Der Helweg führt abwärts und nach Norden!« Nun ritt Hermod den Weg weiter, den ihm Modgud gewiesen hatte, bis er zum Helgatter kam. Es war fest verschlossen, doch Hermod wusste Rat. Er zog den Sattelgurt an, gab Sleipnir die Sporen und setzte so über die Pforte hinweg. Nun gab es kein Hindernis mehr und Hermod betrat die Halle, in der er seinen Bruder Balder auf dem Hochsitz sitzen sah. Er blieb die Nacht über dort, am nächsten Morgen aber trat er vor Hel und verlangte, sie solle Balder mit ihm heimreiten lassen. Er schilderte die große Trauer der Asen und ihre schwere Klage um den Toten. Da antwortete Hel: »Wenn es wirklich so ist, wie du sagst, dass nämlich Balder überall in der Welt so überaus beliebt ist, dann will ich deinen Wunsch gewähren. Das aber soll das Zeichen dafür sein, dass du die Wahrheit sprichst: Alle Wesen in der Welt, belebte ebenso wie leblose, müssen um Balder weinen. Wenn aber jemand sich weigert, dann soll Balder bei mir in meinem Reich bleiben.« Mit diesem Bescheid machte sich Hermod auf den Rückweg. Balder geleitete ihn selbst hinaus und sandte Odin zur Erinnerung an ihn den Ring Draupnir zurück; auch der anderen Asen gedachte er mit Freundesgaben.

Sobald Hermod in Asgard angelangt war, berichtete er, welche Bedingung Hel für die Rückkehr Balders gestellt hatte, und die Asen sandten sogleich Boten in alle Welt, die dazu auffordern sollten, um Balder zu weinen. Überall wurde dieser Wunsch erfüllt, denn es weinten nicht bloß Menschen und Tiere, sondern auch alle Steine, alles Holz und alles Metall. Schon glaubten die Boten, sie hätten ihren Auftrag glücklich vollendet, da sahen sie in einer Berghöhle eine Riesin sitzen, die sich Thökk nannte. Sie forderten die Riesin auf, um Balder zu weinen, diese aber antwortete:

> »Mit trockenen Tränen
> wird Thökk beweinen
> des Odinsohns Ende.
> Nicht tot noch im Leben
> tat der Bursche mir Gutes:
> Hel behalte, was sie hat!«

Damit waren alle Bemühungen um Balders Rückkehr vereitelt und er musste bei Hel bleiben. Die Riesin Thökk aber war in Wahrheit niemand anderer gewesen als Loki, der sich in die Gestalt der Riesin verwandelt hatte, um Balders Rückkehr zu verhindern.

LOKIS FESSELUNG

Seit Loki Balders Tod verschuldet und seine Wiederkehr aus dem Reich der Hel verhindert hatte, wusste er, dass er die Asen für immer zu seinen Todfeinden gemacht hatte. Er wusste auch, dass er das Schlimmste befürchten musste, wenn sie ihn je in ihre Gewalt bekämen, und tat alles, um ihren Nachstellungen zu entgehen.

Auf einem Berg, von dem aus er die ganze Gegend nach allen Seiten hin übersehen konnte, erbaute er sich ein Haus mit vier Türen und hielt von dort Ausschau nach Verfolgern. Oft verwandelte er sich in einen Lachs und hielt sich in einem Wasserfall verborgen, immer auf der Hut vor einer List, die etwa die Asen ersinnen könnten, um ihn zu fangen. War er in seinem Haus, so saß er am Feuer und knotete einen Flachsfaden kunstvoll zu Maschen, die er zu einem Netz zusammenfügte.

Odin konnte aber von Hlidskjalf aus sehen, wo Loki sich aufhielt, und so kamen die Asen einmal ganz nahe an sein Haus heran, als er eben an seinem Netz arbeitete. Loki erkannte die Gefahr gerade noch rechtzeitig, warf das fast fertige Netz ins Feuer und flüchtete hinaus ins Freie. Er erreichte auch noch den Fluss und verwandelte sich dort in einen Lachs.

Die Asen betraten das verlassene Haus und durchsuchten es. In der Glut fanden sie die Asche des Fischnetzes, an der noch erkennbar war, wie das Netz gefertigt worden war. Da machten sie sich ans Werk und knüpften nach dem Muster, dessen Reste sie in der Glut vorgefunden hatten, ein Netz genau von der Art, wie das Lokis gewesen war. Als sie ihre Arbeit beendet hatten, gingen sie mit dem Netz zum Fluss und warfen es am Wasserfall aus. Sie zogen es sodann flussabwärts, wobei Thor die eine Netzleine hielt, alle anderen Asen die zweite. Loki schwamm vor dem Netz her und legte sich zwischen zwei Steinen auf den Grund, sodass das Netz über ihn hinwegglitt. Die Asen merkten dies jedoch, kehrten zum Wasserfall zurück und warfen das Netz zum zweiten Mal aus, wobei sie es so beschwerten, dass nichts darunter durchschlüpfen konnte. Als Loki das erkannte, sprang er über die Randleine hinweg und schwamm stromaufwärts zum Wasserfall. Die Asen sahen ihn schwimmen und kehrten nochmals zum Wasserfall zurück. Nun ging Thor, Loki vor sich hertreibend, in der Mitte des Flussbettes. So ging es dem Meer zu, und da Loki es nicht wagte, ins Meer zu schwimmen, sprang er nochmals über die Randleine des Netzes, um flussaufwärts zu entkommen. Dabei bekam ihn Thor zu fassen und hielt ihn fest, wie sehr sich auch Loki abmühte, ihm zu entschlüpfen.

Die Asen brachten ihren Gefangenen nun in eine Felsenhöhle und stellten dort drei flache Steine auf die schmale Kante. Loki hatte zwei Söhne, Vali und Narfi. Die Asen verwandelten Vali in einen Wolf und dieser zerriss seinen Bruder. Sodann nahmen die Asen Narfis Därme, bohrten in jeden der drei Steine ein Loch und banden damit Loki an den drei Steinen fest. Einer dieser Steine steht unter Lokis Schulterblättern, der zweite unter seinem Kreuz, der dritte unter den Kniekehlen. Als dies geschehen war, verwandelten die Asen die Bande in Eisen. Skadi brachte sodann über Loki eine Giftschlange an und richtete es so ein, dass das Gift aus dem Schlangenmaul Loki ins Gesicht tropft. Bei Loki harrt dessen Gattin Sigyn aus, und um ihren Gatten vor dem Gift zu schützen, hält sie eine Schale unter das tropfende Gift. Sooft die Schale voll ist, muss sie gehen, um sie zu entleeren. In der Zwischenzeit fallen die Gifttropfen Loki ins Gesicht und dann zuckt er vor Schmerz so heftig, dass die ganze Erde bebt. So muss er leiden und bleibt gefesselt bis zum Ende der Welt.

DAS ENDE HÖDS

Loki waren seine Taten furchtbar vergolten worden, noch aber lebte Höd ungestraft in Freiheit. Hatte er an der Tat auch nicht denselben Anteil wie Loki, der sie geplant hatte, so war er doch der Schütze, der Balder zu Tode getroffen hatte, und das wollten die Asen nicht ungerächt lassen. Keiner von ihnen aber, die alle mit Höd versippt waren, konnte die Rachetat vollbringen. Längst war vom Schicksal der Held bestimmt, dem dies zukam, und die Seherin, die Odin Balders Tod vorhersagte, hatte ihm auch Namen und Abkunft des Rächers verkündet:

> »Rind im Westen
> Vali gebiert;
> nicht wäscht er die Hand,
> nicht kämmt er das Haar,
> bis er zum Holzstoß bringt
> Balders Mörder.«

Rind war eine Königstochter, die bisher noch jeden Freier zurückgewiesen hatte. In der Gestalt eines alten, erfahrenen Feldherrn kam Odin zu Rinds Vater, und nachdem er diesem wertvolle Hilfe gegen seine Feinde geleistet hatte, warb er bei ihm um die Hand seiner Tochter. Rind wies jedoch auch ihn zurück. Da wurde die Jungfrau von schwerer Krankheit befallen und Odin, der als Arzt an ihr Lager trat, brachte ihr Heilung.
Nun erst gab sie ihm ihr Jawort und dem Bund der beiden entstammte ein Knabe, der den Namen Vali erhielt. An ihm zeigte sich bald seine überirdische Herkunft, und als er zu einem waffenfähigen Mann herangewachsen war, weihte ihn sein Vater in die ihm vom Schicksal gestellte Aufgabe ein, Balders Tod an Höd zu rächen. Da tat Vali das Gelübde, er wolle sein Haupthaar weder scheren noch kämmen, ehe er die Rachetat vollbracht habe. Finster und scheu war von jeher Höds Wesen gewesen und nun, da er wusste, dass die Asen nach Rache für den Tod Balders dürsteten, brachte er

seine Tage fern von anderen Wesen im Verborgenen zu. Vali jedoch wusste ihn aufzuspüren und sein Speer machte Höds Leben ein Ende. Damit war die Rache für Balders Tod vollzogen.

DER UNTERGANG
UND DIE WIEDERGEBURT DER WELT

Odin wusste und die Asen ahnten es, dass die der Welt drohende Gefahr für die nächste Zukunft abgewendet, aber durchaus nicht für immer beseitigt war. Wohl waren der Fenriswolf und Loki gefesselt, aber sie ahnten, dass dunkle Mächte an ihrer Befreiung arbeiteten und dass in Riesenheim die Feinde der Welt des Tages harrten, an dem sie zum Angriff gegen die Asen aufbrechen konnten. Wohl waren alle Vorkehrungen getroffen, um den Feinden machtvoll zu begegnen: An der Brücke Bifröst, über die allein die Feinde Asgard erreichen können, hält Heimdall, genannt der weise Ase, treue Wacht. Niemand darf hoffen, seine Wachsamkeit zu täuschen, denn er benötigt weniger Schlaf als ein Vogel; sein Auge sieht in dunkler Nacht genauso scharf wie am Tag und sein Ohr ist so fein, dass er hört, wie die Wolle auf den Schafen und das Gras auf dem Erdboden wächst. Sein Horn, genannt das Gjallarhorn, ertönt so laut, dass man auf der ganzen Welt seinen Schall hört, und so ist sichere Gewähr dafür geboten, dass die Asen sich rechtzeitig zum Kampf rüsten können, wenn die Feinde nahen. Daran aber, dass es zu diesem Kampf kommen muss, tragen in wachsendem Maß auch die Menschen Schuld. Je weiter die Zeit fortschreitet, umso weniger halten sie sich an die sittliche Ordnung, ohne die keine Gemeinschaft bestehen kann.

> Brüder kämpfen
> und bringen sich Tod,
> Brudersöhne
> brechen die Sippe.

Arg ist die Welt,
Ehebruch furchtbar,
nicht einer will
des andern schonen.

Auch die Verstorbenen betreut man nicht mehr so, wie die Ehrfurcht vor ihnen und die alte Sitte es fordern. Haupt- und Barthaar sollen gekämmt, die
Nägel an Händen und Füßen beschnitten sein, ehe man den Toten bestattet,
aber immer öfter bleiben diese Pflichten unerfüllt. Aus den unbeschnittenen Nägeln erbauen die Weltenfeinde ein Schiff, Naglfar genannt. Es
wächst zuerst langsam, dann jedoch schneller und der Tag wird kommen,
an dem es bereit sein wird die Weltenfeinde zum Angriff gegen die Asen
über das Meer zu tragen. Dann erhebt sich die Midgardschlange aus dem
Meer und der Fenriswolf sowie Loki werden ihrer Bande ledig.

Von Norden ein Kiel fährt:
Es nahn der Hel
Leute dem Land;
Loki steuert.
Mit dem Wolfe zieht
die wilde Schar;
Byleipts Bruder
bringen sie mit.

Nun öffnen sich weit die Tore Walhalls und an der Spitze der Einherjer zieht
Odin in den Kampf, ihm zur Seite alle Asen, allen voran Heimdall und Tyr,
Thor und Freyr. Die feindlichen Scharen treffen aufeinander und es beginnt
eine furchtbare Schlacht. Freyr kämpft gegen Surt und nun rächt es sich,
dass er einst sein Schwert seinem Diener Skirnir geschenkt hat, denn ohne
diese wunderbare Waffe erliegt er dem Flammenschwert seines Gegners
nach tapferer Gegenwehr. Tyr erleidet dasselbe Schicksal durch Garm, ein
hundeartiges Ungeheuer, das bis dahin wie der Fenriswolf in Bande ge-

schlagen war. Odin muss sich im Einzelkampf mit dem Fenriswolf messen, denn niemand kann ihm beistehen. Der Kampf endet damit, dass Odin von dem Ungeheuer verschlungen wird, doch ist alsbald Vidar als Rächer zur Stelle. Ahnungsvoll hat er sich schon lange auf diesen Kampf vorbereitet. Mit einem Fuß tritt er in den Unterkiefer des Wolfes, während er mit seiner Rechten den Oberkiefer packt und so dessen Schlund auseinander reißt; der Wolf verendet an der Wunde, die er dabei davonträgt. Vidar durfte aber nur darum wagen mit dem Fuß in den Rachen des Fenriswolfes zu treten, weil ein wunderbarer Schuh ihn vor jeder Verletzung schützte. Nun tragen auch Heimdall und Loki ihren Streit endgültig aus und einer findet von des anderen Hand den Tod.

Gegen die Midgardschlange wendet sich ihr alter Gegner Thor. Bis zum Himmel aufgerissen gähnt ihm der Rachen der Schlange entgegen, Thor aber nimmt den Kampf ohne Zögern auf. Voll Zorn schwingt er den Hammer Mjölnir und trifft die Schlange zu Tode, aber auch für ihn ist es der letzte Kampf. Noch kann er wankend neun Schritte von der Schlange zurücktun, dann erliegt er dem Gift, mit dem das Ungetüm ihn überhaucht hat. In dem Toben der Schlacht nimmt alles Leben ein Ende. Midgard, bisher unter dem Schutz der Asen der wohl behütete Wohnsitz der Menschen, ist zu einer Stätte des Todes geworden. An Yggdrasil, dem Weltenbaum, der so lange unerschüttert geblieben war, hat Nidhögg sein Zerstörungswerk vollbracht. Er erzittert von den Wurzeln bis zum Wipfel, ein mächtiges Rauschen geht durch seine Krone und schließlich stürzt er in ungeheurem Fall in sich zusammen.

Da schleudert Surt Feuer über die Erde, und die Welt geht in Flammen auf. Die wohl gefügte Ordnung des Weltalls, einst von den Asen in weiser Sorge geschaffen, ist dahin, der Untergang ist da.

> Die Sonne erlischt,
> das Land sinkt ins Meer,
> vom Himmel stürzen
> die heiteren Sterne.

Rauch und Feuer
rasen umher;
hohe Hitze
steigt himmelan.

Furchtbar ist die Vernichtung, aber wenn sie auch alles Leben auszulöschen scheint, so erweist sich dieses doch als stärker. Nun, da im Feuer alles geläutert ist, ist alle Schuld gesühnt und eine neue, bessere Welt kann erstehen. Das goldene Zeitalter von einst kann wiederkehren und entsühnt erstehen die Asen vom Tod. So sieht die Seherin diese Zeit:

»Seh aufsteigen
zum andern Male
Land aus Fluten,
frisch ergrünend.
Fälle schäumen;
es schwebt der Aar,
der auf dem Felsen
Fische weidet.

Auf dem Idafeld
die Asen sich finden
und reden dort
vom riesigen Wurm
und denken da
der großen Dinge
und alter Runen
des Raterfürsten.

Wieder werden
die wundersamen
Goldenen Tafeln

im Gras sich finden,
die vor Urzeiten
ihr Eigen waren.

Unbesät werden
Äcker tragen.
Böses wird besser:
Balder kehrt heim;
Höd und Balder
hausen in Walhall
froh, die Walgötter –
wisst ihr noch mehr?«

Ein Weltentag mit seinem Guten und Schönen, aber auch mit seiner Schuld und seinen Fehlern ist abgelaufen und ein neuer Tag ist angebrochen. So wie jener erste Tag beginnt er mit einem Zustand der Unschuld und des Friedens, mit einer reichen Fülle des Glücks. Ob die Bewohner dieser neuen Welt das alles festzuhalten wissen oder ob sie sich aufs Neue in Schuld verstricken und damit alles das wieder heraufbeschwören, was schon einmal den Untergang herbeigeführt hat, davon berichtet uns die Sage nichts mehr. Sie hat uns durch weite Zeiträume geführt, vom Werden der Welt und ihrer Bewohner, von der Einrichtung einer sinnvollen Ordnung und von den dauernden Kämpfen für und wider sie bis zum schließlichen Untergang, der auch die Feinde der Welt und ihrer Ordnung vernichtet.
Nicht blinder Zufall hat diesen Ablauf bewirkt, sondern alles, was geschehen ist, war von Anbeginn vorherbestimmt durch die Schicksalsfügerinnen, durch die Nornen Urd, Verdandi und Skuld, von denen das Geschick nicht nur der Menschen, sondern auch das der Asen, das ihrer Feinde, ja der ganzen Welt abhängt. Nur sie wissen, ob der Untergang der allem Sein feindlichen Mächte endgültig ist oder ob auch diese erneut aufleben und ob damit dem so verheißungsvoll angebrochenen neuen Tag dasselbe Ende bestimmt ist wie jenem ersten.

DIE HELDEN

BEOWULF

Beowulfs Abstammung und Jugend

In Südschweden lebte einst das Volk der Gauten. Von ihm hat sich nichts bis auf unsere Tage erhalten außer dem Namen, der in der Benennung der südschwedischen Landschaft Götland lebendig geblieben ist, und nichts außer dem Ruhm, der in der Sage den Namen Beowulfs umglänzt, des berühmtesten Sprosses des gautischen Königsgeschlechtes.

Beowulf war der Enkel des Gautenkönigs Hredel, der drei Söhne sein Eigen nannte, Herebeald, Hädkyn und Hygelak. Seine Tochter hatte der König mit Ecgtheow, einem tapferen Gauten von edler Abkunft, vermählt. Ihr Sohn war Beowulf, den Hredel in seinem eigenen Haus erzog.

Zuerst zeigte sich Beowulf seiner Abstammung wenig würdig, er schien schwächlich, träge und wenig verständig zu sein. Darüber war König Hredel schwer enttäuscht und hielt ihn ebenso wenig in Ehren wie das Gautenvolk, das den Enkel seines Königs als Tölpel verachtete. Diese Armseligkeit war jedoch nur Schein und beim ersten Anlass, der sich bot, zeigte sich alsbald Beowulfs wahres Wesen.

An Hredels Hof lebte ein mit Beowulf gleichaltriger Knabe aus vornehmem norwegischen Geschlecht, Breka, der Sohn Beanstans. Der forderte einmal Beowulf zum Wettschwimmen auf, und obgleich das Jahr schon vorgeschritten und Wind und Wetter rau waren, nahm dieser doch die Herausforderung ohne Zögern an. Die beiden Knaben schwammen, jeder mit seinem Schwert bewehrt, in die See hinaus und kämpften tapfer gegen die hohen Wogen an. Fünf Tage und Nächte widerstanden sie gemeinsam, Seite an Seite, dem Ansturm des Meeres, dann aber wurde Breka von Beowulf getrennt und von einer Strömung abgetrieben; es gelang ihm jedoch, seine norwegische Heimat zu erreichen. Beowulf aber setzte seinen Weg unbeirrt fort, obgleich er mit Meeresungeheuern zu kämpfen hatte, die ihn immer wieder angriffen und sein Leben bedrohten. Neun solcher Gegner erlegte er, ehe er Finnland nach sieben Tagen heil erreichte.

Diese gewaltige Probe an Kraft und Mut brachte ihm Ruhm und Ansehen und Hredel, der nun in Beowulf einen würdigen Spross seines Geschlechtes erkannte, liebte ihn nicht weniger als seine eigenen Söhne. Das Schicksal hatte aber über Hredels Haus schweres Unheil verhängt. Als sich einmal die drei Königssöhne froh im Kampfspiel mit Pfeil und Bogen tummelten, tat Hädkyn einen argen Fehlschuss und durchbohrte seinen Bruder Herebeald, der sogleich starb. Von diesem Augenblick an verdüsterte schwerer Gram Hredels Sinn und sein Leben endete früh. Hredel war ein tapferer Mann gewesen, der die Herrschaft fest in Händen gehalten hatte und dessen Ansehen alle Feinde vor einem Angriff zurückschrecken ließ. Nach seinem Tod wagten die Schweden unter Führung der Königssöhne Ohthere und Onela einen Einfall, der aber tapfer abgewehrt wurde. Die Gauten verfolgten die flüchtigen Feinde bis zur Königsburg und brachten die Gattin des Königs Ongentheow, die Mutter Ohtheres und Onelas, in ihre Gewalt. Als sie mit ihrer Beute den Rückweg antraten, verfolgte sie Ongentheow und schloss sie in einem Wald ein, genannt das Rabenholz. Im Kampf tötete er Hädkyn und drohte den überlebenden Gauten den Tod an, der ihnen gewiss sei, gleich, ob sie im Kampf durch das Schwert fielen oder in seiner Gewalt am Galgen endeten.

Zu früh jedoch hatte Ongentheow den Sieg auf seiner Seite geglaubt. Noch bevor er mit dem letzten, vernichtenden Angriff beginnen konnte, kam Hygelak mit seinen Mannen den bedrängten Gauten zu Hilfe. So unerwartet kam die Wendung, dass die Feinde flohen und sich in die Königsburg zurückzogen, um dort Widerstand zu leisten. Aber bald war die Burg erstürmt und Ongentheow musste sich des Angriffs der Brüder Wulf und

Eofor, der Söhne Wonreds, erwehren. Der greise Fürst kämpfte tapfer und schlug Wulf eine schwere Wunde, die diesen zu Boden zwang. Dennoch war Ongentheows Schicksal unabwendbar, denn nun trat Eofor gegen ihn an und zerschmetterte ihm mit seinem Schwert Helm und Haupt. Tödlich getroffen sank der König zu Boden, Eofor aber raubte ihm Panzer, Helm und Schwert und machte seine Beute Hygelak zum Geschenk, der ihm seine Tat herrlich lohnte: Er gab ihm seine Tochter zur Frau.

Von den drei Söhnen König Hredels war nur noch Hygelak am Leben. Ihm fiel als Erbe die Herrschaft über die Gauten zu und er erwies sich als tapferer, edler Fürst. An seinem Hof lebte Beowulf, hoch in Ehren gehalten von allen Gauten, bis eine ebenso seltsame wie furchtbare Kunde ihn dazu bewog, seine Heimat zu verlassen und in die Fremde zu ziehen.

Der Unhold Grendel und seine Mutter

Während dies alles in Schweden und Gautland geschah, herrschte in Dänemark König Hrodgar. Tapferkeit und Kriegsglück begründeten Ruhm und Macht des Königs, der auch über einen reichen Schatz verfügte, aus dem er an seine tapferen Gefolgsmannen als Lohn für ihre Hilfe und Treue freigebig Spenden verteilte. Auf der Höhe seines Ruhmes stehend, beschloss Hrodgar als fernhin erkennbares Zeichen seiner Machtfülle eine herrliche Halle zu erbauen, die weit über das Land hinweg sichtbar sein sollte und mit einer Pracht ausgestattet war, wie sie bisher nie geschaut worden war. Diese Halle nannte er Heorot, das heißt Hirsch, und dort saß nun der König Tag um Tag beim Mahl auf dem Hochsitz, umgeben von seinen Gefolgsmannen. Dort verteilte er froh seine Gaben, umjubelt von den Seinen, und zur Harfe erklang das Lied des Sängers, der den aufhorchenden Zechgenossen Kunde aus ferner Vorzeit, ja selbst vom Werden der Welt gab. Wenn dann die Nacht hereinbrach, wurde den Mannen in der Halle selbst das Lager bereitet, auf dem sie bis zum Anbruch des neuen Tages Ruhe fanden.

Nicht lange aber konnte sich Hrodgar des fröhlichen Lebens erfreuen. Nicht weit von der glänzenden Königshalle dehnte sich sumpfiges Gewässer und dort hauste in einer Höhle ein Unhold von gewaltiger Kraft und Größe, Grendel genannt. Bis in seine düstere Behausung tönte der Klang der Harfe und das erregte wie der Lärm des Lebens und Treibens in der Halle Heorot seine Wut. In finsterer Nacht, während alles ahnungslos in tiefem Schlaf lag, suchte Grendel die Halle auf, wo er nicht weniger als dreißig von Hrodgars Mannen ergriff und mit sich schleppte. Über diese Untat empfanden Hrodgar und die Seinen schweres Leid, und als man bei Tag die mächtigen Spuren des Unholds sowie den Weg erkannte, den er mit seiner Beute genommen hatte, sank den Dänen der Mut; sie alle wussten, dass niemand es wagen konnte, sich mit dem Räuber, der über mehr als menschliche Kräfte verfügte, im Kampf zu messen.

Es blieb aber nicht bei diesem einen Überfall. Immer wieder suchte Grendel die Königshalle auf und niemals zog er ohne Beute von dannen. So kam es, dass die Dänen nicht mehr wagten nachts in der Halle zu verweilen, da sie sich vor Grendels Mordzügen nicht schützen konnten.

Zwölf Jahre schon währte diese Schreckenszeit, die König Hrodgar in tiefstes Leid stürzte und den Dänen schweren Kummer brachte. Als die Kunde davon auch zu den Gauten drang, war Beowulf sogleich entschlossen, König Hrodgar in seinem Unglück zu helfen und Grendel unschädlich zu machen. Er ließ ein Schiff ausrüsten und versammelte vierzehn Gefährten um sich, die tapfersten, die er finden konnte. Einen Tag lang währte die Überfahrt, dann stiegen Beowulf und die Seinen an Land. Dort trat ihnen sogleich der Wächter entgegen, der getreulich nach Fremden Ausschau gehalten hatte. Er fragte die Gauten, wer sie seien und warum sie kämen. Da antwortete Beowulf: »Wir alle sind Gauten, Tischgenossen des Königs Hygelak; gekommen aber sind wir, um König Hrodgar aus der Not zu befreien, die ihn und sein Volk bedrängt.« Der Däne zweifelte nicht an der Wahrheit dieser Worte und versprach sogleich, er selbst wolle die Gäste zu König Hrodgars Halle führen, während seine Mannen inzwischen sorgsam das Schiff behüten würden. Er erfüllte auch treulich sein Versprechen und bald sahen die Gauten die mächtige Halle Heorot vor sich. Ihr Führer riet ihnen ohne Zögern dort einzutreten, er selbst aber ritt zum Strand zurück, um dort weiterhin seines Amtes zu walten.

Ohne Scheu trat Beowulf mit seinem Gefolge in die Halle, und einem von Hrodgars Mannen nannte er auf dessen Frage seinen Namen und seine Herkunft. Dann sagte er: »Gern will ich König Hrodgar sagen, was uns hierher geführt hat, wenn er uns erlaubt ihn zu begrüßen.« Da suchte der Däne seinen Herrn auf und meldete ihm, dass eine Schar von Kriegern in voller Rüstung über das Meer gekommen sei und Gehör erbitte. »Ihr Führer, der Edelste von allen, nennt sich Beowulf. Verweigere ihnen ihre Bitte nicht, mein König, denn sie sind es gewiss wert, dass du sie anhörst.«

Hrodgar antwortete, einst, noch als Knabe, habe er Beowulf gesehen und er kenne auch dessen Abkunft genau. »Das hörte ich von ihm sagen, fuhr er fort, »dass in ihm die Kraft von dreißig Männern wohnt. Ihn hat uns das Schicksal selbst als Helfer gesandt! Gerne will ich seine Bitte erfüllen; geh und sage ihm, dass er willkommen ist!« Der Bote eilte, um Beowulf Hrodgars Antwort zu bringen, und führte ihn samt seinen Gefährten vor den König. Der Held begrüßte König Hrodgar nach alter Sitte mit einem Heilswunsch und nannte sogleich den Grund seiner Fahrt. »Nun sollen Grendels Untaten ein Ende haben und ich ganz allein will ihn besiegen. Wohl weiß ich den Wert von Schwert und Schild zu schätzen. Weil aber Grendel, wie ich höre, die Waffen verschmäht, so will auch ich waffenlos, nur Faust gegen Faust, den Kampf auf Leben und Tod gegen ihn wagen. Ich hoffe auf den Sieg. Kommt es aber anders und verliere ich durch Grendel mein Leben, dann sende meine Brünne, Wielands Werk, ein Erbstück von Hredel, an König Hygelak; das ist meine einzige Bitte.«

Freudig dankte Hrodgar seinem Gast dafür, dass er gekommen sei, ihn von dem Unheil zu befreien, das über ihn und sein Gefolge hereingebrochen war. Voll Trauer erzählte er davon, dass schon mancher kühne Däne es versucht habe, gegen Grendel zu kämpfen, doch habe noch jeder, der es gewagt habe, dabei sein Leben eingebüßt. Nach diesen Worten gedachte Hrodgar seiner Pflicht als Wirt; rasch räumte man den Gauten einen geziemenden Platz auf den Bänken in der Halle ein, ein frohes Zechen begann und der Sänger ließ allen zur Freude sein Lied ertönen.

Nicht alle Dänen dachten indes so wie ihr König und besonders einer von ihnen, Unferd genannt, konnte es nicht verwinden, dass ein Gaute den Kampf gegen Grendel wagen wollte, bei dem noch jeder Däne versagt hatte. So versuchte er Beowulf mit verletzenden Worten zu reizen. Er sprach vom Wettschwimmen zwischen Beowulf und Breka und stellte es so dar, als wäre Beowulf dabei unterlegen. Stolz verwies ihm Beowulf sein Unterfangen und erzählte, wie sich jener Kampf wirklich zugetragen hatte. Weil aber Unferd sich und seine Tapferkeit allzu sehr gerühmt hatte, hielt Beowulf ihm vor, dass er unmöglich ein solcher Held sein könne, wie er sage, denn dann hätte er Grendels Untaten längst ein Ende gesetzt. Da schwieg Unferd beschämt, König Hrodgar aber gab seinem Gast Recht.

Nun trat die Königin in die Halle, um die Gäste zu grüßen und ihnen nach altem Brauch den vollen Becher zu bieten. Sie schritt von einem der Gäste zum anderen, und als sie zu Beowulf kam, fügte sie ihrem Gruß als besondere Ehrung hinzu, dass sie sich glücklich schätze, weil sie von Beowulf, dem besten Helden, Hilfe gegen den Feind erhoffe. Beowulf aber antwortete: »Als ich mit meinen Gefährten das Schiff bestieg, um die Fahrt zu unternehmen, da gelobte ich, dass ich entweder die Dänen aus ihrer Not befreien oder im Kampf sterben wolle. Nun will ich danach handeln und den Sieg erringen oder in dieser Halle den Tod finden!«

Nachdem Beowulf diese Worte gesprochen hatte, ertönten laute Beifallsrufe, und die Helden saßen alle froh beisammen, solange die Sonne schien. Erst als die Nacht hereinbrach, erhoben sich die Zecher und nur Beowulf samt den Seinen blieb in der Halle zurück. König Hrodgar aber sprach: »Noch niemals habe ich einem Fremden den Schutz meines Hochsaales anvertraut außer dir allein! Nun gedenke deines Zieles und zeige deine Kraft! Gelingt es dir, Grendel zu besiegen, dann soll dir kein Wunsch versagt sein.«

Im Vertrauen auf seine gewaltige Kraft legte Beowulf Waffen und Rüstung ab, ehe er sich zur Ruhe legte. Zu seinen Gefährten aber sagte er, nicht mit dem Schwert wolle er Grendel besiegen, denn sein Gegner sei im Schwert-kampf nicht erfahren. Komme Grendel ohne Waffen, um ihn anzugreifen, so wolle er sich seiner auch ohne Waffen erwehren.

So kühn die Gauten auch waren, die gemeinsam mit Beowulf die Nacht in der Halle verbrachten, so hofften sie doch kaum ihre Heimat und ihre Ge-sippen wieder zu sehen. Mit Grauen hatten sie erfahren, wie schlimm es schon so manchem Dänen in dieser Halle ergangen war. Ihre Sorge wich aber bald, denn das Schicksal fügte es, dass sie durch die Kraft Beowulfs gerettet wurden.

Als die Finsternis voll hereingebrochen war, kam Grendel geschritten. Das fest verschlossene Hallentor wich Grendels Kraft, kaum dass er es berührt hatte, und sogleich stürzte er sich auf einen der schlafenden Gauten, ergriff ihn und verschlang ihn mit Haut und Haaren. Der Nächste aber, den er packen wollte, war Beowulf selbst. Dieser hatte klug den Schlaf von sich fern gehalten, und als Grendel nach ihm griff, fasste er mit mächtiger Faust den Angreifer. Sogleich merkte der Unhold, dass er hier seinen Meister ge-funden hatte, sein Mut wandelte sich in Furcht und er wäre gerne geflohen, hätte ihn Beowulf nur losgelassen. Dieser jedoch sprang auf und nun be-gann ein gewaltiges Ringen, da Grendel danach strebte, sich loszureißen, während Beowulf ihn nur noch fester umklammert hielt. Der Saal hallte von lautem Tosen wider, und als Grendel erkannte, dass er sich nicht befrei-en konnte, stieß er angst- und schmerzerfüllte Schreie aus.

Das hörten die Dänen und gerieten in gewaltigen Schrecken. Die Gauten im Saal wollten Beowulf zu Hilfe eilen und griffen Grendel mit ihren Schwer-tern an, aber der Unhold war durch Eisen nicht verwundbar, sodass die Waf-fen nicht bissen. So gewaltig aber riss und zerrte er in seiner Todesangst, dass Knochen und Sehnen der Achsel zerrissen und der ganze Arm in Beo-wulfs Hand blieb, während Grendel furchtbar verstümmelt entfloh.

Am nächsten Morgen strömten die Dänen in der Halle Heorot zusammen, um den Schauplatz des nächtlichen Kampfes zu sehen und die blutige Fähr-te zu verfolgen, die den Weg von Grendels Flucht bezeichnete. Die Spur endete am Ufer des moorigen Gewässers, in dem die Höhle des Unholds

verborgen war, und man sah das Wasser von Blut gerötet. Beowulfs kühne
Tat aber wurde überall gerühmt und ein sangeskundiger Däne schuf ein
Preislied, in dem er Beowulfs Tat besang. Der Dichter, dessen Kunst den
Ruhm des Helden für eine ferne Zukunft bewahrte, wusste so manches Lied
von den Taten, die kühne Helden in längst vergangenen Tagen vollbracht
hatten. Eines davon galt Sigmund, König Wölsungs Sohn, der allein, ohne
Hilfe seines Neffen Fitela, einen gewaltigen Lindwurm erlegt hatte.
König Hrodgar betrachtete mit staunender Bewunderung Beowulfs Sieges-
zeichen, den ungeheuren Arm, den der Held Grendel ausgerissen hatte.
Laut pries er die Tat seines Gastes und rief aus, fortan wolle er ihn lieben
wie seinen eigenen Sohn. Beowulf aber erwiderte: »Gern habe ich den
Kampf mit dem Unhold gewagt und mein Wunsch wäre es gewesen, ihn
vollends zu töten; doch war es mir nicht vergönnt, seine Flucht zu verhindern. Seine Faust aber, und dazu noch den Arm und die Achsel, musste er
als Lösegeld zurücklassen, und ich weiß, dass er nicht mehr lange am Leben bleibt, denn die gewaltige Wunde, mit der er seine Flucht erkauft hat,
bringt ihm in Kürze den Tod.«
Bei dem furchtbaren Kampf hatte die prächtige Königshalle manchen
Schaden genommen und sogleich machten sich die Dänen daran, sie wieder
in ihrem vollen Glanz herzustellen. Hrodgar erfüllte das Versprechen, das
er Beowulf vor dem Kampf gegeben hatte, Lind beschenkte ihn mit einem
goldenen Banner, mit Brünne, Helm und Schwert. Auch einen kostbaren
Sattel und acht herrliche Rosse empfing Beowulf. Der Gaute aber, der
Grendel zum Opfer gefallen war, wurde mit Gold gebüßt. Ein festliches Gelage wurde nun gehalten und alle horchten auf das Heldenlied, das der Sänger zum Klang der Harfe vortrug. Die Königin reichte Beowulf den vollen
Becher und bot ihm als Geschenk zwei goldene Armringe sowie einen
prächtigen Halsreif, dazu einen kostbaren Gürtel und erlesene Gewandung.
So endete der Tag mit Freuden – noch ahnte man nicht, dass ein grausames
Schicksal die Freude allzu bald in schweres Leid verwandeln sollte. Nun,
da der Feind beseitigt war, wurde den Dänen so wie einst im Saal das Lager
bereitet und bald lag alles in tiefem Schlaf.

Noch aber lebte Grendels Mutter, ein furchtbares Moorweib, und sie dürstete nach Vergeltung für das, was ihrem Sohn widerfahren war. Mitten in der Nacht brach sie in Heorot ein, wo die Dänen sorglos in tiefem Schlaf lagen. Zu allem Unglück fehlte Beowulf, denn man hatte ihm und den Gauten an anderem Ort das Lager bereitet. Zwar griffen die Dänen sogleich nach ihren Schwertern, und wirklich wandte sich das Moorweib zur Flucht. Doch ergriff sie einen der Dänen und nahm ihm das Leben. Auch den blutigen Arm Grendels schleppte sie mit.

Schwere Trauer erfüllte den Dänenkönig, als er seinen treuen Gefolgsmann ermordet sah. Rasch rief man Beowulf herbei, der von dem neu hereingebrochenen Unheil nichts ahnte und den König froh begrüßte. Da antwortete Hrodgar: »Schlimm war die Nachtruhe hier in der Halle! Äschere ist tot, mein weisester Rat und zugleich mein bester Schutz in der Schlacht! Ihn tötete heute Nacht ein mörderisches Gespenst – das war die Rache für Grendel! Noch mehr Unheil aber steht uns bevor, denn gewiss war dieser Mord nicht der letzte. Das hörte ich von den Leuten, die in der Gegend hier wohnen, dass sie schon oft zwei unheimliche Wesen draußen am Moor gesehen haben, einen Mann und ein Weib. Die beiden hausen in verborgenen Schlupfwinkeln im Sumpf, dessen Tiefe noch niemand ergründet hat. Auch sieht man alle Nächte ein Feuer, das aus dem Gewässer hervorstrahlt. Niemand noch hat es gewagt, den beiden Unholden dort nachzuspüren, denn der Ort ist verrufen und unheimlich. Selbst der Hirsch, der von der Hundemeute gehetzt wird, lässt lieber am Strand sein Leben, als dass er die Flucht in das sumpfige Wasser wagt. Unsere ganze Hoffnung ruht nun auf dir allein. Bestehst du den Kampf, dann will ich es dir reichlich lohnen!«

Da antwortete Beowulf: »Sei getrost und lass den Kummer fahren! Besser ist es, den Freund zu rächen als zu beklagen. Verfolgen wir die Spur der Mörderin! Sie soll mir nicht entkommen, weder im Wasser noch im Schoß der Erde noch im dichten Wald.«

Den Worten folgte sogleich die Tat. Begleitet von seinen Gauten und von Hrodgar sowie von dessen Gefolge ritt Beowulf der mächtigen Spur des Riesenweibes nach, die weithin sichtbar war. Am Strand sahen die Helden das Wasser blutig gefärbt, und als sie über das Gewässer hin Ausschau hielten, bot sich ihnen ein widerwärtiger Anblick: Allenthalben sahen sie scheußliche Untiere in träger Ruhe, aber als sie ins Horn stießen, kam sogleich Bewegung in das Gewürm.

Unter den Dänen, die dem Helden das Geleit gaben, war auch Unferd, der sich erst kürzlich mit Beowulf im Wortkampf gemessen hatte. Sein Sinn hatte sich gewandelt, seit er Grendels blutigen Arm in der Halle Heorot gesehen hatte, denn sein Stolz musste sich vor der gewaltigen Tat Beowulfs beugen. Auch mit Grendels Mutter konnte er den Kampf nicht wagen, doch überreichte er dem Gautenhelden sein gutes Schwert Hrunting, das noch in keinem Kampf versagt hatte.

Noch eine letzte Mahnung richtete Beowulf an Hrodgar, bevor er sich zum Kampf in die Fluten hinabließ. Er bat ihn für die Gauten seines Gefolges zu sorgen, wenn er selbst nicht wiederkehre, die Schätze aber, die er als Geschenk erhalten habe, solle er Hygelak senden. Für Unferd bestimmte er als Gegengabe für Hrunting sein eigenes Schwert. »Ich aber«, schloss er, »werde mit Hrunting ewigen Ruhm erwerben oder sterben!«

Kaum war Beowulf in die Flut hinabgetaucht, so merkte Grendels Mutter, dass ein Mensch gekommen war. Sie packte Beowulf, der sie im Dunkel nicht sehen konnte, und schleppte ihn – da sie ihm mit ihrem Schwert nichts anhaben konnte, weil ihn seine Rüstung schützte – in ihre Behausung. Diese befand sich in einem Gewölbe, dessen Wände und Decke den Einbruch des Wassers abwehrten. Ein Feuer brannte in der Höhle; in seinem Schein konnte der Held seine Gegnerin sehen. Sogleich schlug er mit dem Schwert Hrunting nach ihr. Aber wie viele Helme die Waffe schon durchhauen hatte, hier biss sie nicht, zum ersten Mal, seit sie aus der Hand des Schmiedes gekommen war. Rasch entschlossen ließ Beowulf die Klinge fallen und packte seine Gegnerin mit den Armen.

Nach furchtbarem Ringen zwang er sie zu Boden, doch gelang es ihr wieder, sich aufzurichten und Beowulf unter sich zu bringen. Sie kniete auf ihm und versuchte ihn zu erdolchen; aber wieder schützte den Helden seine Rüstung, er befreite sich von ihrem Griff und sprang auf. Da sah er an der

Wand der Höhle ein Schwert von gewaltiger Größe, das kein anderer als er hätte schwingen können und das selbst er nur unter Aufbietung aller Kraft führen konnte. Mit diesem Schwert versetzte er dem Weib einen so wuchtigen Hieb in den Hals, dass es tot zu Boden stürzte.

Damit war der Kampf beendet und Beowulf konnte jetzt Atem schöpfen und sich in der Höhle umsehen. Sie war angefüllt mit vielen herrlichen Kleinoden, auf einem Lager aber lag Grendel. Kein Leben war mehr in ihm; die furchtbare Wunde, die Beowulf ihm zugefügt hatte, hatte ihn getötet. Mit wuchtigem Hieb trennte er ihm das Haupt vom Rumpf, denn er wollte es als Zeichen des Sieges mit sich nehmen.

Die Kleinode, die als herrlicher Schatz in der Höhle aufgestapelt lagen, ließ Beowulf unberührt. Nur Grendels Haupt und das Schwert, dem er den Sieg verdankte, gedachte er mitzunehmen. Es blieb ihm aber nur der kostbare Griff der Waffe, denn mit Erstaunen sah er, dass die Klinge, die vom Blut der Unholdin überströmt war, sich ganz und gar auflöste.

Während das alles geschah, harrten am Strand Dänen und Gauten sorgenvoll auf Beowulfs Rückkehr. Als Hrodgar und seine Gefolgsmänner sahen, dass sich das Wasser von frischem Blut rötete, gaben sie jede Hoffnung auf, den Helden jemals wieder zu sehen, denn sie meinten, sein Blut sei es, das da aus der Tiefe emporsteige, und er sei im Kampf umgekommen. So traten denn Hrodgar und die Seinen traurig den Heimweg an. Auch die Gauten ließen angesichts des Blutes den Mut sinken. Obwohl sie kaum mehr auf Beowulfs Rückkehr hofften, blieben sie dennoch am Strand und blickten trüben Sinns über das moorige Gewässer hin, das, wie sie fürchteten, Beowulfs Grab geworden war.

Beowulf aber suchte inzwischen den Weg zurück an das Licht des Tages. Glücklich ging der Aufstieg aus der Tiefe vonstatten und nun schwamm er mit mächtigen Stößen dem Ufer zu. Dabei schleppte er Grendels Haupt und den Griff des Siegschwertes mit sich. Sobald die Gauten ihn erblickten, eilten sie ihm jubelnd entgegen. Grendels Haupt aber konnte keiner der Gauten allein tragen; vier von ihnen schleppten es mühsam genug an einer Speerstange zu Hrodgars Halle.

Als Beowulf die Halle betrat, packte alle Dänen Entsetzen über das Haupt Grendels. Beowulf aber sprach zu Hrodgar: »Nun sieh die Beute, die ich dem Moor entrissen, Dänenkönig, das Ruhmeszeichen, das ich brachte, dir zur Freude! Schwer war der Kampf und mit Not nur habe ich mein Leben gerettet. Das Schwert Hrunting hat mir den Dienst versagt, doch fand ich in der Höhle der Unholde ein Schwert, mit dem ich das Weib erschlug. Nur den Griff der Waffe kann ich dir zeigen, denn die Klinge zerschmolz von dem Blut der Riesin. Nun sind die Leiden gerächt, die ihr Dänen lange Jahre erdulden musstet. Von heute an werdet ihr in Heorot in Sicherheit schlafen und du, Hrodgar, kannst die Sorge um das Leben der Deinen für immer verbannen.«

Er übergab Hrodgar den Griff des Siegschwertes; in Runen war darauf geschrieben, für wen die Waffe einst geschmiedet worden war.

Freudig pries Hrodgar Beowulfs Kühnheit und sagte voraus, dass sein Ruhm sich zu allen Völkern verbreiten werde. Er wünschte ihm ein langes Leben, das der Hilfe für seine Helden geweiht sein solle.

Froh saßen nun alle bei heiterem Gespräch vereint in der Halle, bis die Nacht hereinbrach und Hrodgar Ruhe begehrte. Nichts störte die Nacht über den Schlaf und erfrischt versammelten sich alle am nächsten Morgen wieder in der Halle Heorot. Beowulf hatte die Rückkehr in die Heimat beschlossen und nahm von den Dänen Abschied. Das Schwert Hrunting gab er seinem Besitzer wieder zurück und nannte es einen starken Kampfgenossen, um Unferd nicht zu kränken. Er versprach Hrodgar, dass er ihm sogleich wieder zu Hilfe eilen wolle, wenn er je wieder in Bedrängnis kommen sollte; auch Hygelak werde ihm dabei gewiss Beistand leisten.

Hrodgar antwortete, so kurz auch Beowulf in seinem Land geweilt habe, so sei er ihm doch lieb geworden wie sein eigener Sohn. Friede und Freundschaft solle auch zwischen Dänen und Gauten walten. Zwölf prächtige Kleinode fügte er den Geschenken noch hinzu, die Beowulf schon früher von ihm empfangen hatte; ein letzter, herzlicher Abschiedsgruß wurde gewechselt und die Gauten stachen in See. Ihre Heimfahrt ging glücklich vonstatten und unversehrt lief das Schiff in den Hafen ein.

Schon von fern hatte der Hafenwart die Fahrt des Schiffes verfolgt und eilte nun herbei, um bei der Verankerung des Fahrzeugs zu helfen. Die Schätze, die Beowulf mitgebracht hatte, wurden entladen und zugleich sandte der Held Boten zur nahen Königsburg, um Hygelak seine Rückkehr zu verkünden. Bald darauf kam er selbst dorthin, von Hygelak feierlich begrüßt. Vereint saßen die beiden Blutsverwandten beim Mahl und auch Hygd kam herbei, Hygelaks Gattin, um ihres Amtes bei der Bewirtung der Gäste zu walten. Der König aber fragte Beowulf, wie es ihm ergangen sei und ob er den Dänenkönig aus seiner Not gerettet habe.

Aufmerksam lauschten alle Beowulfs Worten, als er, der Aufforderung Hygelaks folgend, von seinen Erlebnissen am Hof des Dänenkönigs berichtete. Voll Staunen hörten sie, was er von Grendels gewaltiger Kraft und Größe sowie von dem furchtbaren Ringkampf mit ihm zu erzählen wusste. Auch berichtete Beowulf von der schweren Enttäuschung, die der Rachezug von Grendels Mutter über die Dänen gebracht hatte, von seinem Abstieg in die Tiefe und von seinem gefährlichen Kampf, der mit dem Tod der Unholdin endete und die Dänen für immer aus ihrer Bedrängnis befreite. Er erzählte aber auch von der ehrenvollen Aufnahme, die er und seine Begleiter beim Dänenkönig gefunden hatten, und von den kostbaren Geschenken, die er über das Meer in die Heimat gebracht hatte.

Als Beowulf geendet hatte, übergab er Hygelak Helm, Brünne und Schwert sowie die Rosse, die er von Hrodgar zum Geschenk erhalten hatte; die Gabe der Dänenkönigin aber überreichte er Hygd, der Gattin Hygelaks.

König Beowulfs Drachenkampf und Ende

In hohen Ehren lebte nun Beowulf am Hof des Gautenkönigs. Im Frieden wie im Krieg hielten sie treue Freundschaft und niemals zog Hygelak auf Wikingfahrt in die Fremde, ohne dass Beowulf ihn als sein bester Kampfgenosse begleitete. Dem König aber war ein frühes Ende beschieden. Einmal führte er seine Flotte nach Friesland; seine Mannen stiegen von

Bord und heerten im Land. Aber bald trat ihnen ein weit überlegenes fränkisches Heer entgegen. Ein harter Kampf entbrannte und dabei fiel Hygelak von der Hand eines Franken. Zwar rächte Beowulf sogleich den Tod seines Königs, aber das Schicksal der Gauten konnte er nicht mehr wenden, denn sie alle sanken unter den Streichen der übermächtigen Gegner tot zu Boden. Beowulf allein blieb unbezwungen. Da ihm der Weg zu den Schiffen abgeschnitten war, vertraute er sich samt den im Kampf erbeuteten Rüstungen dem Meer an und entkam glücklich seinen Verfolgern. Allein kehrte er nach Gautland zurück und meldete dort den Kampftod Hygelaks.

Schweren Kummer brachte die Todesbotschaft über die Gauten und über Hygd, Hygelaks Witwe. Wohl lebte Heardred, König Hygelaks Sohn, doch schien er noch allzu jung, als dass er das Königsamt hätte antreten können. So wurde Beowulf als dem würdigsten Angehörigen des Königsgeschlechtes die Herrschaft angeboten. Dieser aber wollte die Rechte Heardreds nicht schmälern. Er bestand darauf, dass dieser als der rechtmäßige Erbe in das ihm gebührende Amt eingesetzt werde, und übernahm selbst die Erziehung des jungen Herrschers, der unter seiner Obhut zu einem tüchtigen Mann heranreifte. Aber auch Heardreds Ende kam zu früh.

In Schweden empörten sich Eanmund und Eadgils, die Söhne Ohtheres, gegen ihren Onkel Onela und mussten außer Landes fliehen. Obgleich ihr Großvater Ongentheow im Kampf gegen die Gauten sein Leben eingebüßt hatte, baten sie dennoch den Gautenkönig Heardred um Schutz, der ihnen auch gewährt wurde. Als jedoch Onela erfuhr, wo seine Neffen Zuflucht gefunden hatten, wandte er sich gegen Heardred und es kam zu schweren Kämpfen, bei denen Heardred und Eanmund ihr Leben verloren.

Nun, da von König Hredels Nachkommen nur noch Beowulf am Leben war, wurde ihm neuerlich die Herrschaft angetragen und diesmal nahm er sie an. Sein erstes Streben galt der Rache für König Heardred. Zwar hatte Onela gegen ihn keinen Angriff gewagt und war nach Schweden zurückgekehrt; Beowulf jedoch schloss mit Eadgils Freundschaft und versah ihn mit Mannschaft, Waffen und Rossen, sodass es diesem möglich war, in Schweden einzufallen. Bei diesem Kampf fiel Onela.

So waren Eanmund und Heardred gerächt. Eine lange Friedenszeit brach nun für die Gauten an, denn Beowulfs Heldenruhm hatte sich weit verbreitet und niemand wagte es, das Land anzugreifen, dessen Herrscher den Unhold Grendel sowie dessen Mutter überwunden und auch in zahllosen Kämpfen seine Kraft und seinen Mut bewiesen hatte. Über die Gauten herrschte Beowulf mit Weisheit und so stieg er, von seinem Volk wahrhaft geliebt und geehrt, zu hohem Alter auf. Fünfzig Jahre schon währte seine Herrschaft, da fand die glückliche Friedenszeit ein jähes Ende und schwere Not brach über die Gauten herein.

Inmitten einer steilen, nur durch einen schmalen Pfad erreichbaren Felswand lag der Zugang zu einer Höhle, in der vor langen, langen Jahren ein Greis, der Letzte seiner Sippe, einen reichen Schatz verborgen hatte. Schließlich starb auch er und nahm sein Geheimnis mit ins Grab. Eines Tages jedoch wurde ein nachts umherstreifender Drache des Hortes gewahr und nistete sich in der Höhle ein. Unangefochten hütete er den Schatz schon dreihundert Jahre lang, bis der Zufall einen Flüchtling, der auf entlegenen Wegen dem Zorn seines Herren zu entgehen suchte, zu der Schatzhöhle führte. Als der Unglückliche die reichen Schätze sah, nahm er davon einen mit Edelsteinen besetzten goldenen Becher, ein herrliches Kunstwerk aus längst vergangenen Zeiten. Mit diesem Becher kehrte er zu seinem Herren zurück, um damit dessen Huld wiederzugewinnen, und dieser, der noch nie ein Kleinod von so hohem Alter gesehen hatte, ließ ab von seinem Zorn und schenkte dem Bringer der kostbaren Gabe wieder seine Gunst.

Der Drache hatte sorglos geschlafen, während der Fremde den Becher aus der Höhle geholt hatte. Sobald er aber erwachte, entdeckte er, dass etwas von seinem Hort fehlte. Er geriet in furchtbare Wut und brach bei Nacht über die menschlichen Siedlungen herein. Das Feuer, das von ihm ausging, setzte die Höfe in Brand, sodass auflodernde Flammen seinen Weg bezeichneten. Des Morgens, wenn es dämmerte, zog sich das Untier in seine Höhle zurück, nachts aber setzte es sein Zerstörungswerk fort und schließlich fiel selbst Beowulfs Behausung dem Wüten des Drachen zum Opfer. Beowulf aber gedachte dem Unheil ein Ende zu machen. Mit elf seiner

Mannen, geführt von dem, der das Kleinod aus dem Schatz entnommen hatte, zog er aus, um gegen den Drachen zu kämpfen. In kluger Voraussicht hatte er sich einen Schild aus Eisen schmieden lassen, denn er wusste, dass Holz dem Feuer zum Opfer fiel, das der Drache ausspie.

Bis in die Nähe der Höhle ritten die Gauten, dann lagerte sich Beowulf zur Rast am Felsen. Er sah voraus, dass sich nun sein Schicksal erfüllen werde. Zu seinen Begleitern sprach er: »Ungerüstet und ohne Schwert wie einst dem Unhold Grendel wollte ich dem Untier hier entgegentreten, wären nicht die Feuerflammen, die mich in diesem Kampf erwarten. Nur darum bin ich heute mit Schild und Harnisch gewappnet. Wyrd selbst, die Herrin des Schicksals, soll nun den Kampf entscheiden. Denn mir allein steht er zu und allein will ich ihn auch ausfechten. Ihr erwartet hier den Ausgang des Kampfes und achtet darauf, wem der Sieg zufällt!«

Nach diesen Worten erhob er sich und schritt auf die Höhle zu. Mit lautem Ruf forderte er den Drachen zum Streit heraus und alsbald stürzte aus der Öffnung der Höhle wie ein heißer Schwall der Atem des Untieres. Es hatte die Herausforderung verstanden und stellte sich zum Kampf.

Während sich der Drache zu einem Ring zusammenkrümmte, holte Beowulf, vor seines Gegners Feueratem durch den Schild gedeckt, mit dem Schwert zum Schlag aus. Aber wie hart er auch zuschlug, die Waffe glitt immer wieder vom Leib des Drachen ab und tat ihm keinen Schaden. Wohl geriet Beowulf, dessen Schwerthiebe seinen Gegner in immer wildere Wut versetzten, in höchste Not, doch hielt er stand. Seine Gefährten aber packte wildes Entsetzen, als sie sahen, dass der Feueratem des Drachen ihren Herrn immer mehr bedrängte. Um ihr Leben fürchtend, eilten sie in den nahen Wald, um sich dort zu verbergen.

Nur ein Einziger blieb; das war Wiglaf, Weohstans Sohn. Er rief den Gefährten zu: »Denkt an das Gelöbnis, das ihr einst bei frohem Umtrunk abgelegt habt! Ihr verspracht Beowulf seine reichen Gaben zu lohnen, wenn Gefahr ihn bedränge. Nun ist der Tag gekommen Wort zu halten! Wollt ihr euren Herren in der Not verlassen, vor dem Feind fliehen und mit Schmach bedeckt nach Hause ziehen? Wahrhaftig, das hat Beowulf nicht verdient, dass er als einziger Gaute in diesem Kampf fällt!« Wie sehr er aber das Gewissen seiner Gefährten aufzurütteln suchte, seine Worte blieben ergebnislos, denn keiner vermochte die Furcht abzuschütteln, die alle Tatkraft lähmte. So war es Wiglaf allein, der hinzueilte, um Beowulf beizustehen. Sogleich aber verzehrte die Glut seinen Schild und auch seine Rüstung bot ihm keinen Schutz vor den Flammen. Da verbarg er sich hinter Beowulfs Eisenschild. Mit aller Kraft führte der Gautenkönig eben einen Hieb gegen den Drachen, da zerbrach ihm sein Schwert und der Drache blieb unversehrt. Der Wurm stieß nun gegen Beowulf vor und biss ihn in den Hals, dort wo die Rüstung ihn nicht deckte. Im selben Augenblick aber stieß Wiglaf, unbekümmert darum, dass das Feuer ihm die Hand verbrannte, sein Schwert dem Drachen in den Leib. Da ließen die Flammen nach und so gewann Beowulf Zeit sich zu erholen. Er zog sein Hüftschwert und schnitt mit letzter Anstrengung den Drachen mittendurch. Damit war der Kampf zu Ende und das Untier tot.

Aber auch Beowulf fühlte, dass sein Leben zu Ende ging. Die Wunde am Hals begann zu schwellen, denn der Brand wütete darin. Es gab für den Helden keine Rettung mehr. Am Rand des Felsens ließ er sich nieder, Wiglaf aber mühte sich ihn mit Wasser zu erfrischen. Noch einmal gedachte Beowulf seines Lebens und seiner Taten; nur eines schmerzte ihn – dass ihm kein Erbe zuteil geworden war. Sonst gab es nichts, das er hätte bereuen müssen. Fünfzig Jahre lang hatte er geherrscht, von keinem Feind angegriffen. Sein Gut hatte er sicher und fest bewahrt, keine falsche Tat hatte er je verübt und nie einen seiner Gesippen verraten. Er bat Wiglaf, er möge den Schatz, den er in seinem letzten Kampf erstritten habe, aus der Höhle hervor ans Licht tragen. Sogleich gehorchte der treue Gefolgsmann. Von den vielen Kostbarkeiten, die er in der Höhle sah, raffte er schnell zusammen, was er tragen konnte, und eilte ans Licht zurück, voll Sorge, ob er seinen Herrn noch am Leben finden würde. Wohl war Beowulf dem Tode nah, aber noch konnte er sich des Anblicks der Kleinode freuen, die er an seinem Todestag für sein Volk errungen hatte. Seine letzte Anordnung galt seiner Bestattung:

»Heiß die Helden den Hügel aufwerfen,
breit, wenn ich verbrannt, auf der Brandungsklippe!
Er mag als Mahnmal meinem Volk
hoch sich wölben auf Walfischhöft.
Die Seesegler sollen ihn heißen
Beowulfs Berg, die die Borddrachen
durch der Fluten Gischt fernhin lenken.«

Als letzte Gabe reichte er Wiglaf seinen Halsring, denn jener war der Letzte aus Beowulfs Geschlecht; alle anderen Gesippen hatte das Schicksal schon hinweggenommen.

Dann schlossen sich die Augen des greisen Helden, sein Mund verstummte für immer.

Nun, da alles vorüber war, wagten sich die Gefolgsmänner Beowulfs wieder aus dem Wald hervor. Am Kampfplatz sahen sie Wiglaf knien, der sich vergeblich bemühte, Beowulf nochmals ins Leben zurückzurufen. Als er der Pflichtvergessenen ansichtig wurde, schalt er sie mit harten Worten. Besser, so rief er aus, wäre es, wenn sie gestorben wären, als dass sie nun ihr Leben in Schande hinbringen müssten. Dann befahl er ihnen das Geschehene zu verkünden: Beowulfs Sieg, zugleich aber auch seinen Tod.

Neben seinem Herrn hielt Wiglaf die Totenwache. Düstere Gedanken gingen ihm durch den Sinn, denn er ahnte das Kommen einer schweren, kriegerischen Zeit. Nun, da Beowulf nicht mehr das Volk beschützte, würden die einst besiegten Feinde sich wieder hervorwagen. Wie sollten die Gauten gegen alle diese Not bestehen?

Für Beowulf wurde nun der Holzstoß geschichtet. So, wie er es geboten hatte, wurde der Scheiterhaufen mit Helmen, Schilden und Panzern geschmückt und in die Mitte des Holzes legten die Gauten den toten König. Alsbald loderten die Flammen empor und verzehrten Beowulfs Leib. Nachdem sie erloschen waren, wölbten die Gauten einen mächtigen Hügel, weithin den Seefahrern sichtbar. In ihm bargen sie die Asche des Toten, aber auch den ganzen Schatz, den er bei seinem letzten Kampf erbeutet hatte.

Dann umritten den Hügel beherzte Recken,
zwölf an der Zahl, gezeugt von Edlingen,
wollten Klage künden, des Königs gedenken,
das Erblied anstimmen, von dem Edeln reden.

Sie rühmten sein Reckentum und seine Riesentat
bezeugten sie preisend. So geziemt es sich,
dass den geliebten Lenker man lobe mit Worten,
von Herzen an ihm hänge, wenn er von hinnen muss,
verlassen den Leib, vom Leben scheiden.

So beklagten da die Krieger der Gauten
ihres Herren Hingang, die Herdgenossen
bekannten, er wäre der Weltkönige,
der Männer mildester, der menschenfreundlichste,
der liebste den Leuten und nach Lob der eifrigste.

DIE SKJÖLDUNGE

Skjöld

Weit aus ferner Vorzeit stammt die Kunde von einem mächtigen Herrschergeschlecht, das einst über Dänemark gebot und nach seinem Ahnherrn Skjöld den Namen Skjöldunge führte. Nur undeutlich freilich, wie vom Nebel umhüllt, steht die Gestalt dieses Ahnherrn vor uns, von dessen Herkunft eine seltsame Sage berichtet:

Erstaunt, so heißt es darin, sahen eines Tages die Einwohner der Insel Schonen ein Schiff von hoher See auf die Küste zuhalten, das sicher und unbeirrt die Richtung hielt, obgleich kein Ruder zu sehen war und kein Steuermann es lenkte. Als das Schiff schließlich auf den Strand lief, eilten alle herbei, die Zeugen des seltsamen Schauspiels gewesen waren, und fanden in dem Fahrzeug niemanden vor als einen neugeborenen Knaben, der in tiefem Schlaf lag. Rings um das Kind lagen starke Waffen, Helm und Schild, Schwert und Speer.

Die Leute von Schonen hielten es für gewiss, dass ihnen eine überirdische Macht diesen Knaben zugesandt habe. Sie nahmen ihn daher gut auf und erzogen ihn sorgfältig. Er wuchs zu einem stattlichen Jüngling heran, der die Waffen, die mit ihm ins Land gekommen waren, gut zu gebrauchen wusste und bald seine Altersgenossen an Mut und Kraft weit übertraf. Alle sahen darin eine Bestätigung ihrer Überzeugung, dass der auf so wunderbare Weise ins Land gekommene Jüngling, dem man den Namen Skjöld gegeben hatte, vom Schicksal zu einer besonderen Aufgabe ausersehen sei, und so wurde er zum König über das Land bestellt.

Es zeigte sich alsbald, dass man damit eine glückliche Wahl getroffen hatte. Der neue König übte sein Amt gerecht, mit Umsicht und Festigkeit aus, sodass kein Feind den Frieden zu stören wagte und das ganze Volk über lange Jahre hin ein glückliches Dasein führte. Erst in hohem Alter schied Skjöld zum Schmerz der Seinen aus dem Leben.

Diese aber gedachten der wunderbaren Herkunft ihres dahingegangenen Königs und beschlossen den Toten dorthin zurückzusenden, woher er einst als Kind gekommen war.

Die Königsmannen trugen den Toten an den Strand des Meeres und legten ihn auf sein kostbar geschmücktes Schiff.

> Mit Spenden waren sie sparsamer nicht,
> die dänischen Recken, als die es waren,
> die einst übers Meer ihn ausgesendet,
> im Nachen allein, den Neugebornen.
> Sie hissten ihm noch zu Häupten ein Banner,
> ein golddurchwirktes, dann gab man ihn preis
> den tosenden Wogen mit traurigem Herzen,
> mit sorgendem Sinn.

So kehrte der Tote in das geheimnisvolle Land zurück, aus dem er einst als der Abgesandte unbekannter Mächte gekommen war.

Mehr weiß die Sage nicht über Skjöld zu berichten, doch glaubte man zu wissen, dass Odin selbst sein Vater gewesen sei. Andere freilich erzählten, nicht Skjöld sei der Held dieser Sage gewesen; dieser habe vielmehr einen Vater namens Skeaf gehabt und Skeaf sei es gewesen, der als neugeborenes Kind auf steuer- und ruderlosem Schiff nach Schonen gekommen sei. Aber darin waren sich alle einig, dass das Geschlecht der Skjöldunge außerirdischer Herkunft gewesen sei und von Odin abgestammt habe.

Frodi der Friedenskönig

Nach seinem Vater Skjöld übernahm Fridleif die Herrschaft über Dänemark und vererbte sie an seinen Sohn Frodi, unter dem das Land eine Blütezeit erlebte wie nie zuvor. Frodi war ein weiser und gerechter Mann und begründete durch seine Gesetzgebung einen allgemeinen und dauerhaften Frieden, den man nach ihm den Frodi-Frieden nannte. Auf solche Weise war damals in Dänemark für Sicherheit gesorgt, dass niemand es wagen durfte, Leben oder Eigentum eines anderen anzutasten. Unbesorgt ließen alle ihre Häuser und ihre Truhen unverschlossen und so fest hielten die Bande der Zucht, dass sogar die Rache für früher erlittenes Unrecht unterblieb. Als sichtbares Zeichen für die Sicherheit im Land ließ Frodi an einem Kreuzweg in Jütland eine schwere goldene Kette anbringen, die weder bewacht noch sonst gesichert war. Leicht hätte sich jeder des Kleinodes bemächtigen können, aber Jahr um Jahr prangte die Kette unversehrt an der Stätte, an die man sie auf Frodis Geheiß gebracht hatte.

Friede und fruchtbare Jahre mehrten Frodis Reichtum, aber auch den des ganzen Landes und es schien, als sollte dieses goldene Zeitalter nie ein Ende nehmen. Außer seiner Weisheit und Gerechtigkeit besaß Frodi noch ein anderes Unterpfand für die stete Dauer seines Glückes, die Wundermühle Grotti, die ein günstiges Geschick in seine Hand gegeben hatte.

Diese Mühle mahlte alles, was ihr Herr befahl. Ihr vor allem verdankte Frodi unermessliche Schätze an Gold, dessen Zustrom kein Ende zu nehmen schien. Die Mühlsteine der Wunschmühle waren so groß und schwer, dass Menschenkraft nicht ausreichte sie zu drehen. Fenja und Menja, zwei kriegsgefangene Mägde, die Frodi einst geschenkt bekam und die übermenschliche Kräfte hatten, mussten die schwere Arbeit tun.

Willig drehten sie, deren Herkunft niemand kannte, die Mühle und ihr Tun begleitete ein Lied, auf das Frodi allzu wenig achtete, sonst hätte er erkannt, welcher Art die beiden Mägde waren. Sie hatten einst in der Schlacht ihres Amtes als Walküren gewaltet, die ebenso schicksalskundig wie schicksalsmächtig waren. Noch waren sie Frodi günstig gesinnt und so mahlten und sangen sie für Frodi nicht bloß die Fülle an Gold herbei, nach der er verlangte, sondern auch Heil für seine Herrschaft, reiche Fruchtbarkeit und ein Zeitalter des Friedens:

>>Wir mahlen Macht,
wir mahlen Heil
wir mahlen Gut
auf der Glücksmühle.
Sitz im Reichtum,
ruh auf Daunen,
erwach in Wonne,
so mahlten wir wohl!

Kränken soll hier
keiner den andern,
Böses wirken,
Blut vergießen;
das scharfe Schwert
schwinge keiner,
ob gebunden er fände
des Bruders Mörder.<<

Lange hatten sie die Mühle gedreht, sodass selbst Fenjas und Menjas Rie-
senkraft erlahmte und sie nach Ruhe begehrten. Mit Frodi aber war ein
schlimmer Wandel vorgegangen. Die Überfülle von Glück und Reichtum,
die ihm zufiel, hatte seinen Sinn verwirrt und beim Anblick seiner Schätze
erwachte in ihm eine unersättliche Gier nach immer mehr Gold. So wollte
er Fenja und Menja die Rast nicht gönnen, derer sie bedurften:

> »So kurz nur schlaft,
> wie der Kuckuck schweigt,
> nicht länger,
> als ich ein Liedlein singe.«

Wohl gehorchten die beiden Mägde Frodis Befehl, aber ihr Lied tönte nun
anders als zuvor. Sie sangen von ihrer Abkunft, von ihrem Walten in der
Schlacht, von der Macht und Kraft, über die sie geboten. Noch sicherten sie
für Frodi die Fortdauer des glücklichen Friedens, aber gebieterisch verlangten sie endlich nach Ruhe und Schlaf. Menja sang:

> »Die Hand soll rasten,
> ruhen der Stein.
> Ich mahlte mein Teil;
> die Müh muss enden!«

Ihre Worte verhallten, ungehört von Frodi, der samt seinen Gefolgsmannen
in tiefem Schlaf lag. Da erwachte der Zorn in den beiden Mägden. Mit
gewaltiger Kraft ließen sie den schweren Stein sausen und die Mühle sich
drehen und immer grauenvoller und schrecklicher wurde ihr Lied.

> »Noch will ich der Rechten
> Ruh nicht gönnen,
> bis Frodis Neide
> genug wir mahlten!

Hände sollen halten
harte Spitzen,
blut'ge Waffen!
Wache, Frodi!
Wache, Frodi!
Willst du hören
unsern Sang
und alte Sagen!

Ein Feuer flammt auf
im Osten der Burg
– Heerruf erwacht –,
die Warte heißt man's.
Der Feinde Schar
zieht schnell heran,
bald ist verbrannt
die Burg des Fürsten.«

Während sie dies sangen, mahlten sie so gewaltig, dass die Mühlstangen
brachen und der Mühlstein zerbarst. Das war das Ende der Wundermühle
und zugleich mit ihr zerbrach auch Frodis Glück und Leben. Denn schicksalsmächtig hatten Fenja und Menja mit ihrem Lied ein mächtiges Heer von
Feinden heraufbeschworen. Von Seekönig Mysing geführt brach es in
dunkler Nacht über Frodi herein. Völlig überrascht und ungerüstet fand er
alsbald den Tod, seine Reichtümer aber führten die Feinde als willkomme-
ne Beute hinweg.

Mit dem Frodi-Frieden war es zu Ende, das goldene Zeitalter war für immer entschwunden und keine Macht führte es wieder zurück. Als weiser
Herrscher und Hort der Gerechtigkeit hatte Frodi begonnen, nun aber hatte
er durch seine eigene Schuld den Tod gefunden. Sein Schicksal hatte sich
erfüllt, weil er nicht imstande gewesen war, den Lockungen des Reichtums
und der Gier nach Gold zu widerstehen.

König Ingjald und Starkad

König Frodi war nicht kinderlos gestorben, wie die Dänen meinten. Fern in Russland wurde sein Sohn Fridleif erzogen, der eben das waffenfähige Alter erreicht hatte, als ihn die Kunde vom Tod seines Vaters erreichte. Er begab sich sogleich nach Dänemark, und nachdem er Hjarn, den von den Dänen eingesetzten König, in mehreren Schlachten besiegt und ihn selbst im Zweikampf getötet hatte, übernahm er die vom Vater ererbte Herrschaft. Die Dänen, der Verdienste König Frodis eingedenk, ordneten sich ihm willig unter und es zeigte sich, dass Fridleif seines Vaters würdig war. Er wusste sich aller Angriffe erfolgreich zu erwehren und im Kampf gegen den Norwegerkönig Asmund erwarb er dessen Tochter Freygerd zur Gattin. Als ihr Sohn kam Frodi zur Welt, der diesen Namen zur Erinnerung an seinen Großvater erhielt.

Frodi war eben zwölf Jahre alt geworden, als Fridleif starb. Da meinten die über Sachsen herrschenden Unterkönige Sverting und Hanef, nun sei die Gelegenheit günstig, die Abhängigkeit von Dänemark abzuschütteln, und empörten sich gegen Frodi. Sie hatten sich jedoch schwer getäuscht, denn sie unterlagen im Kampf und mussten als Buße die Zahlung einer hohen Kopfsteuer auf sich nehmen.

Zu dieser Zeit suchte der Wiking Starkad König Frodi auf und schloss sich seiner Gefolgschaft an. Starkad war damals schon ein Mann von hohem Ruhm, den er nicht bloß durch seine tapferen Taten, sondern auch durch sein außergewöhnliches Schicksal erworben hatte. Er war der Sohn Storverks, der seine Gattin Unn, die Tochter eines Jarls, aus dem väterlichen Haus geraubt hatte, als man ihm die Einwilligung zur Ehe versagt hatte. Diese Tat trug ihm schlimme Früchte. Denn noch war Starkad im Kindesalter, als seine Mutterbrüder für den Frauenraub Rache nahmen. Sie überfielen Storverk und töteten ihn, während Starkad dem Tod dadurch entging, dass er nicht bei seinem Vater weilte, sondern am Hof des Königs Harald in Hördaland, einem Königreich in Norwegen, erzogen wurde. König Haralds Sohn, der zusammen mit Starkad aufwuchs, hieß Vikar und mit diesem hatte es eine besondere Bewandtnis. Harald war bereits mit einer Frau namens Signy verheiratet, als ihm sein Gefolgsmann Koll von der wunderschönen Geirhild erzählte. Zu Geirhild kam zur selben Zeit ein Mann namens Hött und versprach ihr, sie solle die Gattin König Haralds werden, wenn sie ihm verspreche sich mit jedem Gelübde, das sie etwa tue, an ihn zu wenden. Hött war aber kein anderer als Odin, der sich unter diesem Namen verborgen hatte, und da Geirhild auf sein Verlangen einging, fügte er es, dass es zwischen ihr und König Harald zu einer Begegnung kam. Dieser sah, dass Koll ihm die Wahrheit über Geirhild gesagt hatte, und feierte kurz darauf mit ihr den Brautlauf.

Als Harald Geirhild heim in sein Haus geführt hatte, zeigte sich alsbald, dass sich seine beiden Gattinnen nicht vertrugen, und so beschloss er sich von einer zu trennen. Er erklärte seinen beiden Frauen, dass nur die von ihnen seine Gattin bleiben könne, die ihm das bessere Bier vorsetze, wenn er von dem Kriegszug heimkehre, den er vorhabe. Da wandte sich Signy mit einem Gelübde an Freyja, Geirhild jedoch an Hött. Dieser gab ihr anstelle von Hefe seinen Speichel zur Bierbereitung und verlangte als Lohn für seine Hilfe das, was zwischen ihr und der Bierkufe sei. Ahnungslos, was dieses Verlangen zu bedeuten habe, stimmte Geirhild zu, und als König Harald heimkehrte, zeigte es sich, dass ihm das von Geirhild gebraute Bier weit besser mundete als das Getränk, das ihm Signy vorsetzte. So entschied er sich für Geirhild, aber die schwere Sorge bedrückte ihn, dass diese den Sieg teuer erkauft habe. Er sprach die ahnungsvollen Worte: »Gut ist dies Bier, Geirhild, doch hat es, so fürchte ich, einen üblen Nachgeschmack: Am hohen Galgen, Weib, sehe ich deinen Sohn hangen, Odin geweiht!«

Im selben Jahr wurde dem Paar ein Sohn geboren, der Vikar genannt wurde. Damals, als Geirhild ihr Gelübde getan hatte, hatte sie ihn schon unter ihrem Herzen getragen und ihn hatte Hött – Geirhild hatte nicht erkannt, dass Odin selbst vor ihr stand – für sich verlangt, als er seine scheinbar sinnlose Forderung stellte.

Herrschaft und Leben des Königs nahmen bald darauf ein jähes Ende: Heimtückisch überfiel ihn Herthjof von Hördaland und tötete ihn, Vikar aber führte er als Geisel mit sich weg. Starkad, sein Ziehbruder, entging der Gefangenschaft durch die Hilfe, die Odin selbst ihm gewährte. In Gestalt eines Mannes, der sich Hrossharsgrani nannte, rettete er den Knaben auf den Hof Ask in Hördaland, wo Starkad neun Jahre verweilte.

Da kam eines Tages Vikar auf den Hof und staunte über die mächtige Gestalt des zwölfjährigen Starkad. Er war eben daran, eine Schar von Kriegern zu sammeln, um Herthjofs Untat zu vergelten und seinen Vater zu rächen. Starkad selbst hat in Versen das Zusammentreffen mit Vikar und dessen Verhalten überliefert:

>>Der Held maß mich
mit Hand und Spanne,
beide Arme
abwärts zur Hand,
Brust und Schultern,
das braune Haupt,
haarbewachsen
bis zum Hals hinab.<<

Ohne Zögern nahm Vikar den Herangewachsenen in seine Gefolgschaft auf, eine Schar tapferer Helden, zwölf an der Zahl, an deren Spitze er zur Vaterrache aufbrach. In jähem Ansturm wurden die Tore der Königsburg erbrochen, in der nunmehr Herthjof hauste, umgeben von siebzig Kriegern, ungerechnet die Knechte und Werkleute. Vikar selbst kämpfte allen voran; war auch die Schlacht gegen die Übermacht verlustreich – mancher der Angreifer fand den Tod, manch anderer trug schwere Wunden davon –, so errangen sie trotzdem den Sieg. Herthjof büßte seinen verräterischen Überfall mit dem Tod und das trotz schwerster Gefahr glücklich beendete Unternehmen mehrte Vikars Ruhm. Auf kühner Wikingfahrt mussten sich Führer und Gefolgschaft immer aufs Neue bewähren, denn auch ihre Gegner waren tapfere Männer, die ihre Waffen zu führen wussten. Schwere Wunden trug Starkad in diesen Kämpfen davon – wohl kein anderer wäre von ihnen wieder genesen. Dennoch waren die Jahre unter Vikars Führung Starkads schönste Zeit, die so lange währte, bis das Schicksal furchtbares Unheil über ihn hereinbrechen ließ.

Vikar war mit seiner Schar auf einer Insel gelandet, um dort zu rasten. Als jedoch die Zeit für die Abfahrt gekommen war, gab es keinen Fahrtwind und vergeblich harrten die Krieger von Tag zu Tag auf die Möglichkeit wieder in See stechen zu können. Schließlich wussten sie nur noch einen letzten, furchtbaren Ausweg aus ihrer Lage: Sie gelobten Odin ein Menschenopfer. Das Los sollte es bestimmen und dieses fiel auf Vikar. Darüber waren alle bestürzt und beschlossen, am nächsten Morgen zu beraten, was sie tun sollten. In der Nacht wurde Starkad geweckt und vor ihm stand Hrossharsgrani, der Mann, der ihm einst das Leben gerettet hatte. Er forderte Starkad auf, ihm zu folgen, und brachte ihn in einem Nachen zu einem kleinen Eiland in der Nähe der Insel. Nach der Landung führte Hrossharsgrani Starkad durch einen Wald auf eine Lichtung, wo alles für ein Thing vorbereitet war. Zwölf Stühle standen dort, von denen elf besetzt, der zwölfte aber noch leer war. Ihn nahm Hrossharsgrani ein und die Anwesenden begrüßten ihn als Odin, sodass Starkad erkannte, wer sein Geleiter in Wirklichkeit war.

Odin nahm das Wort und erklärte, es sei an der Zeit, Starkads Schicksal zu bestimmen. Es zeigte sich alsbald, dass Thor Starkads Geschlecht missgünstig war, und so erklärte er, Starkad solle keine Kinder haben, weder Sohn noch Tochter. Darauf sagte Odin, Starkad solle drei Menschenalter lang leben, Thor jedoch meinte, dieser solle in jedem Menschenalter eine Neidingstat verüben. Odin bestimmte für Starkad die besten Kleider und Waffen, doch Thor fügte hinzu, dafür solle er niemals Land besitzen. Odin sprach Starkad viel bewegliches Vermögen zu, Thor aber sagte, er solle nie mit dem zufrieden sein, was er habe. Odin gewährte darauf Starkad den Sieg in jedem Kampf, Thor dagegen wünschte, er solle jedes Mal eine schwere Wunde davontragen. Als letztes Geschenk verlieh Odin seinem Schützling die Gabe der Dichtkunst, Thor aber erwiderte, Starkad solle keine seiner Dichtungen im Gedächtnis behalten.

Die Richter erklärten, dass alles so eintreffen solle, wie es eben bestimmt worden war, und Odin führte Starkad sodann wieder zum Nachen und in diesem zur Insel zurück. Unterwegs sagte er zu Starkad, nun solle er ihm seine Gaben lohnen und ihm Vikar senden. Er gab ihm seinen Speer mit den Worten, dass dieser harmlos wie ein Rohrstab aussehen werde, wenn er sich seiner bediene. Damit schieden sie.

Am nächsten Morgen hielten Vikars Mannen so, wie sie es beschlossen hatten, über das Menschenopfer für Odin Rat und ersannen den Ausweg, sie wollten Vikar nicht wirklich töten, sondern lediglich ein Scheinopfer darbringen. Zugleich wurde Starkad dazu bestimmt, es zu vollziehen.

An der Stätte, wo das Opfer vor sich gehen sollte, stand eine Föhre, die unten einen ganz schwachen Zweig hatte; vor ihr stand ein Baumstumpf. Man schlachtete ein Kalb und Starkad forderte Vikar auf, er möge auf den Baumstumpf steigen. Er wolle ihm dann einen Kalbsdarm als Schlinge um den Hals legen und an dem schwachen Zweig befestigen. Da sagte Vikar: »Wenn das alles nicht gefährlicher ist, als es aussieht, dann wird es mir nichts schaden. Steht es aber anders damit, dann möge das Schicksal bestimmen, was geschieht.« Damit stieg er auf den Baumstumpf und Starkad legte ihm die Schlinge um den Hals und stach mit dem Rohrstab, den er in der Hand hielt, mit den Worten nach Vikar: »So gebe ich dich Odin!« Im selben Augenblick jedoch straffte sich der Föhrenast und der Kalbsdarm wurde zu einer festen Schnur. Der Baumstumpf wich unter Vikars Füßen und der Rohrstab wurde zum Speer, der Vikars Herz durchbohrte. So fand der Held den Tod, das Scheinopfer war blutiger Ernst geworden.

Vergeblich bereute Starkad sein Tun, das Geschehene war nicht mehr zu ändern und verdüsterte Starkads weiteres Leben. Mit erschütternden Worten schildert er den jähen Umschwung, der ihn mitten in den Tagen der Freude und des Glückes traf und später nie wieder froh werden ließ:

>>Dem Fürsten folgt ich,
der Führer bestem,
meiner Fahrten

froheste Zeit,
eh wir eilten
– Unholde lenkten –
zu letzter Heimfahrt
nach Hördaland:
Zu jenem Tag,
da Thor mir schuf
Neidings Namen,
Not ohne Maß,
schmachvoll sollt ich
Schande ernten.

Den Herrscher musst ich
an hohem Baum,
Geirthjofs Töter,
den Göttern weihn:
Den Helden traf
ins Herz mein Speer;
das war meines Lebens
leidigste Tat.

Irrwege
eilte ich fort,
finstern Sinns,
dem Volk verhasst,
Ringen fern
und Ruhmliedern,
herrenlos,
im Herzen Gram.«

Nach jenem Unglückstag trieb es Starkad fort von Land zu Land und von
Schlacht zu Schlacht, aber wie tapfer er auch kämpfte und wie sehr sein

Ruhm auch wuchs, nirgends fand er Ruhe und Vergessen. Als in einem furchtbaren Schiffbruch alle seine Gefährten ums Leben kamen und er allein sich retten konnte, suchte er König Frodi auf, dem er von nun an gute Dienste leistete.

Die nach ihrem vergeblichen Empörungsversuch mit drückenden Abgaben belasteten Sachsen wollten sich auch ferner nicht zufrieden geben und forderten König Frodi zum Zweikampf heraus, durch dessen Ausgang ihr weiteres Schicksal – Freiheit oder Knechtschaft – entschieden werden sollte. Sie gewannen als ihren Kämpfer den Helden Hama, der schon viele Zweikämpfe siegreich bestanden hatte, und versprachen, sie wollten ihm als Lohn so viel Gold geben, dass es seinen ganzen Körper umhülle.

Als Starkad von dieser Herausforderung erfuhr, erklärte er, es widerspreche der Sitte, dass ein König sich in solcher Lage mit einem Mann niederen Ranges im Zweikampf messe; er erbot sich an Frodis Stelle Hama entgegenzutreten. Dieser, in der Vollkraft seiner Mannesjahre, sah verächtlich auf den bereits betagten Starkad hinab und war sich seines Sieges sicher. Es kam aber anders, als er gedacht hatte, denn Starkad hieb ihn nach kurzem Kampf mit seinem Schwert mittendurch. König Frodi belohnte ihn reichlich für diese Tat, die Sachsen aber wurden noch härter bedrückt als zuvor.

Sverting sah ein, dass er mit Gewalt die Befreiung seines Landes nie durchsetzen könne, und griff daher zu einer List. Er stellte sich, als ergebe er sich in sein Schicksal und wolle sich mit König Frodi versöhnen. Als Beweis für die Änderung seiner Gesinnung lud er König Frodi zu einem Gastmahl ein; er gedachte bei diesem Anlass Feuer in die Halle zu werfen und seine Gegner im Brand umkommen zu lassen.

Frodi war jedoch auf der Hut. Er erkannte die böse Absicht Svertings, griff ihn an und tötete ihn; doch empfing auch er im Kampf eine tödliche Wunde, sodass beide Gegner zugleich ihr Ende fanden.

König über Dänemark wurde nunmehr Frodis Sohn Ingjald, der jedoch seinen Vorfahren wenig glich. Er kümmerte sich kaum um Land und Volk und führte ein ausschweifendes, nur seinem eigenen Vergnügen hingegebenes Leben. Als Starkad erkannte, wie es mit Ingjald bestellt war, verließ er den

Hof des jungen Herrschers und begab sich nach Schweden, wo er in den Dienst des Königs Haldan trat.

So wenig König Ingjald an Rache für seinen Vater zu denken schien, fürchteten die Söhne Svertings dennoch, er könne Vergeltung üben, und strebten daher nach Versöhnung. Um zu zeigen, wie ernst sie es meinten, boten sie Ingjald ihre Schwester, Svertings Tochter, zur Ehe an und Ingjald nahm diesen Vorschlag an.

Die weichliche und würdelose Lebensführung des Königs war für dessen Schwester Helga ein schlechtes Vorbild, zumal ihr niemand als treuer und uneigennütziger Berater zur Seite stand. So kam es, dass sie der Werbung eines nicht nur seiner Herkunft, sondern auch seiner Gesinnung nach unedlen Mannes Gehör schenkte, der aber als Goldschmied über reiche Mittel verfügte.

Die Kunde von diesen Vorgängen drang bis nach Schweden; auch Starkad hörte davon und beschloss im Gedenken an König Frodi Helga von dieser unwürdigen Verbindung zu befreien. Er brach sogleich auf und legte eine weite Fußwanderung zurück, die ihn zur Behausung des Goldschmieds führte. Unerkannt betrat er dessen Wohnung, und obgleich ihn der Hausherr einen Bettler schalt und aus dem Hause wies, wurde er doch Zeuge davon, dass der Schmied von der Königstochter niedere Dienste forderte. Helga jedoch hatte in dem dürftig gekleideten Fremdling sogleich Starkad erkannt und ahnte, was dem Goldschmied bevorstand. Sie mahnte diesen zur Vorsicht und rief ihm zu, er möge nach seinen Waffen sehen, die er bald nötig haben werde. Noch während sie sprach, warf Starkad seine Verkleidung ab und entsetzt sah der Schmied, wer vor ihm stand. Er gab jede Hoffnung auf Widerstand auf und suchte sein Heil in der Flucht. Starkad hatte jedoch seinen Platz neben der Tür gewählt, und als der Feigling über die Schwelle sprang, versetzte er ihm einen schimpflichen Streich von hinten, da er meinte, dass die Schande ärger sei als der Tod. So war dieser Werber unschädlich gemacht; Helga aber hatte der Auftritt die Augen geöffnet, und als bald nachher der Norweger Helgi, ein tapferer Mann, um sie anhielt, gab sie ihm ihr Jawort.

Starkad war inzwischen nach Schweden zurückgekehrt. Noch weilte er
nicht lange dort, als Ingjald und die Söhne Svertings darangingen, ihren
Vertrag durchzuführen. Die vereinbarte Hochzeit wurde gefeiert und Svertings Tochter zog als Königin in Hleidra ein. Als Starkad hörte, was sich
zugetragen hatte, machte er sich sogleich zu Fuß auf den Weg nach Dänemark. Verkleidet, mit einem schweren Pack Kohlen auf den Schultern, zog
er durchs Land, und als er von einem Wanderer, der ihm begegnete, gefragt
wurde, was er da auf den Schultern trage, antwortete er, die Last diene dazu,
den stumpfen Sinn des Königs zu schärfen: Er spielte damit auf das
Schmiedefeuer an, in dem das Eisen gehärtet wird.

Bei Ingjald angekommen trat er ohne Umschweife in die Halle und setzte
sich, wie er es einst gewohnt war, auf die für die vornehmen Gefolgsmänner
bestimmte Bank. Da trat die Königin ein, und als sie den dürftig gekleideten Alten auf dem Ehrenplatz sah, befahl sie ihm, sich seinen Sitz am unte-
ren Ende der Halle zu suchen. Starkad gehorchte wortlos ohne seinen Zorn
merken zu lassen, aber als sich die Halle gefüllt hatte – außer König Ingjald
waren auch die sieben Söhne Svertings, die Brüder der Königin, zugegen –,
machte er seinem Groll in einem scharfen Angriff auf den König und dessen Schwäger Luft. Er begann damit, dass man ihn schnöde an den unters-
ten Platz in der Halle verwiesen hatte:

> »Einst saß ich oben
> in der Edeln Kreis,
> als ich Frodi folgte,
> dem Fridleifsohn;
> jetzt hock ich unten
> am äußersten Platz,
> von niemand geehrt,
> auf der Niedern Bank.«

Niemand, so fuhr er fort, habe ihn gegrüßt und man hätte ihn wohl aus der
Halle gedrängt, hätte es nicht die feste Giebelwand gehindert. Dann wandte

er sich an Ingjald, dem er schonungslos seine zahlreichen Fehler und
Schwächen vorhielt:

>»Weite Wege
wandert ich her,
kam von Schweden
beschwerlichen Pfad:
Einen Helden sucht ich
in Hleidras Saal;
einen Feigling fand ich
auf Frodis Sitz.

Was sitzest du, Ingjald,
versäumst die Zeit?
Kannst am Gelage
Lust du finden?
Noch immer, König,
liegt ungerächt
dein Vater, gefällt
vom Feindesschwert.«

Er beschwor die Erinnerung an die Zeit herauf, da er im Gefolge König Frodis kühne Taten vollbracht hatte; aber damals, als dieser von Sverting verräterisch überfallen wurde, konnte er ihm nicht beistehen, sonst wäre er ihm
in den Tod gefolgt oder stünde nun als sein Rächer da. »Wahr ist, was König
Haldan einst sprach, dass nämlich oft ein wackerer Vater einen Weichling
zum Sohn hat. Aber wie das auch sein mag – niemals darf das dänische Erb-
land ein Raub der Feinde werden!«
Als die Königin Starkads Worte hörte, merkte sie, was für einen argen
Missgriff sie getan hatte, als sie den Alten von seinem Platz wies, denn sie
erkannte nun, dass dies kein anderer als Starkad war, den sie zwar nie von
Angesicht gesehen hatte, dessen Ruhm ihr aber wohl bekannt war.

Um ihn durch eine Ehrung zu versöhnen, nahm sie ihr golddurchwirktes Stirnband ab und wollte es ihm reichen – aber Starkad wies die Gabe zurück. Verächtlich rief er aus, dass es nach dänischer Sitte einem Krieger nicht zieme, Frauenschmuck zu tragen. Sie möge das Band ihrem Gatten um die Stirn winden, der auch sonst die weichliche Lebensart der Sachsen angenommen habe. Er stellte das raue Leben der Wikinger dem Tun Ingjalds gegenüber, der im warmen Saal geschmortes Fleisch verzehre und dazu Wein trinke. Vor allem aber, rief er, hätte sich ein echter Wiking nie dazu verstanden, als Vaterbuße Geld zu nehmen, statt die Rache zu vollziehen. »Voll Ingrimm«, sagte er, »muss ich es hören, wenn der Ruhm anderer Fürsten verkündet wird, denn von Ingjald spricht kein Ehrenlied.« Er überschüttete Ingjald mit Spott und Hohn, um ihn von seiner Tatenlosigkeit abzubringen und zum Handeln aufzureizen:

>»Ein Knecht bist du,
> kein König an Mut,
> dünkst du dich auch
> der Dänen Hehrster.
> Mit stumpfem Stahl
> streckt dich hin,
> wie ein Schaf man schlachtet,
> ein schwacher Knabe.«

Er malte in düsteren Farben aus, wie es in naher Zukunft sein werde, wenn Ingjald sich nicht ermanne, denn dann würden bald die Svertingsöhne in Hleidra herrschen. Er beschwor den Fürsten sich endlich seiner Pflicht zu entsinnen:

>»Willst, Ingjald, du
> nicht endlich denken
> an Frodis Fall
> und die Vaterrache?«

Starkad hatte nicht vergeblich gesprochen. Gerade die Schmähworte, mit denen er Ingjald überschüttete, weckten dessen Ehrgefühl. Er erkannte, wie unköniglich und unmännlich er bisher gehandelt hatte, und beschloss nunmehr ein anderer zu werden. Zum äußersten Zorn gereizt zog er sein Schwert und griff die Söhne Svertings mit der blanken Waffe an. Seine Gefolgsmannen folgten seinem Beispiel und in dem harten Kampf, der sich nun entspann, fielen die Svertingsöhne mit ihrem gesamten Gefolge.

Auch die Tochter Svertings verstieß Ingjald auf Starkads Rat, der ihm vorhielt, es tue nicht gut, wenn eine Frau aus feindlichem Geschlecht als Königin in Dänemark walte. Frohlockend rief Starkad aus, dass nun die Rache für Frodi vollstreckt sei, und voll Stolz darauf, dass er Ingjald dazu gebracht hatte, sich als würdiger Nachkomme seiner Ahnen zu bewähren, schloss er mit den Worten:

»Hoffnung hab ich
immer gehegt,
dass Frodis Erbe
ihm ähnlich werde.
Immer sollst du,
Ingjald, heißen
Herr der Dänen
und des Hleidrastuhls!«

Der Sippenzwist

Von König Ingjald ging die Herrschaft über Dänemark auf dessen Sohn Olaf über, der sie dann auf seinen Sohn Halfdan vererbte. Halfdan war ein tüchtiger und wohlwollender Mann, der sich jedermann freundlich erwies. Seine Tochter Signy hatte er mit einem vornehmen Mann, dem Jarl Sävil, verheiratet, während er seine beiden Söhne Hroar und Helgi einem klugen und getreuen Mann namens Regin zur Erziehung anvertraut

hatte. Er hatte damit eine gute Wahl getroffen, denn Regin war den Königssöhnen in Liebe zugetan und stets um ihr Wohl besorgt.

Ganz anders als Halfdan war dessen Bruder Frodi geartet, denn er war ge-
walttätig und von Neid darüber erfüllt, dass nicht er die Herrschaft über
Dänemark erhalten hatte. Er sammelte eine große Schar von Kriegern und
überfiel plötzlich mitten in der Nacht das Land seines ahnungslosen Bruders mit Brand und Raub. Wohl trat Halfdan dem Feind sogleich entgegen,
aber in der Eile hatte er nur geringe Mannschaft sammeln können und so
unterlag er im Kampf gegen die Übermacht. Er selbst fand den Tod, und
wer von den Seinen das Leben retten konnte, musste sich Frodi unterwerfen
und ihm Treue schwören. Der Thronräuber ging so weit, dass er alle foltern
ließ, die den Eid verweigerten.

Nicht weit von der Burg Halfdans, in die nun Frodi einzog, lag eine Insel,
auf der ein treuer Freund des toten Königs hauste, der Bauer Vifil. Zu ihm
brachte Regin Hroar und Helgi mit der Bitte, er möge sie verborgen halten.
Dabei sagte er, wenn Vifil ihm nicht helfe, so wisse er keinen Zufluchtsort
für die Königssöhne mehr. Vifil erkannte wohl, welche Gefahr er auf sich
nahm, wenn er Regins Bitte erfüllte. Er bewies jedoch gerade jetzt, im Augenblick schwerster Not, seine zuverlässige Treue und nahm die Knaben
auf. Er durfte sie jedoch nicht offen auf seinem Hof wohnen lassen. Daher
brachte er sie in ein tief in den Erdboden gegrabenes Gelass. In diesem Erdhaus waren die Brüder die Nacht über geborgen, tagsüber aber mussten sie
sich in den großen Wäldern aufhalten, die zu Vifils Besitz gehörten.

Sobald Regin die Königssöhne bei Vifil geborgen hatte, begab er sich zu
König Frodi und leistete ihm den Treueid; denn seine gesamte Familie und
ebenso seine Besitztümer waren in dessen Gewalt. Auch Jarl Sävil, der Gatte von Halfdans Tochter Signy, musste sich dem neuen König unterwerfen,
der sich bald in den Besitz ganz Dänemarks gebracht hatte. Man gehorchte
dem Brudermörder zwar nur ungern, aber es gab keine Möglichkeit sich gegen ihn aufzulehnen.

Trotz diesen Erfolgen war Frodi nicht zufrieden. Er hatte vergeblich versucht sich der Söhne Halfdans zu bemächtigen und fürchtete, dass sie alles

versuchen würden, um ihren Vater zu rächen und ihm die geraubte Herrschaft wieder zu entreißen. Er sandte Leute aus, die nach Helgi und Hroar suchen und alles daransetzen sollten, um etwas über deren Aufenthalt zu erkunden. Als dies fruchtlos blieb, wandte er sich um Rat an zukunftskundige Frauen, Völven genannt, und als auch diese vergeblich das ganze Land durchforscht hatten, ließ er Zauberer herbeiholen. Auch von diesen erhielt er nur dunkle, rätselhafte Kunde. Sie sagten nämlich, die beiden Königssöhne würden nicht im Land erzogen und doch weilten sie nicht fern von Frodi. Als Frodi diesem Ausspruch nachsann, der ihm zuerst wenig glaubwürdig erschien, da er doch weit und breit nach Hroar und Helgi erfolglos hatte suchen lassen, fiel ihm ein, dass die Insel noch nicht durchforscht war, worauf der Bauer Vifil wohnte.

Als er dies den Zauberern mitteilte, forderten sie ihn auf, bei Vifil nachzuforschen. Sie setzten hinzu, über der Insel liege Dunkelheit und dichter Nebel, sodass sie dort nichts wahrnehmen könnten. Ihr Blick, vor dem sonst alles offen liege, dringe nicht bis in Vifils Behausung. Frodi schien dies verdächtig und er sandte Boten auf die Insel, um sie durchsuchen zu lassen. In der Nacht aber, bevor die Häscher des Königs kamen, hatte Vifil sonderbare Erscheinungen. Er erhob sich früh am Morgen und sagte, viel Wunderliches sei zu erwarten. Mächtige Schutzgeister – man nannte sie Fylgjen – seien im Anzug. Er rief laut nach Helgi und Hroar und forderte sie auf, sich im Wald zu verstecken.

Bald darauf kamen Frodis Abgesandte auf die Insel und gaben sich mit der Suche große Mühe, aber was sie auch taten, die Knaben waren unauffindbar. So mussten sie unverrichteter Dinge umkehren und zu Hause dem König ihren Misserfolg melden. Dieser aber meinte, sie hätten schlecht gesucht, und befahl ihnen umzukehren und die Insel neuerlich zu durchsuchen. Aber während sie noch auf der Reise waren, erkannte Vifil bereits die nahe Gefahr, und die Königssöhne mussten sogleich hinaus in den Wald. Zwar wurde nun bei Vifil Haussuchung gehalten, aber sie war vergeblich, und als Frodis Boten ihrem Herren wieder berichteten, dass sie niemanden gefunden hätten, beschloss der König, am nächsten Tag selbst an der Suche teilzunehmen. Sein Ahnungsvermögen warnte Vifil indes ebenso wie bisher und er sprach zu den beiden Brüdern: »Wenn ihr mich laut meine Hunde Hopp und Ho rufen hört, dann versteckt euch sogleich in eurem Erdhaus. Denn nun kommt euer Onkel Frodi selbst hierher, um euch zu suchen. Er trachtet euch nach dem Leben und es wird schwer für mich sein, euch noch weiterhin zu verbergen!«

Vifil begab sich an den Strand, und obgleich das Schiff des Königs schon angekommen war, tat er doch, als sähe er es nicht, sondern befasste sich nur mit seinem Vieh, das dort weidete. Frodi ließ Vifil festnehmen und sagte ihm auf den Kopf zu, dass die Söhne Halfdans hier bei ihm seien. Er verlangte, Vifil möge sogleich sagen, wo sie sich aufhielten. Dieser entgegnete ungeduldig, man möge ihn nicht aufhalten, denn er müsse seine Herde vor dem Wolf schützen, der sein Vieh zu zerreißen drohe. Nach diesen Worten rief er laut aus: »Hopp und Ho, wahret mein Vieh, ich kann es jetzt nicht schützen!« Da sagte Frodi zu ihm, die Halfdansöhne seien gewiss hier gewesen; Vifil habe sein Leben verwirkt, weil er sie verborgen habe. Der Bauer antwortete trotzig, wenn Frodi ihn töten lasse, so sei er wenigstens nicht vergeblich auf der Insel gewesen. Über die Halfdansöhne aber sprach er kein Wort. Da nun Frodi zwar meinte, Hroar und Helgi seien bei Vifil gewesen, aber doch keine sichere Kunde davon hatte, ließ er Vifil frei und begab sich in seine Burg zurück.

Der Bauer erkannte aber, dass er seine Schutzbefohlenen nicht mehr länger auf der Insel verbergen könne, und sandte sie zu Jarl Sävil, ihrem Schwager. Unterwegs nannten sie sich Ham und Hrani, und um nicht erkannt zu werden, trugen sie dauernd Mäntel, deren Kapuzen sie über den Kopf zogen. Diese Vermummung legten sie niemals ab und sagten, sie müssten sie stets tragen, weil sie einen bösen Ausschlag auf dem Kopf hätten. So kamen sie glücklich zu Jarl Sävil und baten ihn um Aufnahme. Der Jarl meinte zwar, sie würden ihm wenig Vorteil bringen, gewährte ihnen aber dennoch ihre Bitte und sie verweilten nun drei Winter am Hof Sävils.

Eines Tages lud König Frodi, der Argwohn hegte, Sävil halte seine Neffen wegen deren Verwandtschaft mit Signy verborgen, den Jarl und dessen Gattin zu einem Gastmahl ein. Der Jarl nahm die Einladung an, die Bitte der Brüder Ham und Hrani aber, er möge sie mitreiten lassen, schlug er ab. Da verschaffte sich Ham, der erst zehn Jahre alt war, aber trotzdem schon mutiger und größer war als sein um zwei Jahre älterer Bruder, ein schlechtes, ungesatteltes Ross. Es schien aber, als ob er keine Gewalt über das Tier habe, denn dieses ging samt seinem Reiter, der sich überdies anstellte, als sei er gar nicht bei Verstand, und statt vorwärts immer rückwärts blickte, wohin es wollte. Mit Hrani ging es ganz ähnlich zu und bei einer heftigen Bewegung fiel ihm die verhüllende Kapuze vom Kopf. Da erkannte Signy, dass es in Wahrheit ihr Bruder Hroar war, und brach in Tränen aus. Ihr Gatte fragte sie, weshalb sie weine, Signy aber antwortete:

>>Der Skjöldungen-Stamm
stirbt jetzt aus,
zu Boden stürzt
der stolze Baum.
Ich sah meine Brüder
auf dem Ross ohne Sattel,
aber Sävils Recken
saßen in Sätteln.<<

Überrascht gebot ihr Sävil, ihre Entdeckung niemandem zu verraten, den beiden Brüdern aber befahl er wieder heimzuziehen, da er solche Leute wie sie nicht an den Königshof bringen dürfe. Sie kehrten jedoch nicht um, sondern folgten dem Zug als Letzte nach und gelangten schließlich wie alle anderen in Frodis Halle. Sobald sie dort in die Nähe ihrer Schwester kamen, riet sie ihnen zur Flucht – denn sie meinte, ihre Kraft sei zu gering für dieses Wagnis. Während des Gastmahls verkündete König Frodi, er werde den besonders auszeichnen, der ihm etwas von Helgi und Hroar verkünden könne. Auch eine Völva, die den Namen Heid trug, war damals bei König Frodi und dieser verlangte von ihr, sie solle nun ihre Kunst beweisen und sagen, was sie von den Halfdansöhnen wisse. Da antwortete sie, zwei Burschen säßen im Kochraum beim Feuer, die ihr verdächtig schienen. Als Frodi nähere Auskunft begehrte, wer die beiden seien, fuhr sie fort:

> »Diese waren
> bei Vifil lang
> und hießen dort
> mit Hundenamen
> Hopp und Ho.«

Als Signy das hörte, warf sie der Völva einen Goldring zu, um sie zum Schweigen zu bringen, und in der Tat sagte Heid, was sie bisher gesprochen habe, sei gar nicht richtig, denn ihre Weissagekunst habe sie ganz und gar getäuscht. Frodi war aber jetzt schon sehr misstrauisch geworden und wandte seinen Verdacht gegen Signy. Sävil sprach ihr Mut zu, damit sie nichts verrate, Frodi aber bedrohte Heid mit der Folter, wenn sie nicht sogleich die Wahrheit sage. Da sprach sie:

> »Ich sehe, wo sitzen
> die Söhne Halfdans,
> Hroar und Helgi,
> beide heil und am Leben;
> sie trachten, fürcht ich,
> Frodi zu töten.
> Aus den Augen Hranis
> und Hams droht Unheil;
> allzu kühn aber
> die Edlinge sind.«

Nun sahen die zwei Brüder ihr Geheimnis entdeckt und flohen aus der Halle Frodis hinaus in den Wald. Frodi gebot seinen Mannen, die Flüchtigen zu verfolgen. An seinem Hof weilte aber auch Regin. Er hatte die Halfdansöhne erkannt und löschte sogleich die Lichter in der Halle. Die dadurch ent-

standene Verwirrung hemmte die Verfolgung, zumal so mancher, der nur
gezwungen König Frodi diente, absichtlich zögerte. So musste dieser ein-
sehen, dass er seiner Neffen jetzt nicht habhaft werden konnte. Er hatte
erkannt, dass viele seiner eigenen Mannen die Flucht eher begünstigt als
gehindert hatten, und drohte sich dafür zu rächen. Doch wollte er die Vergeltung auf gelegenere Zeit verschieben, denn nun sollte die Bewirtung
seiner Gäste ihren Fortgang nehmen. Regin sorgte mit seinen Freunden
dafür, dass die Schenken den Gästen immer wieder zu trinken anboten, bis
einer nach dem anderen betrunken wurde und in tiefen Schlaf verfiel.
Sobald Regin dies erkannte, ritt er hinaus in den Wald und zeigte sich den
beiden Brüdern, die dort versteckt waren. Ohne ein Wort zu sprechen deutete er ihnen durch Gebärden an, dass jetzt die Zeit für die Rache gekommen sei. Sie sollten zur Halle König Frodis zurückkehren und sie in Brand
stecken. Diesem Rat folgten sie, und als sie Feuer an den Bau legten, fanden
sie Hilfe bei Jarl Sävil und seinen Mannen.
Während dies geschah, hatte Frodi, der in tiefem Schlaf lag, einen schweren Traum. Er erwachte davon und sagte, es sei ihm gewesen, als ob ihn jemand gerufen habe; eine Stimme habe gesprochen: »Nun bist du mit deinen
Mannen heimgekommen.« Es sei ihm gewesen, als habe er gefragt, wohin
er heimgekommen sei. Da habe die Stimme geantwortet: »Heim zur Hel,
heim zur Hel!« Bei diesen Worten sei er erwacht.
Während Frodi dies erzählte, hörte man draußen vor der Tür Regin sprechen. In dunkler, schwer verständlicher Rede sprach er die Warnung aus,
Frodi möge auf der Hut sein. Das tat er aber, weil er einst Frodi gelobt hatte,
ihn vor den Anschlägen Helgis und Hroars zu warnen. Sogleich eilte der
König zur Tür, aber sobald er sie geöffnet hatte, erkannte er, dass es zu spät
war. Er hörte Waffenlärm und bemerkte gleichzeitig, dass die ganze Halle
in Flammen stand. Als er fragte, wer das getan habe, erhielt er die Antwort,
das sei das Werk Helgis und Hroars. Noch hoffte Frodi auf Rettung und bot
den beiden Brüdern einen friedlichen Vergleich an. Helgi entgegnete jedoch, er wolle sie ebenso betrügen, wie er es bei Halfdan getan habe. Da
wandte sich Frodi einem geheimen Ausgang zu, durch den er sich zu retten

gedachte, aber dort stand Regin mit seinen Mannen und verwehrte ihm die Flucht. So ging Frodi samt den Seinen in der brennenden Halle unter.

Hroar und Helgi nahmen alsbald das gesamte Reich in Besitz, das König Halfdan beherrscht hatte; Jarl Sävil und Regin aber bedachten sie als Dank für ihre Hilfe mit reichen Gaben.

König Helgi

Als die beiden Brüder eine Zeit lang gemeinsam über Dänemark geherrscht hatten, hielt es Hroar nicht mehr in der Heimat; er zog auf Heerfahrt aus und kam nach England zu einem König, der Nordri hieß. Mit diesem schloss er Freundschaft und blieb zunächst in seinem Reich. Nordri hatte eine Tochter, die Ogn hieß. Um sie warb Hroar und erhielt sie zur Gattin. Er blieb nun dauernd in England und beherrschte zusammen mit seinem Schwiegervater dieses Reich.

Helgi war so zum Alleinherrscher über Dänemark geworden und blieb zunächst unvermählt. Da hörte er, dass in Sachsen eine Königin namens Olof gebot, die wie ein Mann Waffen und Rüstung trug. Sie war eigensinnig und obgleich schon viele um sie geworben hatten, waren doch alle Freier abgewiesen worden, denn Olof wollte unvermählt bleiben. Gerade diese Frau wünschte sich Helgi als Gattin und zog mit einer mächtigen Schar zu Königin Olof, bei der er sogleich seine Werbung vorbrachte. Olof erkannte, dass sie sich gegen die Übermacht dieses Freiers nicht mit Gewalt zur Wehr setzen konnte, und stimmte scheinbar der Werbung Helgis zu. Da dieser die Ehe sogleich schließen wollte, veranstaltete sie zur Feier der Vermählung ein großes Trinkgelage, bei dem sie es so einzurichten wusste, dass Helgi und seine Mannen schwer betrunken wurden und in Schlaf sanken. Da ließ Olof Helgi kahl scheren und seinen Kopf mit Teer einreiben. Dann ließ sie ihn in einen Sack stecken und auf sein Schiff bringen. Seine Mannen aber ließ sie wecken und sagte ihnen, ihr König wolle sogleich hinwegsegeln, weil günstiger Fahrtwind wehe. So kam es, dass Helgi sich beim Erwachen auf hoher See fand und zornig erkennen musste, dass er überlistet worden war. Olof aber hatte inzwischen ihr ganzes Heer aufgeboten, sodass Helgi nicht wagen durfte zurückzukehren. Er dürstete aber nach Rache für die erlittene Schmach und durch List gelang es ihm, Olof in seine Gewalt zu bekommen. Er dachte aber nun nicht mehr an eine dauernde Verbindung und trennte sich alsbald wieder von Olof. Diese aber gebar eine Tochter, die sie Yrsa nannte. Helgi war Olof seither verhasst und sie übertrug diesen Hass auch auf ihre Tochter, die sie einem Bauern zur Erziehung übergab. Dort musste Yrsa das Vieh hüten und wusste es nicht anders, als dass der Bauer, bei dem sie lebte, ihr Vater sei.

Sie wuchs zu großer Schönheit heran, und als einmal Helgi als Bettler verkleidet ins Land kam, um Kundschaft für einen Heerzug einzuholen, sah er eine Herde, die von einem schönen Mädchen gehütet wurde. Er fragte, wer sie sei, und sie antwortete, sie sei eine Bauerntochter und heiße Yrsa. Helgi fand so großen Gefallen an ihr, dass er sie entführte und heim in sein Land brachte. Dort erst gab er sich als König zu erkennen und hielt mit Yrsa Hochzeit. Als Olof davon erfuhr, glaubte sie, nun endlich an Helgi Rache nehmen zu können, und enthüllte Yrsa ihre Abkunft. So musste sich Helgi von ihr trennen. Aus der Verbindung der beiden aber entspross ein Sohn, der den Namen Hrolf erhielt.

Yrsa begab sich nun zu ihrer Mutter und wohnte bei ihr. Damals herrschte zu Uppsala in Schweden ein mächtiger König, der Adils hieß. Als er von Yrsa und ihrer Schönheit hörte, beschloss er um sie zu werben und brachte bei Olof sein Anliegen vor. Er fand bei ihr geneigtes Gehör. Yrsa aber war mit der geplanten Heirat wenig zufrieden, weil sie wusste, dass Adils habgierig und daher sehr wenig beliebt war. Schließlich fügte sie sich jedoch dem Wunsch ihrer Mutter und hielt mit Adils Hochzeit.

König Helgi war über sein Missgeschick und über den Verlust Yrsas sehr betrübt, und als er erfuhr, dass sie nun die Gattin des Schwedenkönigs geworden war, dessen böse Eigenschaften überall bekannt waren, erfüllten ihn Trauer und Zorn. Er lebte nun ganz einsam in einem abgelegenen Gemach und wich jeder Geselligkeit aus.

An einem Julabend war er schon zu Bett gegangen, draußen aber herrschte
arges Unwetter. Da hörte er, dass jemand vor der Tür des Gemachs war, und
weil er es eines Königs nicht würdig fand, einen Armen bei dem argen Wetter draußen im Freien und ohne Schutz zu lassen, öffnete er die Tür. Da
schlüpfte ein armes, zerlumptes Wesen ins Gemach und bat ihn in seinem
Bett ruhen zu dürfen, »denn«, so sagte es, »mein Leben hängt daran«. Dem
König war bei dieser Bitte nicht gut zumute, denn es graute ihm vor dem
nächtlichen Besuch. Aber weil so viel davon abzuhängen schien, gewährte
er die Bitte. Als er sich nun nach einer Weile umwandte, sah er beim Schein
des Lichtes, das in der Stube brannte, dass aus dem elenden Wesen eine
Frau von erlesener Schönheit geworden war. Die Fremde dankte ihm dafür,
dass er ihren Wunsch erfüllt hatte, und sagte, sie habe schon viele Könige
aufgesucht und an sie vergeblich dieselbe Bitte wie an Helgi gerichtet; dass
sie das aber tun musste, sei ihr von ihrer Stiefmutter als Schicksal auferlegt
worden. »Am Morgen«, fuhr sie fort, »werde ich dich für immer verlassen.
Ich werde ein Kind von dir zur Welt bringen, das du im nächsten Winter zur
selben Zeit aus deinem Schiffsschuppen abholen sollst; schlimme Folgen
würde es für dich haben, wenn du das unterließest.«
Helgi dachte aber bald nicht mehr an dieses Erlebnis und so kümmerte er
sich auch nicht um das Kind, das er hätte abholen sollen. Als jedoch drei
Winter vergangen waren, kamen drei Männer um Mitternacht zu dem Haus,
in dem Helgi schlief. Sie geleiteten eine Frau, die ein kleines Kind trug, das
sie vor dem Haus niedersetzte. Sie sagte zu Helgi, seinen Nachkommen
würde es entgolten werden, dass er seinerzeit nicht nach ihrem Wunsch gehandelt habe. Er möge wissen, dass ihm selbst die Erlösung aus ihrer Not
zugute komme und dass das Mädchen, das ihrer beider Kind sei, den Namen Skuld trage. Nach diesen Worten begab sie sich samt den Männern, die
sie geleitet hatten, hinweg und Helgi sah sie niemals wieder. Er ließ Skuld
an seinem Hof erziehen, doch zeigte sich bald, dass sie bösartig war.
König Helgi unternahm viele weite Heerzüge, um sein Missgeschick zu
vergessen, und dabei kam er auch nach Uppsala. Als König Adils davon
erfuhr, lud er ihn zu einem prächtigen Gastmahl ein und Yrsa versuchte

zwischen den beiden Königen Frieden und Freundschaft zu stiften. König Adils hatte jedoch einen argen Anschlag im Sinn. In seinem Dienst standen zwölf Berserker, die er dazu anstiftete, sich auf dem Weg zum Strand, wo die Schiffe Helgis angelegt hatten, in den Hinterhalt zu legen. Als dann König Helgi Abschied nahm, bot ihm Adils reiche Gastgeschenke. Adils und Yrsa gaben ihm ein Stück Weges das Geleit, aber kaum hatten sie Abschied genommen, um wieder nach Uppsala zurückzukehren, so griffen die Berserker Helgi an. Während dieser sich der Feinde erwehrte, überfiel ihn eine große Schar von Kriegern, die Adils ausgesandt hatte, aus dem Hinterhalt. Obgleich sich Helgi und die Seinen tapfer wehrten, war die Übermacht zu groß und so fiel er mit seiner gesamten Mannschaft.

Yrsa hatte von den arglistigen Plänen Adils nichts gewusst, und als sie erfuhr, was geschehen war, war sie gegen ihren Gatten aufs Äußerste aufgebracht. Nur mit Mühe konnte der König sie versöhnen, aber in ihrem Innersten war sie Adils wegen seines Verrates feindlich gesinnt. Besonders die Berserker aber hasste sie und sann darauf, ihnen Schmach und Schande zuzufügen.

König Hrolf und seine Mannen

Skuld, die Tochter König Helgis, verheiratete sich mit einem mächtigen König, der Hjörvard hieß. König Hrolf, der Sohn König Helgis, hatte nach dem Tod seines Vaters die Herrschaft über Dänemark angetreten und wohnte in Hleidargard, das er zur Hauptstadt seines Landes gemacht hatte. Einmal lud er König Hjörvard, seinen Schwager, zu einem Gastmahl ein. Als die beiden Könige allein beisammen saßen, nahm König Hrolf seinen Gürtel ab, um ihn neu zu binden, und reichte Hjörvard sein Schwert, damit er es halte. Als er den Gürtel wieder angelegt hatte, nahm er sein Schwert wieder an sich und sagte zu König Hjörvard, es sei altes Recht, dass der des anderen Untertan sei, der ihm das Schwert halte, während er seinen Gürtel anlege. Daher müsse Hjörvard sein Unterkönig sein. Hjörvard war zornig, weil ihn König Hrolf überlistet hatte, doch konnte er sein Los nicht ändern. Er zog bald darauf nach Hause, war nun aber Hrolf wie dessen andere Unterkönige zinspflichtig.

Zu König Adils war zu der Zeit, als König Helgi bereits dem heimtückischen Überfall der Berserker erlegen war, ein starker Krieger gekommen, der sich Svipdag nannte. Als die Berserker den Fremden erblickten, wurden sie auf ihn eifersüchtig und forderten ihn zum Kampf heraus. Svipdag folgte dieser Herausforderung zur Freude der Königin Yrsa ohne Zögern und tötete im Kampf vier von den zwölf Berserkern. Adils war darüber sehr zornig und befahl seinen Mannen, sie sollten Svipdag töten. Die Königin jedoch widersetzte sich ihm und bot ihrerseits starke Mannschaft auf, um den Angriff auf Svipdag abwehren zu können. Es kam dann wohl zum Kampf, aber König Adils trat zwischen die Gegner und erklärte, die Berserker, die am Leben geblieben waren, müssten aus seinem Dienste scheiden, da sie trotz ihrer zahlenmäßigen Übermacht nicht einmal mit dem einen Gegner fertig geworden seien. Unter Drohungen zogen die Berserker weg; aber als eine Schar von Wikingern Schweden angriff, gesellten sie sich ihr zu, um sich an König Adils zu rächen. Dieser sandte den Feinden einen Teil seiner Mannschaft, unter Führung Svipdags entgegen, und als Svipdag erklärte, dass sein Heer dem Feind zahlenmäßig weit unterlegen sei, versprach ihm Adils, er werde ihm mit dem Rest seines Heeres zu Hilfe kommen. Im Vertrauen auf diese Zusage begann Svipdag den Kampf, aber obgleich er tapfer stritt und drei von den Berserkern tötete, geriet er dennoch in arge Not, weil König Adils sein Versprechen, ihm gegen die Übermacht zu Hilfe zu kommen, nicht einhielt. Da eilten seine zwei Brüder Beigad und Hvitserk zu seiner Unterstützung herbei, und nachdem sie die Berserker, die noch lebten, getötet hatten, wandte sich die Schlacht zugunsten Svipdags, sodass die Wikinger fliehen mussten.

Svipdag war über den Verrat, den Adils an ihm geübt hatte, schwer erbittert und schied sogleich von ihm. Er wandte sich nach Hleidargard zu König Hrolf, und als er diesem berichtet hatte, was vorgefallen war, wurde er samt seinen Brüdern in dessen Gefolgschaft aufgenommen.

König Hrolfs Ruhm mehrte sich ständig, da er erfolgreiche Kriegszüge unternahm und tapfere Helden als Gefolgsmänner hatte. Von diesem Ruhm angelockt kam auch der mutige Held Bödvar Bjarki an seinen Hof. Als er dort ankam, sah er, wie König Hrolfs Mannen, die in der Halle beim Gelage saßen, einen Bauernjungen zur Zielscheibe ihres Spottes machten und mit Knochen nach ihm warfen, sodass er sich dessen kaum erwehren konnte. Er nahm sich des furchtsamen Burschen, der sich Hött nannte, voll Unwillens über diese grausamen Scherze an und setzte sich neben ihn auf die Bank. Da kam ein großer, schwerer Knochen auf Hött zugeflogen; Bödvar Bjarki ergriff das Geschoss im Flug und schleuderte es mit solcher Wucht auf den Werfer zurück, dass dieser tot zu Boden sank.

Nun wollten alle auf Bödvar Bjarki einstürmen, um den Toten zu rächen, aber König Hrolf, der von dem Geschehenen erfuhr, gebot ihnen Einhalt und fragte nach dem Grund von Bödvar Bjarkis Tun. Als er hörte, weshalb der Fremde den Gefolgsmann getötet hatte, nannte er es eine üble Sitte, nach schuldlosen Menschen zu werfen, und fragte Bödvar Bjarki, ob er zur Buße für seine Tat an die Stelle des Toten treten und sein Gefolgsmann werden wolle. Bödvar Bjarki nahm dieses Anerbieten unter der Bedingung an, dass er sich niemals von Hött trennen müsse und dieser stets an seiner Seite sitzen dürfe. König Hrolf meinte zwar, Hött bringe ihm wenig Nutzen, aber er nahm die Bedingung trotzdem an und so wurde Bödvar Bjarki in seine Gefolgschaft aufgenommen.

Bödvar Bjarki weilte nun bei König Hrolf, bis das Julfest herankam. Da merkte er, dass die Gefolgsmannen des Königs ganz gedrückt und kummervoll waren, und fragte Hött, was das zu bedeuten habe. Hött antwortete, dass nun schon seit zwei Wintern ein geflügeltes Ungeheuer herbeikomme und gewaltigen Schaden anrichte. Keine Waffe könne es verwunden.

Am Julabend befahl König Hrolf, dass niemand es wagen solle, das Ungeheuer anzugreifen, denn er wolle lieber den Schaden tragen, den es unter dem Vieh anrichte, als seine Mannen in einem aussichtslosen Kampf verlieren. Trotz diesem Befehl stahl sich aber Bödvar Bjarki aus dem Haus und nötigte auch Hött ihn zu begleiten, obwohl dieser voll Angst glaubte, nun sei ihm der Tod gewiss. Als die beiden ins Freie gekommen waren, sahen sie das Tier vor sich und Hött rief voll Furcht, es wolle ihn verschlingen. Bödvar Bjarki befahl ihm jedoch zu schweigen und trat dem Untier entgegen. Er riss das Schwert aus der Scheide und stieß es seinem Gegner mit voller Wucht unter dem Bug ins Herz.

Das Ungeheuer stürzte sogleich tot zu Boden. Bödvar Bjarki aber ließ Hött vom Blut des Tieres trinken und gab ihm auch von dessen Herzen etwas zu essen. Sobald das geschehen war, ging ein wunderbarer Wandel mit Hött vor. Seine Furcht war verflogen und er spürte gewaltige Kraft in seinen Gliedern. Nun richtete Bödvar Bjarki das Tier auf und stellte es hin, als ob es noch lebe. Darauf kehrte er mit Hött heim.

Am nächsten Morgen erfuhr der König auf seine Frage, dass alles Vieh unversehrt geblieben und auch sonst kein Schaden angerichtet worden sei. Nun mussten die Königsmannen nachforschen, ob von dem Untier etwas zu sehen sei; aber sie kehrten alsbald um und riefen, es eile soeben auf die Königsburg zu. Da fragte der König, wer das Tier anzugreifen wage, und zu seinem Erstaunen meldete sich Hött. Hött verlangte, er möge ihm sein Schwert Gullinhjalti geben, denn damit werde er das Untier töten oder selbst sein Leben lassen. Der König erfüllte seine Bitte und nun eilte Hött auf das Ungeheuer zu und hieb mit dem Schwert nach ihm, sodass es zu Boden stürzte. Alle meinten, dass Hött allein das Untier erlegt habe; König Hrolf aber schrieb es Bödvar Bjarki zu, dass sich das Wesen Hötts so vollständig geändert hatte. Er bestimmte aber auch, dass Hött nun nicht mehr seinen bisherigen Namen führen, sondern nach dem Schwert Gullinhjalti Hjalti heißen solle.

Es stellte sich bald heraus, dass von allen Mannen des Königs Bödvar Bjarki der tüchtigste war. Hrolf schätzte ihn so hoch, dass er ihm seine Tochter Drifa zur Frau gab.

König Hrolfs Zug nach Schweden

Als König Hrolf eines Tages mit seinen Mannen in der Halle saß, rühmte er voll Stolz die Macht, die ihm zu Gebote stand. Da sagte Bödvar Bjarki, noch gebe es etwas, was seinen Ruhm schmälere, denn er habe von König Adils in Uppsala noch das Erbe seines Vaters Helgi einzufordern. König Hrolf antwortete, das sei ein schwieriges Unternehmen, denn Adils sei listig und grausam. »Doch erinnerst du mich mit Recht an ihn«, fuhr er fort, »denn ich habe an ihm meinen Vater zu rächen und darum will ich nach Schweden ziehen, so gefahrvoll das auch sein mag!«

König Hrolf unternahm die Fahrt in Begleitung seiner zwölf tapfersten Gefolgsmänner; darunter waren Bödvar Bjarki und Hjalti sowie Svipdag und dessen Brüder.

Als er nach Uppsala kam, empfing ihn seine Mutter Yrsa und geleitete ihn in eine große Halle, die eigens für Gäste errichtet war.

Dort wurde wie üblich Feuer angezündet und Yrsa sorgte für gute Bewirtung. Während nun Hrolf mit seinem Gefolge in der Halle saß, kamen Mannen des Königs Adils, der sich selbst den Gästen noch nicht gezeigt hatte, und legten immer neue Scheite ins Feuer, das schließlich so mächtig aufflammte, dass es die Kleider der Gäste versengte; während das vor sich ging, fragten sie: »Ist es wahr, dass König Hrolf und seine Mannen weder Feuer noch Eisen fürchten?« Da sprang Hrolf auf und ebenso seine Mannen. Er rief:

>»Erhöhen wir noch den Brandstoß
>im Haus des Adils!«

Mit diesen Worten warf er seinen Schild ins Feuer und sprang darüber hinweg mit den Worten:

>»Wer übers Feuer springt,
>flieht nicht davor!«

Seine Begleiter folgten seinem Beispiel; dann packten sie die Mannen König Adils', die das Feuer so mächtig angefacht hatten, und warfen sie in die Flammen.

Als dies geschehen war, kam Yrsa und überreichte Hrolf ein Horn voll Kostbarkeiten, unter denen auch ein weithin berühmter Ring war, der Svjagris hieß. Sie riet ihm damit sogleich sein Schiff aufzusuchen, mit dem er den Fyrisfluss heraufgekommen war, und das Land zu verlassen. Da sprangen die Helden auf ihre Rosse und eilten der Ebene am Fluss zu, doch sahen sie, dass König Adils sie an der Spitze eines großen Heeres verfolgte, um sie zu töten. Um die Verfolger aufzuhalten griff Hrolf in das Horn, das Yrsa ihm gegeben hatte, und streute Gold daraus auf die Heide. Als die Schweden das sahen, sprangen sie voll Goldgier von ihren Rossen und rafften von dem Gold auf, was sie erreichen konnten. Nur Adils selbst setzte die Verfolgung fort. Er ritt ein schnelles, prächtiges Ross, dem kein anderes gleichkam, und näherte sich Hrolf immer mehr. Da nahm dieser den Ring Svjagris und warf ihn vor Adils auf den Boden. Dieser erkannte das kostbare Kleinod und wollte es mit der Spitze seines Speeres aufnehmen; dabei musste er sich stark vom Ross herabbeugen. Als Hrolf dies sah, rief er aus: »Zu Schweinsgestalt beugte ich der Schweden Stolzesten jetzt zu Boden!« Mit diesen Worten hieb er ihm mit seinem Schwert die ganze Hinterseite bis auf den Knochen ab. Mit dieser schimpflichen Wunde musste Adils, der viel Blut verlor, umkehren. Hrolf aber nahm den Ring wieder an sich und kam samt seinen Mannen unversehrt zu seinem Schiff.

Hrolfs Beiname Kraki

Dass Hrolf mit geringer Mannschaft den Anschlägen des mächtigen Schwedenkönigs entgangen war, ihm eine schwere und schimpfliche Verwundung beigebracht und obendrein ein so wertvolles Kleinod wie den Ring Svjagris glücklich in die Heimat gebracht hatte, vermehrte seinen Ruhm. Viele schätzten sich glücklich, wenn sie den Mann auch nur sehen konnten, der als der größte König seiner Zeit galt. So kam auch einmal ein einfacher Bursche nach Hleidargard, um König Hrolf zu sehen. Er hieß Vögg und dieser Name bedeutet Kind. Als er nun in die Halle trat, in der König Hrolf mit seinem Gefolge saß, sah er zu seinem Erstaunen, dass der mächtige und wegen seiner Tapferkeit berühmte Herrscher schmächtig und klein von Wuchs war. Da rief er überrascht aus: »Das hörte ich sagen, dass König Hrolf der größte Mann in den Nordlanden sei, und nun sitzt da auf dem Hochsitz so ein kleiner Kraki – und den nennen sie ihren König!« Das Wort Kraki bedeutet aber ein kleines, kümmerliches Pflänzchen, und als Hrolf diesen Ausruf hörte, lachte er und sagte: »Du kleiner Bursche hast mir nun einen Namen gegeben, sodass ich von jetzt an Hrolf Kraki heiße. Zur Namensgebung gehört aber auch ein Geschenk, doch ich sehe, dass du nichts hast, was ich von dir annehmen könnte. Da will nun ich dir dafür etwas schenken!« Mit diesen Worten streifte er den Goldring ab, den er am Arm trug, und reichte ihn Vögg. Als dieser das kostbare Geschenk empfing, rief er aus: »Heil dir für diese Gabe! Das schwöre ich, dass ich den Mann töten werde, der einst dein Mörder wird!« Da lachte Hrolf und sagte: »Mit einer kleinen Gabe macht man ein ›Kind‹ froh!«

Hrolf Krakis Untergang

In Dänemark gab es nun eine lange Friedenszeit, denn niemand wagte es, Hrolf Kraki anzugreifen. Wie alle anderen Unterkönige entrichtete auch Hjörvard, der Gatte von Hrolfs Schwester Skuld, die ihm auferlegten Abgaben. Gerade das aber war Skuld, die bösen Sinnes und voll Arglist war, ein Dorn im Auge. Daher hetzte sie Hjörvard gegen ihren eigenen Bruder auf, wobei sie mit Vorwürfen nicht sparte und ihn einen untätigen Feigling nannte. Sie wies alle Einwände Hjörvards ab, als dieser von der Macht seines Schwagers sprach, die es unmöglich mache, ihn anzugreifen. Sie dachte einen Plan aus, durch den sie mit List zu erreichen hoffte, was offener Gewalt niemals glücken konnte, und Hjörvard ging schließlich auf ihr

Ansinnen ein. Er bat Hrolf, ihm für die Zahlung der Abgaben drei Jahre
Frist zu geben; sei diese verstrichen, so werde er auf einmal alles bezahlen,
was er ihm schulde. Hrolf gewährte diese Bitte ohne Arg, und Hjörvard und
Skuld benützten die Zeit dazu, um Mannschaft zu werben und für sie Waffen schmieden zu lassen. Als die dreijährige Frist um war, wurden die
Schiffe, mit denen Hjörvard die Reise zu Hrolf antrat, angeblich mit den
schuldigen Abgaben, in Wahrheit aber mit Mannschaft und Waffen bela-
den. Hjörvard und seine Gattin kamen in Hleidargard gerade zur Julzeit an
und König Hrolf hatte für das Fest große Vorbereitungen getroffen. Die
Gäste wurden reichlich bewirtet, aber auch König Hrolf und seine Mannen
sprachen Speisen und Getränken reichlich zu; als die Nacht herankam, sanken alle in tiefen Schlaf. Nun war die Gelegenheit günstig den geplanten
Anschlag ins Werk zu setzen. Die Waffen wurden an die Mannschaft ver-
teilt und bald war alles zum Angriff bereit.

Aber nicht alle Mannen Hrolfs schliefen. Hjalti gedachte noch in später
Stunde auszugehen und sah die bewaffneten Scharen, die sich gerade zum
Überfall auf Hrolfs Königsburg anschickten. Mit lautem Ruf versuchte er
die Schläfer zu wecken und kündigte ihnen den schweren Kampf an:

> »Greift zu den Schwertern!
> Nehmt den Schild zur Hand!
> Kalten Klingen
> schreitet kühn entgegen!
> Es ruht in eurer Rechten
> nun Ruhm und Schande:
> Tod bringt der Tag uns
> oder Treubruchs Rache.«

Nicht alle freilich konnte er aus dem Schlaf rütteln. Nur halb ermunterte
sich Bödvar Bjarki, der Tapferste von allen. Er meinte, es gelte, Gäste zu
empfangen, und rief aus, die Knechte sollten alles vorbereiten. Dann über-
mannte ihn wieder der Schlaf und er wusste lange nicht, was geschah.

Hjalti aber ließ nicht ab, Hrolfs Mannen zum Kampf anzufeuern, und forderte dessen Gefolge auf, nun seine Treue zu bewähren:

>»Zur Schildburg schart euch
um den Schatzspender!
Glänzende Gaben
gilt es zu lohnen:
Silberne Ringe
und Saxschwerter,
breite Brünnen
und blinkende Helme.

Nicht lässig lasst uns
die Gelübde halten,
die froh wir schworen
auf den Fürstenbecher
bei Freyr und Njörd
und dem furchtbaren Asen,
den Ringspender nimmer
in der Not zu verlassen.«

Bald entbrannte ein furchtbarer Kampf, denn die Dänen waren alsbald bereit für ihren König bis zum Letzten einzustehen. Ihre Tapferkeit vermochte aber das Geschick nicht zu wenden, denn allzu groß war die Übermacht, die auf sie einstürmte. In tapferem Kampf ließen viele Dänen ihr Leben, und wer sich noch wehrte, war schwer verwundet. Da sprach Hjalti:

>»Zerhauen sind die Brünnen,
zerbrochen sind die Schwerter,
vom Kampfbeil zerklafft
ward des Königs Schild;
manch furchtloser Fechter

sank fallend zur Erde,
die Klinge fährt krachend
durch der Krieger Haupt.«

Immer noch vermisste er seinen Gefährten Bödvar Bjarki und mahnte:

»Wo bleibst du, Bjarki?
Binden dich Schlafrunen?
Zu lange schon fehlt uns
der Fechter Bester:
Entblößt ist das Burgtor
von Brünnenbewehrten;
hart stürmt auf Hrolf
das Heer der Feinde.

Auf, Bödvar Bjarki,
du Bärenstarker,
frisch ins Gefecht,
eh dich Feuer umschließt!
Brand scheucht Bären:
Die Burg mag entflammen;
die Hochsitzsäulen
fasse heiße Lohe!«

Von den Feinden gefällt sank Hrolf hin, der den Seinen tapfer voran-
gekämpft hatte, und trotz der Not des Kampfgetümmels stimmte Hjalti ein
Preislied an auf den Fürsten:

»So stürmte Hrolf
in der Streiter Schar,
wie tosender Wildbach
zu Tale braust;

so eilte allen
der Edle voran
wie der hohe Hirsch
vor hurtigem Wild.«

Nun galt es, dem alten Gesetz der Gefolgschaft zu gehorchen und den Tod
des Führers nicht zu überleben, sondern bis zum Letzten zu kämpfen –
dafür winkte ihnen unsterblicher Ruhm:

»Folget, Gefährten,
dem Fürsten in den Tod!
Kein Wort der Zagheit
der Zunge entfliehe!
Solange Leute
Lande bebauen,
überdauert den Tod
der Taten Ruhm.«

Immer noch vermisste Hjalti Bjarki und zum dritten Mal mahnte er ihn an
seine Pflicht. Dieser aber hatte längst den lähmenden Schlaf abgeschüttelt
und war in die Schlacht geeilt. Während er unter den Feinden wütete, rühmte er die Wohltaten, die Hrolf ihm einst erwiesen hatte. Schon waren alle
Dänen gefallen und er meinte als Letzter noch im Kampf zu stehen – auch
Hjalti, glaubte er, sei schon unter den Toten. Aber dieser kämpfte noch
unverzagt und nicht früher ließen sie die Arme sinken, als bis schwere Wunden sie zu Boden zwangen. Bödvar Bjarki war es, der in diesem Heiden-
kampf die letzten Worte sprach:

»Der Aar fliegt näher,
nach Atzung gierig;
es folgt ihm der Rabe,
froh der Leichen.

Beider Beute
müssen bald wir werden,
dem tapfersten Fürsten
im Tode gesellt.

Hrolf zu Häupten
hinsinkt Bjarki;
du, Hjalti, liege
zu des Herrschers Füßen!
Des wird gewahr,
wer die Wal durchspäht,
wie dem reichen König
die Ringe wir lohnten.«

Die Rache

Als der Kampf zu Ende war, gedachte Hjörvard ein großes Siegesfest zu halten und ließ ein reiches Festmahl bereiten, bei dem er sich des gelungenen Verrates freute. Die Größe seines toten Gegners musste aber selbst er bewundern und unvergleichlich schien ihm die Treue von Hrolfs Gefolgschaft, die Mann für Mann zu ihrem Führer gehalten hatte, von denen keiner daran gedacht hatte, zu fliehen oder sich zu ergeben. Er sagte, wenn einer von Hrolfs Mannen den Kampf überstanden hätte, so wäre er froh, könnte er ihn in seine Dienste nehmen.

Von Hrolfs Mannen war jedoch wirklich einer dem Tod entgangen, nämlich Vögg, von dem Hrolf einst den Beinamen Kraki erhalten hatte. Als man ihn Hjörvard vorführte, fragte ihn dieser, ob er in seine Dienste treten wolle, und Vögg zeigte sich dazu bereit. Da reichte ihm Hjörvard sein Schwert, damit er ihm auf die Schwertspitze Treue gelobe. Vögg erklärte jedoch, er wolle es bei diesem Gelöbnis ebenso halten, wie es bei König Hrolf üblich gewesen sei. Dieser habe jedem, der ihm Treue geschworen habe, den Griff des Schwertes dargeboten, damit er den Eid auf den Griff der Waffe ablegen könne. Als Hjörvard das hörte, drehte er die Waffe um, sodass Vögg den Griff zu fassen bekam. Kaum aber war ihm dies geglückt, als er das Schwert auch schon blitzschnell König Hjörvard in die Brust stieß. Sogleich stürzten Hjörvards Mannen auf Vögg und stießen ihn nieder; dieser aber rief aus, die gelungene Rache bedeute für ihn weit mehr Freude, als ihm der Tod Schmerzen bereite.

So hatte Vögg das Gelöbnis, das er einst in besseren Tagen getan hatte, treulich erfüllt. Hjörvard aber war seines Verrates nicht froh geworden, denn seine Herrschaft über Dänemark endete an demselben Tage, an dem er sie angetreten hatte.

Nun aber, da der Führer den Tod gefunden hatte, musste auch sein Heer den Frevel büßen. Denn sobald die Dänen den Tod ihres Königs erfahren hatten, den sie seines Ruhmes wegen, besonders aber wegen seiner Milde und Freigebigkeit geliebt hatten, strömten sie in großen Scharen zusammen und töteten die führerlos gewordene Mannschaft.

So hatte der Verrat Hjörvard keinen Nutzen gebracht. Während der Name König Hrolfs gerade wegen seines letzten Heldenkampfes, aber auch wegen der Treue seiner Gefolgschaft nur noch heller strahlte, blieb Hjörvards Name mit schwerem, unauslöschlichem Makel behaftet.

DIE SIKLINGE

König Sigar und seine Kinder

König Hrolf Kraki und seine Gefolgsmannen waren in tapferem Kampf untergegangen, aber sein Volk lebte weiter. Viele Geschlechter folgten einander im Lauf der Jahre. Es kam eine Zeit, da herrschte über die Dänen König Sigar aus dem Geschlecht der Siklinge. König Sigar hatte drei Söhne, Sivald, Alf und Alger, und eine Tochter, Signy genannt. Die Söhne König Sigars hatten sich schon in früher Jugend als tapfere Krieger Ruhm erworben; oft zogen sie miteinander auf Wikingfahrt aus und trugen in allen Kämpfen den Sieg davon. Ihre Schwester Signy war mit ihnen eines Sinnes. Sie war kühn und stolz und nie hätte sie einem Freier Gehör geschenkt, der sich nicht als Held bewährt hatte.

Zur selben Zeit wie Sigar in Dänemark, herrschte über Götland in Schweden König Sivard. Dieser besaß außer seinen beiden Söhnen Vemund und Eystein eine Tochter, die Alfhild genannt wurde und die er wegen ihrer Schönheit von allen seinen Kindern am meisten liebte. Er wollte sich niemals von ihr trennen, doch quälte ihn die Befürchtung, dass ihn Alfhild einmal verlassen werde, um einem Freier zu folgen. Um alle Werber abzuschrecken, stellte er eine Bedingung, die er für unerfüllbar hielt. Noch in ihrer Kindheit hatte Alfhild von ihm zwei kleine Schlangen als Spielzeug erhalten und aufgezogen. Die anfangs schlanken und zierlichen Geschöpfe wuchsen schnell zu mächtiger Größe heran und zeigten eine so furchtbare Wildheit, dass sie nur Alfhild in ihrer Nähe duldeten. Die Untiere hüteten eifersüchtig den Zugang zum Gemach ihrer Herrin und kein Fremder hätte wagen dürfen dort einzudringen. Das machte sich Sivard zu Nutzen und erklärte, dass nur dann ein Freier seine Zustimmung zur Ehe mit seiner Tochter finden könne, wenn es ihm gelinge, Alfhild in ihrem Gemach aufzusuchen. Jedem Freier aber, der nach vergeblichem Kampf mit den beiden Schlangen fliehe, werde das Haupt abgeschlagen und als Warnung auf einen Pfahl gesteckt.

Die Kunde von Alfhilds Schönheit, aber auch von den Gefahren einer Werbung um sie, kam bald auch König Sigars Sohn Alf zu Ohren. Alf war von allen Söhnen Sigars weitaus der schönste und sein Haar war so licht, dass es wie Silber strahlte.

Obgleich er wusste, dass er sein Leben aufs Spiel setzte, beschloss er um Alfhild zu freien. Mit einem blutigen Fell angetan, das die Wut der beiden Ungeheuer noch mehr enflammen sollte, drang er in das Gelass ein, wo die beiden Schlangen lauerten. Als die eine sogleich mit aufgerissenem Rachen auf ihn losfuhr, stieß er ihr einen glühend gemachten Stahl tief in die Kehle, sodass sie auf der Stelle verendete. Mit der anderen Hand schleuderte er nach der zweiten Schlange seinen Speer und traf sie so gut, dass auch sie das Leben lassen musste. Nun war Sivards Bedingung erfüllt; als jedoch Alf vor ihn trat und die Hand seiner Tochter forderte, antwortete dieser: »Mir selbst sollst du nun als Freier willkommen sein, denn du hast deine Probe bestanden. Alfhild aber soll nach ihrem eigenen Entschluss ihren Gatten wählen, denn ich werde sie niemals zwingen einem ungeliebten Mann zu folgen!« Alfhild hatte die kühne Tat Alfs voll Bewunderung gesehen und war gerne bereit die Gattin eines Helden von solcher Tapferkeit zu werden. Ihre Mutter jedoch riet ihr mit solcher Bestimmtheit von der Verbindung mit Alf ab, dass sie beschloss, lieber auf Wikingfahrt auszuziehen als dem Freier Gehör zu schenken. Wie ein Mann bewaffnet unternahm sie an der Spitze einer Kriegerschar, deren Führer im Kampf gefallen war, weite Heerzüge und vollbrachte manch tapfere Tat.

Alf hatte indes die Hoffnung nicht aufgegeben sie für sich zu gewinnen. Er durchkreuzte auf der Suche nach ihr die Meere und traf schließlich auf Schiffe, die in einer engen Bucht gelandet waren. Ohne es zu wissen war er auf Alfhilds Flotte gestoßen. Es kam zu einem heftigen Kampf, in dessen Verlauf Alfhild der Helm vom Haupt geschlagen wurde. Da erkannte sie Alfs Gefährte Börk und rief sogleich den Freund herbei, der Alfhild nach kurzem Ringkampf – denn er hütete sich sie mit dem Schwert anzugreifen, um sie nicht zu verletzen – bezwang und gefangen nahm. Nun weigerte sie sich nicht länger, Alfs Gattin zu werden, und folgte ihm in seine Heimat.

Hagbard und Signy

Als Alf und Alger wieder einmal gemeinsam auf Wikingfahrt ausgezogen waren, trafen sie im Kampf mit ebenbürtigen Gegnern zusammen. Das waren die drei Brüder Helvin, Hamund und Hagbard; ihr Vater war der Unterkönig Hamund, der noch einen vierten Sohn namens Haki hatte, der an diesem Heerzug aber nicht beteiligt war.

Alle vier Brüder waren kühne und tüchtige Krieger und besonders Haki hatten seine Taten hohes Ansehen eingebracht. Trotzdem aber kam keiner von ihnen Hagbard gleich, dessen Tapferkeit seinen Namen weithin berühmt gemacht hatte. Auch an König Sigars Hof war des kühnen Hagbards Ruhm gedrungen und Signy hatte stets regen Anteil daran genommen, wenn von seinen Heldentaten erzählt wurde.

Der Kampf zwischen den Gegnern währte den ganzen Tag über und forderte viele Opfer. Trotzdem war der Sieg noch nicht entschieden, als sich der Tag seinem Ende zuneigte und die Dunkelheit die Feinde zwang voneinander abzulassen. Der schwere Kampf hatte alle Krieger ermüdet, und da beide Teile, bis zur Kampfunfähigkeit erschöpft, auch die schweren Verluste bedachten, die sie erlitten hatten, ließen sie auf die für die Nacht vereinbarte Waffenruhe am nächsten Morgen die Versöhnung folgen. Die Brüder Alf und Alger kehrten nach Dänemark zurück und Hagbard, der längst von Signys hoher Sinnesart und von ihrer Schönheit gehört hatte, begleitete sie dorthin. Das Paar fühlte sich zueinander hingezogen, obgleich noch keiner den anderen gesehen hatte. Hagbard traf bald nach seiner Ankunft ohne Zeugen mit Signy zusammen und in raschem Entschluss verlobten sich die beiden im Geheimen.

Zur selben Zeit warb Hildigisl um Signy. Er war jung und schön, zeigte aber wenig Sinn für Heldentaten und hatte sich noch nie in den Kampf gewagt. Eines Tages hörte Signy, wie ihre Mägde über Hagbard und Hildigisl sprachen und die beiden miteinander verglichen. Da sprach sie:

>>Einer umwirbt mich,
ein wackerer Kriegsheld;
meine Liebe begehrt auch
ein lockiger Jüngling;
nicht lang wird bestehn
die stolzeste Schönheit,
doch vollbrachte Großtat
vergisst man nimmer.<<

Geschäftig hinterbrachte eine der Mägde diese Worte Hildigisl, der aus ihnen voll Zorn die Aussichtslosigkeit seiner Werbung erkannte. Er beschloss
sogleich sich zu rächen, und da er nicht hoffen durfte, gegen Hagbard in of-
fenem Kampf zu siegen, nahm er seine Zuflucht zur Hinterlist.
König Sigar hatte zwei ungleiche Brüder als Ratgeber. Während nämlich
Bilvis in treuem Sinn stets zu Frieden und Ausgleich riet, war sein Bruder,
der blinde Bölvis, boshaft und heimtückisch; er trachtete stets danach,
durch seine Ratschläge Unheil zu stiften. An ihn wandte sich Hildigisl, und
Bölvis ging voll Freude auf das Ansinnen des verschmähten Freiers ein. Er
erzählte, Helvin und Hamund hielten niemals Verträge ein und seien eben
daran, auch den Frieden zu brechen, den sie mit den Söhnen Sigars geschlossen hatten. Er trieb es mit seinen verleumderischen Einflüsterungen
so weit, dass Alf und Alger argwöhnisch wurden und Verrat befürchteten.
Während Hagbard ahnungslos auf den geschlossenen Frieden vertraute,
kam es zwischen ihnen und den Brüdern Helvin und Hamund zu einem
schweren Zusammenstoß, bei dem diese den Tod fanden.
Als Hagbard erfuhr, was geschehen war, blieb ihm keine andere Wahl als
seine Sippenpflicht zu erfüllen und seine Brüder zu rächen. Er zog gegen
Alf und Alger zu Feld und beide Brüder fielen von seiner Hand. Auch Hildigisl hatte an ihrer Seite am Kampf teilgenommen. Ihm allerdings war kein
ehrenvoller Tod beschieden. Feige hatte er sich zur Flucht gewandt und rettete dadurch zwar das nackte Leben, aber Hagbard ereilte ihn und schlug
ihm eine schmachvolle Wunde im Rücken, sodass er für seine Heimtücke
unauslöschliche Schande erntete.
Hagbard hatte in siegreichem Kampf den Tod seiner Brüder gerächt, aber
zwischen ihm und Signy stand nunmehr schwerster, unsühnbarer Zwist der
Sippen. Er konnte aber die Trennung von der Geliebten nicht ertragen und
setzte sein Leben aufs Spiel, um wenigstens ein einziges Mal mit seiner
Verlobten vereint zu sein. So rau und kriegerisch war damals die Zeit, dass
manche tapfere Frau, gerüstet und gewaffnet wie ein Mann, in den Kampf
zog. Als eine solche Schildmaid begab sich Hagbard unter dem Vorwand,
eine Botschaft an den König bestellen zu müssen, zu Sigar. Dort merkte zu-

erst niemand von dem Trug und so wies man den verkleideten Helden ins Frauengemach zu Signy und ihren Mägden. Signy erkannte sogleich, dass Hagbard vor ihr stand, und die beiden waren überglücklich, dass ihnen doch noch ein Zusammensein vergönnt war. Beide erkannten aber auch die tödliche Gefahr, die über Hagbard schwebte. Noch einmal beteuerten sie einander ihre Liebe, dann aber sprach Hagbard: »Wenn dein Vater mich jetzt ergreift, dann gibt es keine Gnade für mich! Er hat an mir den Tod deiner Brüder zu rächen und nun weile ich ohne sein Wissen und gegen seinen Willen bei dir. Falle ich in seine Hände, dann ist mir der Tod gewiss. Nun sprich – was wirst du tun, wenn sich mein Geschick erfüllt?« Da antwortete Signy: »Dich habe ich mir erwählt, weil du allein meiner Liebe wert bist. Wirst du mir entrissen, dann will ich mit dir sterben und dieselbe Todesart, die über dich verhängt wird, soll auch die meine sein.«

Hagbards und Signys Tod

Hagbard hatte richtig vorausgesehen, was ihm bevorstand. Denn nicht nur Signy hatte ihn trotz seiner Verkleidung erkannt, auch eine von den Mägden hatte sich nicht täuschen lassen und eilte zu Sigar, um ihm zu melden, dass Hagbard, sein Todfeind, bei Signy weile. Sogleich sandte der König seine Häscher aus, um sich des verhassten Feindes zu bemächtigen. Es wurde ihnen nicht leicht gemacht, ihren Auftrag auszuführen, denn Hagbard wehrte sich mit aller Kraft und tötete viele der Angreifer. Endlich aber gab die Übermacht den Ausschlag; Hagbard wurde ergriffen und gefesselt vor den König gebracht. Dieser berief sogleich eine Volksversammlung, die über den Gefangenen das Urteil sprechen sollte. Obgleich dort viele Stimmen laut wurden, die Hagbard die Todesstrafe zudachten, waren doch nicht alle eines Sinnes und besonders Bilvis, der treue Ratgeber König Sigars, riet dazu, man möge lieber Hagbard verschonen, für den Tod der Königssöhne von ihm Buße nehmen und sich seine Heldenkraft sichern. Schon schien das Ärgste abgewendet – da trat Bölvis auf den

Plan, der bisher geschwiegen hatte. Er rief, dass der Vorschlag seines Bruders ein schlechter Rat sei, der die Ehre Sigars schwer verletze. »Wie kann
man dem verzeihen, der erst die Söhne des Königs erschlagen hat und sich
nun, ihm zum Hohn, bei Signy eingeschlichen hat!« So reizte er mit wohl
überlegten Worten die Versammlung zu wütendem Hass gegen Hagbard
auf. Die versöhnliche Stimmung, die von Bilvis ausgegangen war, schlug
um und das Urteil lautete: Tod am Galgen.

Als der Richterspruch verkündet war, trat die Königin, Sigars Gattin, mit
einem vollen Becher auf Hagbard zu und sprach: »Nun, da dich der Ring
der Männer des Todes schuldig befunden hat, nimm aus meiner Hand den
Becher des Todes! Es ist der letzte, den du leerst, denn sobald du ihn ausge-
trunken hast, musst du hinab ins Reich der Hel, zu den Toten!«

Hagbard vergalt diese Worte mit bitterem Hohn. »Wohlan«, rief er, »ich
fasse diesen Becher mit derselben Hand, mit der ich deine beiden Söhne erschlug und mir voraus ins Totenreich sandte!« Mit diesen Worten schleuderte er den Becher gegen die Königin, sodass sich ihr der Trank ins Gesicht ergoss. Das war Hagbards letzte Tat. Er wurde zum Galgen geführt,
der auf einem Hügel vor Signys Kammer errichtet war. Diese aber hielt das
Wort, das sie Hagbard gegeben hatte. Des Todes des Geliebten gewiss, legte sie Feuer an ihr Gemach und erdrosselte sich selbst.

So verlor Sigar zu seinen beiden Söhnen auch noch die Tochter – die furchtbare Folge davon, dass statt der klugen Einsicht Bilvis' der arge Rat Bölvis'
gesiegt hatte.

Der Untergang der Siklinge

Sigar war aber noch weit ärgeres Unheil bestimmt, denn noch lebte
Hagbards Bruder, der tapfere Haki, der zur Zeit, da seine Brüder ihr
Leben lassen mussten, eine Kriegsfahrt nach Irland unternommen hatte. Er
brach sein Unternehmen sogleich ab, als er Kunde von dem Geschehenen
erhielt, und segelte mit seiner Flotte nach Dänemark. Als er gelandet war

und an der Spitze seines Heeres gegen Sigar zog, führte der Weg zuerst durch Wald und mit Sträuchern bewachsenes Sumpfland, das ihn und seine Scharen vor den Blicken der von Sigar ausgestellten Wachen verbarg. Bevor er aber in offenes Gelände kam, mussten seine Krieger Sträucher abhauen und vor sich hertragen, damit er noch länger unentdeckt vordringen könne. Voll Staunen sah einer von Sigars Kundschaftern, dass das Strauchwerk sich bewegte, und eilte sogleich zu Sigar. Er rief ihm zu: »Wunderbare Dinge habe ich dir zu melden, o König – Laub und Strauch rücken heran wie Menschen!« Sigar war aber vor langen Jahren eine Weissagung zuteil geworden, die in ihm die Überzeugung hervorgerufen hatte, dass er im Kampf niemals unterliegen werde. Denn so hatte der Spruch gelautet: »Nicht eher droht dir der Tod von Feindeshand, als bis Baum und Strauch sich in Bewegung setzen und gegen dich zu Feld ziehen.«
Nun hörte er, dass das Wirklichkeit geworden war, was er stets für unmöglich gehalten hatte, und rief aus: »Die Erscheinung, die du mir meldest, bedeutet meinen Tod!« Als tapferer Mann wollte er aber seinem Geschick mutig entgegentreten. Er bot sogleich alle Mannen auf, die er in der Eile erreichen konnte, und rückte den Angreifern entgegen. Die Stätte, wo die Feinde aneinander gerieten, heißt von dem harten Kampf, der dort ausgefochten wurde, Walbrunna, der Leichenbrunnen. Sigar und die Seinen kämpften wohl als kühne Männer mit größter Tapferkeit, aber Haki und seine Mannen errangen dennoch den Sieg; Sigar selbst fiel in der Schlacht, wie er es vorausgesehen hatte.
Nun, da es keinen Widerstand mehr gab, wütete der rachedurstige Haki entsetzlich unter dem wehrlosen Volk, und diese Not, aber auch der Schmerz über den Tod ihres Königs erbitterte die Dänen so, dass sie sich noch einmal zum Kampf aufrafften. Während Haki zu seiner Flotte zurückkehrte, blieb zur Sicherung sein Namensvetter Haki der Stolze zurück. Gegen ihn wandte sich an der Spitze der Dänen Sivald, der als einziger von Sigars Söhnen noch am Leben war. Ein gewaltiger Kampf entbrannte, in dem Sivald und Haki der Stolze den Tod fanden. Der Sieg aber fiel den Dänen zu und damit war der opferreiche Krieg zu Ende, der zwei tapfere Sippen vernichtet hat-

te. Obgleich Hamunds Sohn Haki den letzten schweren Kampf überlebt hatte, war seine Macht bis ins Mark getroffen. Er wandte sich nach Schottland und verließ diese Zufluchtsstätte nie mehr. Nach wenigen Jahren schon starb er und damit war auch der letzte Nachkomme Hamunds dahin. König Sigars Geschlecht aber, die Siklinge, war im Mannesstamm ebenfalls ausgestorben. Nur eine Enkelin, Gudrid, die Tochter seines Sohnes Alf, überlebte den Tod ihrer Gesippen. Ihr Gatte war der in vielen Kämpfen bewährte Held Halfdan und der Ehe beider entstammte einer der berühmtesten Könige Dänemarks, Harald Kampfzahn.

KÖNIG HARALD KAMPFZAHN

König Haralds Ahnen

Nachdem das gesamte Haus der Siklinge durch die Kämpfe gegen Hagbard und dessen Brüder im Mannesstamm ausgestorben war, traf die einzige Überlebende, Alfs und Alfhilds Tochter Gudrid, ein hartes Geschick. Da sie selbst nicht die Herrschaft führen konnte, sich aber weigerte einem nicht ebenbürtigen Mann die Hand zum Ehebund zu reichen, wählten die Dänen aus ihrer Mitte eine Reihe von Fürsten, die über die einzelnen Teile Dänemarks herrschten. So ging die Einheit des Reiches verloren. Um vor unerwünschten Freiern sicher zu sein, bestellte Gudrid, die als Erbin des Reiches viel umworben wurde, zu ihrem Schutz zwölf tapfere Krieger, die niemandem den Zutritt zu ihr gestatteten.

Es zeigte sich aber bald, dass das Schicksal alle ihre Absichten und Vorkehrungen zunichte machte. Nicht lange währte es, da trat der tapfere Halfdan als Freier um sie auf. Halfdans Vater war Börk gewesen, der einst Gudrids Vater Alf als treuer Freund und Berater zur Seite gestanden hatte, seine Mutter aber hieß Drott; ehe sie Börks Gattin geworden war, hatte sie schwere Zeiten durchleben müssen. Drott war eine Königstochter; ihr Vater

Rögnvald herrschte über Norwegen und war in Ehren alt geworden, als der Schwede Gunnar an der Spitze eines starken Heeres in sein Land einfiel und es furchtbar verwüstete. Ganz im Gegensatz zu anderen Kriegern, die sich auf Wikingfahrt wohl hart, aber nicht unmenschlich zeigten, war Gunnar so wild und grausam, dass schon die Kunde von seiner Annäherung Entsetzen verbreitete und die Landesbewohner sich ihm lieber unterwarfen, als dass sie ihm Widerstand geleistet und ihn dadurch noch mehr gegen sich erbittert hätten. Rögnvald allerdings wollte lieber sterben, als sich dem Eindringling unterwerfen. Um Drott zu schützen, ließ er ein Erdhaus für sie graben und verbarg sie dort samt ihrer Dienerschaft. Auch die zwei herrlichen Schwerter Lysing und Hvyting, ein Erbe seines Großvaters, verbarg er ganz in der Nähe, da er sie in seinem Alter nicht mehr führen konnte und verhindern wollte, dass sich Gunnar ihrer bemächtige. Dann trat er, begleitet von seinen treuen Gefolgsmannen, zum Kampf an. Das Alter hatte ihn schon so geschwächt, dass er sich auf die Schultern seiner Begleiter stützen musste, um gehen zu können. Es währte denn auch nicht lange, bis er mit seinem gesamten Gefolge den Tod gefunden hatte.

Nun war der grausame Gunnar unbestrittener Herr des Landes, das er schwer bedrückte. Bald hatte er auch erfahren, dass die Königstochter in einem Erdhaus verborgen war. Sogleich machte er sich auf die Suche nach ihr, und wie sorgfältig auch Rögnvald zu Werke gegangen war, um alle Spuren zu verwischen, gelang es Gunnar doch, sie nach kurzer Zeit aufzufinden. Die Schwerter allerdings blieben ihm verborgen und Drott hütete sich ihm deren Versteck zu verraten. Widerwillig musste sie dem Mörder ihres Vaters in sein Land folgen und ihn zum Mann nehmen und dieser Verbindung entstammte ein Sohn, der den Namen Hildibrand erhielt.

Dieser war von derselben Gemütsart wie sein Vater, richtete alles Sinnen und Trachten auf Kampf und zeigte sich so wild und unbändig, dass Gunnar ihn aus dem Haus weisen musste. Er blieb in Schweden und trat dort in die Dienste des Königs. Gunnar sollte sich seines Raubes nicht lange erfreuen. Börk, der alte Freund von Gudrids Vater Alf, war über Gunnars Gewalttaten und besonders darüber, dass dieser gegen alle Sitte Drott zur Ehe gezwungen hatte, so empört, dass er gegen ihn in den Kampf zog. Dabei fiel Gunnar von der Hand Börks, Drott aber willigte gerne ein, als der Held, der sie von dem verhassten Zwang befreit hatte, um ihre Hand anhielt. Als seine Gattin folgte sie Börk nach Dänemark.

Halfdan, der Sohn der beiden, war seinem wilden Halbbruder Hildibrand in keiner Weise ähnlich. In seinen ersten Kindheitsjahren schien er unklug und träge zu sein, sodass seine Eltern wenig Freude an ihm hatten; bald jedoch brach der edle und tüchtige Kern seines wahren Wesens durch, und sobald er zum Jüngling herangewachsen war, kam ihm keiner seiner Altersgefährten an Kraft und Tapferkeit gleich. Der unglückliche Zustand Dänemarks, das nun schon lange in Teilgebiete gespalten war, machte das Land zu einem willkommenen Ziel für Freibeuter.

Zu den Angreifern gehörte auch ein Wiking namens Rötho, der nach Lust raubte und brannte; alle Versuche der schwachen Teilfürsten, ihn abzuwehren, misslangen und schließlich zog Börk gegen ihn zu Feld, wobei ihm Halfdan treu zur Seite stand. In diesem Kampf fiel Rötho und damit war das Land von einer Plage befreit. Aber auch Börk verlor in der Schlacht sein Leben und Halfdan erhielt eine schwere Wunde, die sein Antlitz arg entstellte. Das Schwert eines Gegners hatte ihm die Lippen gespalten und die Wunde wollte nicht heilen, sodass der Unverstand über den Helden spottete, dem in Wahrheit Lob und Anerkennung gebührt hätten.

Seines Wertes bewusst hielt Halfdan um Gudrid an. Als die Krieger, die sie schützen sollten, ihm den Zutritt zu ihr verwehrten, griff er sie unverzagt an und ließ nicht eher vom Kampf ab, als bis sie alle gefallen waren. Nun konnte er ungehindert vor Gudrid treten und seine Werbung vorbringen. Sie aber wollte ihm kein Gehör schenken, denn obgleich sich ihm wegen seiner Tapferkeit ihre Neigung zuwandte, fühlte sie sich doch in ihrem Stolz schwer verletzt. Sie hielt ihm vor, dass er ihr nicht ebenbürtig sei und dass sie ihn auch seiner entstellenden Wunde wegen nicht zum Gatten wolle. Da antwortete er: »Zwei Dinge wirfst du mir vor – einmal, dass ich nicht hoch genug geboren sei, und zum zweiten, dass meine Wunde mich entstelle. Ich weiß aber ein Mittel beides zu tilgen – den Ruhm des Helden. Nicht eher sollst du mich wieder sehen, als bis meine Taten ihn begründet haben. Du aber versprich mir, dass du vor meiner Rückkehr die Werbung keines anderen Mannes annimmst, es sei denn, dass dich die sichere Kunde meines Todes erreicht!« Da gab ihm Gudrid das verlangte Versprechen; Halfdan aber begab sich hinweg, um sein Vorhaben auszuführen. Auf sein Verlangen erhielt er von Drott die Schwerter, die sein Großvater einst in der Erde geborgen hatte, und dann führte ihn sein Weg mitten in den Kampf.

Der Schwedenkönig, in dessen Gefolge sich Hildibrand besonders hervortat, war gegen die Russen zu Felde gezogen und bedrängte sie hart. Halfdan eilte den Angegriffenen, deren Land von den Schweden arg verheert wurde, zu Hilfe, und als Hildibrand die Kämpfer der Russen zum Zweikampf herausforderte, trat er ihm sofort entgegen. Hildibrand wusste jedoch, dass Halfdan sein Halbbruder war, und lehnte unter einem Vorwand den Kampf ab. »Siebzig Helden habe ich im Zweikampf besiegt«, rief er aus, »und werde mich dir erst dann zum Kampf stellen, wenn du durch deine Taten gezeigt hast, dass du ein ebenbürtiger Gegner für mich bist!«

Da forderte Halfdan die Schweden auf, sich mit ihm zu messen, und so groß war seine Heldenkraft, dass er allein gegen mehrere Gegner gleichzeitig zum Kampf antrat. Er blieb in jedem dieser Kämpfe Sieger, und nachdem dies volle acht Tage gedauert hatte, konnte sich Hildibrand dem Schicksal, gegen den eigenen Bruder zu kämpfen, nicht mehr entziehen. Nach hartem Streit empfing er eine tödliche Wunde. Nun endlich enthüllte er seinem Gegner das Geheimnis, das er so lange verschwiegen hatte:

>»Dem Schicksalsschluss
> gar schwer entgeht,
> wer geboren ist
> zum Brudermörder.
> Dich gebar Drott
> in Dänemark,
> dieselbe Mutter
> mich in Schweden.«

Sterbend zählte er die Taten auf, die er in seinem Leben vollbracht hatte. Sie waren auf dem Schild dargestellt, den er nun zum letzten Mal im Kampf getragen hatte. Die schlimmste Tat, die er wider Willen unter dem Zwang schicksalhafter Fügung vollbracht hatte, war der Kampf gegen seinen eigenen Sohn gewesen, der ihn ungestüm angegriffen und seinen Beteuerungen, er kämpfe gegen seinen Vater, keinen Glauben geschenkt hatte. Noch jetzt, in seiner Sterbestunde, hatte er das Unglück nicht verwunden, das ihn damals betroffen hatte:

> »Dort liegt mir zu Häupten
> der liebe Sohn,
> der einzige Erbe,
> der mein Eigen ward.
> Ich liebte ihn
> von ganzem Herzen;
> wider Willen
> ward ich sein Töter.«

Erschüttert fragte ihn Halfdan, warum er ihm nicht ihre Blutsverwandtschaft enthüllt und dadurch den Bruderkampf verhindert habe; aber Hildibrand antwortete, er habe das Ende vorausgesehen und lieber den Tod erleiden als den Verdacht ertragen wollen, er sei einem Gegner aus Feigheit ausgewichen.

Die Kunde von den schweren Kämpfen, die Halfdan zu bestehen gehabt hatte, kam auch nach Dänemark. Das Gerücht aber berichtete nicht bloß von seinen glänzenden Siegen, sondern es sagte ihn auch fälschlicherweise tot. Diesen Umstand benutzte ein Sachse namens Siwar zur Werbung um Gudrid. Er berief sich darauf, dass sie nun ihres Versprechens, die Heimkehr Halfdans abzuwarten, ledig sei, und Gudrids Ratgeber, die er auf seine Seite gebracht hatte, unterstützten ihn, sodass Gudrid wider Willen dem Freier ihr Jawort geben musste. Sie hatte zwar von ihm gefordert, dass er die Einheit Dänemarks herstellen müsse, bevor er mit ihr Hochzeit halte, doch wusste er mit listigen Worten die Erfüllung dieser Bedingung aufzuschieben. Halfdan erfuhr von diesem Ereignis. Er verließ sogleich Russland und eilte in die Heimat zurück. Dort begab er sich unverweilt zur Königshalle, wo eben die Hochzeitsfeier begonnen hatte.

Er befahl seinen Gefolgsmännern so lange im Freien zu warten, bis sie den Klang seines Schwertes hörten, und trat allein, von keinem der Anwesenden erkannt, vor Gudrid. »Niemals hätte ich erwartet«, sprach er sie an, »dass hier in der Heimat durch Weibertrug Spott und Schande auf mich gehäuft würden, während ich draußen in weiter Ferne in ruhmvollen Kämpfen Sieg auf Sieg errang!« Gudrid wusste sogleich, wer der Fremdling war, und wies den Vorwurf des Treuebruchs zurück. »Flüchtig und unsicher nur war die Kunde«, antwortete sie, »die ich über dich erhielt; und als man sagte, du seiest im Kampf geblieben, wie hätte da ich allein all denen widerstehen können, die mich zur Vermählung drängten? Nur widerwillig habe ich mich in diese Heirat gefügt, denn meine Liebe zu dir hat nie geschwankt und nun will ich halten, was ich einst gelobt habe!« Sobald Halfdan erkannte, dass Gudrid in Treue zu ihm stand, stieß er dem falschen Bräutigam das Schwert in die Brust. Dann wandte er sich gegen dessen Freunde und Tischgenossen. Auf den Kampflärm hin eilten ihm seine Gefährten zu Hilfe und es währte nicht lange, bis er den Sieg über seine Gegner errungen hatte. So hatte Halfdan die Bedingung erfüllt, die er sich einst gestellt hatte, und schließlich die Braut dem Freier, der sie mit List gewinnen wollte, mit Waffengewalt entrissen.

König Haralds Geburt und Aufstieg

Nach schweren Kämpfen hatte Halfdan unter Aufgebot seiner ganzen Heldenkraft die Vereinigung mit Gudrid erreicht. Dennoch war das Glück des Paares nicht vollkommen, denn die Ehe blieb kinderlos. Da flehte Halfdan Odin an und seine Bitte wurde erhört. Dem Paar wurde ein Sohn geschenkt, der den Namen Harald erhielt.

Nun, da das Land einen Erben hatte, ging Halfdan an die Wiedervereinigung Dänemarks. Es war ihm aber nicht vergönnt, dieses Ziel zu erreichen. Als er auf Seeland Veseti, einen für seine Tapferkeit berühmten Helden, angriff, fiel er in der Schlacht und nach seinem Tod erlag das führerlose Heer dem Angriff der Gegner. Auch Gudrid hatte an dem Kampf teilgenommen und sogar der junge Harald war mit in die Schlacht gezogen. Selbst nach dem Fall seines Vaters gab er den Kampf nicht auf und wäre, vom fliehenden Heer im Stich gelassen, eine Beute der Feinde geworden, hätte ihn nicht Gudrid in einen nahen Wald gerettet.

Dennoch verzagte er nicht. Er wuchs rasch heran und übertraf alsbald seine Altersgenossen an Mut und Kraft. Odin verlieh ihm die Gabe, dass er durch kein Eisen verwundbar war, er selbst aber verhieß dem Gott alle Feinde, die im Kampf von seiner Hand fielen. Bald schien die Zeit gekommen, um für den Tod des Vaters Rache zu nehmen. Er griff Veseti an und tötete ihn. In diesem Kampf verlor er zwei Zähne, die aber wider Erwarten nachwuchsen, und daher erhielt er den Beinamen Kampfzahn. In rascher Folge wandte sich Harald gegen die Fürsten, die über die einzelnen Gebiete Dänemarks herrschten, besiegte sie und stellte so die Einheit des Landes wieder her. Die Macht, die ihm nunmehr zur Verfügung stand, nützte er nicht für Eroberungszüge aus, sondern um gebeugtes Recht wiederherzustellen und Friedensstörer unschädlich zu machen.

So kam er Asmund, dem Beherrscher von Vik in Norwegen, zu Hilfe, als diesen die eigene Schwester mit Heeresmacht aus seinem Land vertreiben wollte. Wie zu einem Fest geschmückt, ohne Rüstung schritt er den Seinen voran in den Kampf, und obgleich die Feinde gerade ihn mit aller Macht angriffen, blieb er dennoch Sieger.

Zu dieser Zeit starb der Schwedenkönig, gegen den einst Haralds Vater Halfdan zu Feld gezogen war. Er hinterließ drei Söhne, Olaf, Ingo und Ingeld. Ingo glaubte, er könne seine Macht auf Kosten Dänemarks vergrößern, und zog gegen Harald zu Feld. Harald wusste, dass ihm ein schwerer Kampf bevorstand, und gedachte die Schicksalsmächte um Rat zu fragen. Da begegnete ihm unterwegs ein alter, hoch gewachsener Mann, der nur ein Auge hatte und in einen groben Mantel gehüllt war. Dieser sprach Harald an und nannte sich Odin. Er setzte hinzu, dass er sich wohl auf die Kriegskunst verstehe, und gab ihm guten Rat, wie er den Sieg erringen könne. »Stelle dein Heer so auf«, sprach er, »dass es in drei Geschwader gegliedert ist. Jedes Geschwader soll zehn Reihen von Kriegern umfassen, doch sollen in der ersten Reihe der beiden Seitengeschwader nur zwei Krieger stehen, in der zweiten drei und in den folgenden immer ein Mann mehr, sodass Keile entstehen. Das mittlere Geschwader stelle ebenso auf, verstärke es aber so, dass dieser Keil weiter vorragt als die beiden anderen. Wenn du das tust, ist dir der Sieg sicher!«

Harald befolgte diesen Rat, und obgleich Olaf seinem Bruder Ingo zu Hilfe kam, errang Harald einen glänzenden Sieg. Als Ingeld, der dritte der Brüder, vom Ausgang der Schlacht hörte, bat er um Waffenstillstand. Später allerdings brach er den Frieden und raubte Haralds Schwester. Sogleich brach dieser auf, um den Raub zu rächen, und brachte Ingeld in Not. Da bat dieser neuerlich um Frieden und Harald gewährte ihn, denn er wollte Ingeld lieber zum Bundesgenossen als zum Gegner haben.

Immer höher stieg Haralds Ruhm, zumal er seinen alten Grundsätzen treu blieb und stets bereit war Bedrängten uneigennützig Hilfe zu leisten. Wie wenig ihn dabei Ruhmsucht leitete, bewies er dadurch, dass er Olaf, dem von übermächtigen Feinden angegriffenen Beherrscher von Drontheim, in Verkleidung und daher unerkannt zu Hilfe kam und ihn so aus seiner Bedrängnis rettete. Sein eigenes Land schützte er mit starker Hand. Als der Friese Ubbi in Jütland einfiel und dort übel hauste, wandte er sich sogleich gegen ihn und besiegte ihn. Weil er aber in Ubbi einen tapferen Gegner gefunden hatte, tötete er ihn nicht, sondern ließ ihn frei und nahm ihn in seine Gefolgschaft auf. Er vermählte ihn später sogar mit seiner zweiten Schwester und fesselte ihn auf diese Weise noch stärker an sich.

Harald stand nun auf der Höhe seines Ruhmes, und da niemand mehr es gewagt hätte, ihn anzugreifen, dehnte er seine Herrschaft auch auf die Nachbarländer rings um Dänemark aus. Doch verfuhr er mit den Besiegten milde und nahm viele tapfere Männer aus diesen Gebieten in seine Gefolgschaft auf. Es galt als hohe Ehre, ihm zu dienen, und selbst aus fernen Landen strömten so viele Krieger in Dänemark zusammen, dass Harald aus ihnen ein ganzes Heer bilden konnte. Die Macht, auf die er sich stützte, war so groß, dass eine lange Friedenszeit anbrach, denn die Herrscher anderer Länder wagten nicht gegeneinander Krieg zu führen, weil sie fürchten mussten, dass sich Harald des Angegriffenen annehmen und den Friedensstörern ihr Tun hart vergelten werde.

Die Bravallschlacht und König Haralds Tod

Fünfzig Jahre lang herrschte Harald Kampfzahn in Frieden über Dänemark und stand schließlich in so hohem Alter, dass er nur noch schwer gehen konnte. Sein Schwager Ingeld in Schweden war schon lange gestorben. Als sein Nachfolger herrschte sein Sohn Sigurd Hring, König Haralds Neffe, über das Land. Die beiden Verwandten hielten gute Freundschaft miteinander und oft reiste König Haralds Vertrauter Bruni als Bote zwischen beiden hin und her.

Bruni wusste um alle ihre Geheimnisse, denn er war ein treuer Mann, dem niemand auch nur ein Wort von dem hätte entlocken können, was er seinem Herrn und dessen Neffen auszurichten hatte. Auf einer der langen und beschwerlichen Reisen nach Schweden ereilte jedoch eines Tages Bruni der Tod. Er ertrank in den Wellen eines mächtig angeschwollenen Flusses und damit wendete sich Haralds Geschick, denn nun verwandelte sich Odin in Brunis Gestalt und reiste so wie dieser früher zwischen Dänemark und Schweden hin und her.

Bald aber richtete er König Harald von Sigurd Hring missgünstige Worte aus und dasselbe tat er, wenn er als Bote zu König Sigurd Hring kam. So reizte er die beiden immer ärger gegeneinander auf. Aus der verwandtschaftlichen Zuneigung zwischen Onkel und Neffen erwuchs unerbittlicher Hass und die Folge war, dass der Krieg zwischen beiden unvermeidbar wurde. König Harald sah voraus, dass der Kampf gegen den Neffen ihm den Untergang bringen würde. Er trug diese Gewissheit mit voller Ruhe, denn da er bei seinem hohen Alter täglich den Tod erwarten musste, wollte er lieber im Kampf fallen als an Krankheit und Altersschwäche in seinem Bett sterben. Er wollte aber nicht ruhmlos untergehen, sondern alles daransetzen, dass sein Name für immer mit der gewaltigen Schlacht verbunden bleiben sollte, von der er sein Ende erwartete.

Sieben Jahre lang rüstete er sich für die Auseinandersetzung mit König Sigurd Hring und auch dieser bot alles auf, um mit großer Macht ins Feld ziehen zu können. Es war bald kein Geheimnis mehr, dass der Krieg zwischen König Harald Kampfzahn und Sigurd Hring unvermeidlich war, und beiden Gegnern strömten große Scharen von Kriegern zu. Unter ihnen waren die berühmtesten Krieger der Zeit, die alle an einer Schlacht teilnehmen wollten, die noch nie ihresgleichen gehabt hatte.

Endlich hatten beide Gegner ihre Vorbereitungen getroffen und rückten ins Feld. Nach alter Sitte sandte König Harald einen tapferen Mann namens Herleif mit stattlichem Gefolge zu Sigurd Hring, um mit ihm den Ort der Schlacht zu vereinbaren. Beide einigten sich auf die weite Ebene Bravellir in Ostgötland und dort umgrenzte man so, wie es unter wackeren Gegnern stets der Brauch war, die Stätte des zukünftigen Kampfes mit Haselstecken. Unerhört war die Zahl der Krieger, die dort aufeinander traf. König Harald konnte selbst wegen seines hohen Alters die Aufstellung der Schlacht nicht mehr leiten und gab daher Bruni den Auftrag dies an seiner Stelle zu tun. Als alles zum Kampf bereit war, rief König Harald mit lauter Stimme seine Krieger zu tapferem Streit auf. Er klagte seinen Neffen der Undankbarkeit und der Herrschsucht an; den Seinen aber rief er zu: »Duldet nicht, dass mir nun in meinem hohen Alter das Reich entrissen werde, das ich mir in meiner Jugend ruhmvoll erkämpft habe!«

Dann bliesen die Hörner und die Schlacht begann. Ein schweres Ringen der tapfersten Helden ihrer Zeit gegeneinander entspann sich, laut erscholl der Kampflärm und der Tag verfinsterte sich durch den Hagel der Geschosse, die ständig so dicht über der Kampfstätte hin- und herflogen, dass sie einer Wolke glichen. Einer der Tapfersten im Streit war Ubbi, den Harald einst besiegt, aber verschont und mit seiner Schwester vermählt hatte. Nun stattete er dem greisen König den Dank für alles das ab, was er einst von ihm empfangen hatte, und mit solchem Ungestüm drang er auf die Feinde ein, dass sie sich schließlich zur Flucht wenden mussten. Da erkannten die Schweden, dass ihre Sache verloren war, wenn Ubbi weiterhin so gegen sie wütete. Drei ihrer tapfersten Krieger taten sich zusammen und schossen Pfeil auf Pfeil gegen den Helden ab. Von zahllosen Geschossen durchbohrt setzte Ubbi trotzdem seinen Angriff fort, bis er endlich zu Tode verwundet niedersank. Nun wandte sich das Blatt, die Schweden griffen tapfer an und durch die Reihen der Dänen ging die Trauerbotschaft vom Tod des Mannes, auf dessen Mut und Kraft sie ihre Hoffnung gesetzt hatten.

Trotz seinem hohen Alter, das ihm den Kampf zu Fuß verwehrte, nahm König Harald an der Schlacht teil. Er fuhr auf seinem Streitwagen dahin, den Bruni lenkte, und kämpfte mit zwei Schwertern zugleich. Als er die Niedergeschlagenheit seiner Krieger wahrnahm, ahnte er, dass es schlecht um die Schlacht stehe, und fragte Bruni, welche Aufstellung König Sigurd Hring seinem Heer gegeben habe. Lächelnd antwortete Bruni, die Schweden kämpften so wie sein eigenes Heer in Flügelaufstellung. Darüber erschrak Harald auf das Tiefste, denn diese Aufstellung, die Odin selbst ihn gelehrt hatte, war bisher sein sorgfältig gehütetes Geheimnis gewesen. Als er aber Bruni fragte, wer wohl Sigurd Hring in der Kunst dieser Schlachtordnung unterwiesen haben könne, schwieg dieser. Da begann Harald zu ahnen, dass ihm in Brunis Gestalt Odin selbst gegenüberstehe, und flehte ihn um den Sieg an. Odin aber hatte es anders beschlossen. Er stürzte Harald aus dem Wagen und tötete ihn mit seiner Keule.

Mit Haralds Tod war die Schlacht entschieden, denn von den Dänen waren weit mehr Krieger gefallen als auf der Seite der Schweden. König Sigurd Hring selbst wollte kein weiteres Blutvergießen. Sobald er die Nachricht vom Tod Haralds erfahren hatte, befahl er den Kampf einzustellen und bot Haralds Mannen den Frieden an. Da sie alle erkannten, dass nun ein weiterer Kampf sinnlos war, nahmen sie das ehrenvolle Angebot an und die Schlacht hatte ein Ende.

Aus der Menge der Toten, die das Schlachtfeld bedeckten, wurde Haralds Leiche ausgesondert. König Sigurd Hring ließ einen mächtigen Grabhügel aufwerfen; dann legte man den toten König auf den Wagen, von dem aus er seinen letzten Kampf gefochten hatte, und das Ross, das Harald in der Schlacht gedient hatte, zog den Toten zu seinem Grab. Als man Harald dort gebettet hatte, wurden goldene Ringe und Waffen in den Hügel gelegt, das Ross wurde erschlagen und seinem Herrn zugesellt. König Sigurd Hring fügte den Sattel hinzu, auf dem er selbst in der Schlacht geritten war, und gedachte mit ehrenden Worten des toten Onkels, den das Schicksal zu seinem Feind gemacht hatte. »Nun zieh ein in Walhall«, rief er ihm zu, »und wähle selbst, ob du dorthin lieber reiten oder auf deinem Wagen fahren willst!« Dann schloss man den Hügel; Sigurd Hring aber bereitete zum Gedächtnis Haralds ein feierliches Leichenmahl.

So endete das Leben eines der ruhmreichsten Könige, die je über Dänemark geherrscht hatten. Nicht Menschen hatten ihn bezwungen, Odin selbst, dessen Huld ihn durch sein ganzes Leben begleitet hatte, bereitete ihm sein Ende, weil er nicht wollte, dass ein anderer Hand an den Helden lege, dem er von Jugend an seinen Schutz gewährt hatte.

König Alis Tod und Starkads Ende

In der Bravallschlacht hatte auch Starkad mitgekämpft. War er schon in den Tagen König Ingjalds betagt gewesen, so war er nun schon in ein Alter vorgerückt, wie es sonst keinem Menschen beschieden ist. Starkad verdankte dies jenem Schicksalsspruch, der ihm wohl manche wertvolle Gabe, aber auch viel Leid beschert hatte. Wie alt er auch war, hatte er doch seine gewaltige Kraft bewahrt und so trat er nach der großen Schlacht noch einmal in die Dienste eines Königs. Dieser König war Ali, genannt der Kühne, ein Mann von ruhmreicher Vergangenheit. Reich mit Gaben des Körpers wie auch des Geistes ausgestattet zeichnete er sich vor allem durch die Schärfe seines Blickes aus, den niemand ertragen konnte.

Seine erste Tat war die Vernichtung von Räubern gewesen, die er in ihrem fast unzugänglichen Waldschlupfwinkel aufgespürt und ohne jede Hilfe besiegt hatte. Seine Gattin Äsa hatte er sich selbst erkämpft. Sie war die Tochter eines Jarls aus Vermland, die zwei berüchtigte Raufbolde, ein Brüderpaar, ihrem Vater zu schimpflicher Verbindung abtrotzen wollten. Ali betrat das Haus des Jarls in unscheinbarer Verkleidung, zeigte aber sein wahres Wesen, als die Brüder, von zehn Helfershelfern begleitet, Äsa aus dem Haus ihres Vaters entführen wollten. Ganz allein trat er auf einer einsamen Insel gegen diese zwölf Gegner an und streckte sie alle nieder.

Nach der Bravallschlacht übergab der siegreiche Sigurd Hring Ali die Herrschaft über Schonen, während über die anderen Gebiete Dänemarks eine Frau gebot, Heid, die in der großen Schlacht ruhmvoll gekämpft hatte. Trotzdem waren die Dänen unzufrieden, dass eine Frau über sie herrschen sollte, und so wandten sie sich an Ali mit der Bitte sie zu befreien. Dieser verstand es, Heid ohne Waffengewalt zum Verzicht auf die Herrschaft zu bewegen, und beließ ihr nur Jütland, doch musste sie auch für dieses Gebiet seine Oberhoheit anerkennen und an ihn Zins entrichten.

Die Dänen bereuten allerdings ihre Handlungsweise nur zu bald, denn Ali zeigte sich gegen sie grausam und so kam es zu einer Verschwörung gegen ihn, die von zwölf Herzögen des Landes ausging. Keiner der Verschwörer jedoch wagte sich an Ali heran und so gewannen sie Starkad gegen reiche Belohnung dazu, den König zu töten. Als Starkad mit dieser Absicht bei Ali eintrat, saß dieser gerade im Bad; als Ali jedoch fragte, was Starkad zu ihm führe, und dabei seinen Blick auf ihn richtete, war dieser vom Glanz der Augen des Königs so geblendet, dass er die Hand sinken ließ und zurücktrat. Da Ali die Wirkung seines Blickes kannte und sich von Starkad, den er für seinen treuesten Gefolgsmann hielt, nichts Böses versah, bedeckte er seine Augen mit der Hand, hieß Starkad näher treten und fragte ihn nach seinem Begehren. Da sprang dieser mit gezücktem Schwert auf Ali zu und durchbohrte ihn. Kaum war aber die Tat geschehen, da kam Starkad der ungeheuerliche Treuebruch und das Schmachvolle dieses Mordes zum Bewusstsein.

Nun wütete er gegen die, die ihn zu diesem Mord gedungen hatten, und tötete alle, die er erreichen konnte. Seine Kraft jedoch war für immer gebrochen, und mühsam, auf zwei Stöcke gestützt, wankte er dahin. Sein einziges Verlangen war, nur nicht elend an Siechtum zu sterben, sondern durch das Schwert zu enden. Dieser letzte Wunsch ging ihm in Erfüllung.

Er traf eines Tages mit Höd zusammen, dem Sohn eines der Verschwörer, den er nach dem Mord an Ali erschlagen hatte. Zwar wollte sich Höd an dem alten, kraftlos gewordenen Mann nicht vergreifen und ihn ungeschädigt seines Weges ziehen lassen, doch Starkad selbst reizte ihn mit scharfen, höhnischen Worten so lange, bis Höd, aufs Äußerste erbittert und erzürnt, das Schwert zog und ihm den Todesstreich versetzte, dem sich der Greis willig darbot. So kam ein Held ums Leben, der einer der tapfersten und getreusten Krieger gewesen war und doch auch Taten der ärgsten Untreue verübt hatte – zwiespältig seinem ganzen Wesen nach, wie es der Schicksalsspruch einst über ihn verhängt hatte.

RAGNAR LODBROK

Ragnar und Thora

König Sigurd Hring, der nach seinem Sieg über König Harald Kampfzahn die Herrschaft über Dänemark führte, hatte einen Sohn, der Ragnar hieß. Dieser gedachte sich seines Vaters würdig zu erweisen, der durch die denkwürdige Schlacht von Bravellir weithin berühmt geworden war. Ragnar war hoch gewachsen, stattlich und sehr schön von Angesicht und dem Aussehen entsprach auch sein ganzes Wesen. Sobald er herangewachsen war, versammelte er ein stattliches Gefolge um sich und verschaffte sich eine Kriegsflotte, mit der er auf weite Fahrten auszog. Da er sich gegen seine Mannen getreu und hochherzig zeigte, folgten sie ihm kampfesmutig in jede Schlacht und bald war er als tapferer Krieger bekannt, vor dem kein Feind bestehen konnte. So führte er das Leben eines kühnen Wikings, als ihn von Gautland her seltsame Kunde erreichte.

Dort hatte ein mächtiger Jarl namens Herraud seinen Sitz. Die größte Freude des Jarls war seine Tochter Thora, die er ihrer Schönheit wegen über alles liebte. Man nannte sie die »Hinde in der Burg«, weil es hieß, dass Thora alle anderen Frauen so weit an Schönheit übertreffe wie der Hirsch alle anderen Tiere des Waldes. Um Thora Freude zu machen, sandte ihr Herraud jeden Tag ein Geschenk.

Eines Tages brachten seine Mannen aus dem Wald einen jungen Lindwurm mit, und da Herraud an dem schlanken, zierlichen Tier großen Gefallen fand, sandte er es seiner Tochter als Geschenk. Thora hatte eine schöne Truhe aus Eschenholz, in der sie ihr Gold und Geschmeide aufbewahrte. In diese Truhe setzte sie den Lindwurm. Im selben Maße aber, in dem das Tier heranwuchs, vermehrte sich auch das Gold in der Truhe. Es währte nicht lange, da hatte der Lindwurm keinen Platz mehr in der Schatztruhe. Thora bewohnte allein ein von ihrem Vater eigens für sie erbautes Wohnhaus. Rings um dieses Haus lagerte sich nun der Lindwurm, der bald so groß war, dass er es mit seinem Leib voll umschloss und Kopf und Schwanz einander berührten. Je größer er aber wurde, umso mehr Fraß musste ihm gereicht werden und schließlich verschlang er einen ganzen Ochsen. Mit seiner Größe wuchs auch seine Wildheit. Niemand durfte es mehr wagen, Thora zu besuchen, denn der Lindwurm ließ niemand an sich heran, mit Ausnahme des Mannes, der ihm sein Futter brachte.

Jarl Herraud geriet über die Folgen seines unbedachten Geschenkes in schwere Sorgen und sann darüber nach, wie er Thora aus ihrer Gefangenschaft befreien könne. Schließlich gelobte er feierlich, er wolle Thora dem Mann zur Ehe geben, der den Wurm erschlage; das Gold aber, das sich so wunderbar vermehrt hatte, solle die Mitgift für seine Tochter sein.

Die Kunde von Herrauds Gelöbnis drang bald weit in die Welt hinaus, aber die Gefahr des Kampfes mit dem gewaltigen Untier schien so groß, dass niemand es wagte, den Preis zu erkämpfen. Auch Ragnar hörte die Botschaft, tat aber, als kümmere er sich nicht darum, und setzte seine Kriegsfahrten fort. Er ließ sich aber seltsame Kleider machen: eine Hose und einen Mantel aus dichtem Loden. Sobald sie fertig waren, ließ er sie in Pech sieden. Davon wurden sie steif und hart wie ein Panzer.

Bald darauf – es war Sommerszeit – segelte er nach Gautland und ließ sein Schiff in einer versteckten Bucht nahe von Jarl Herrauds Gehöft vor Anker gehen. Er blieb dort die Nacht über, früh am Morgen aber erhob er sich, legte seine mit Pech gehärteten Kleider an und machte sich auf den Weg nach Herrauds Behausung. Er führte als Waffe nur einen mächtigen Speer mit, aus dem er den Nagel herausgezogen hatte, mit dem die Eisenspitze am Schaft befestigt war.

Als er sein Ziel erreicht hatte, lag noch alles in tiefem Schlaf, sodass niemand sein Kommen bemerkte. Er wandte sich sogleich dem Wohnhaus Thoras zu, und sobald er dort angekommen war, wo der Lindwurm lag, stieß er diesem den Speer tief in den Rücken. Das gab eine so furchtbare Wunde, dass sich das Untier im Todeskampf wand. Davon entstand ein Getöse, von dem das ganze Haus erbebte. Ragnar aber zog den Speer aus der Wunde, und da der Speernagel fehlte, blieb die eiserne Spitze in der Wunde stecken. Da wandte er sich ab und machte sich auf den Rückweg. Zwar traf ihn der gewaltige Blutstrom, der sich aus der Wunde des Tieres ergoss, aber seine gepichte Kleidung schützte ihn vor jedem Schaden.

Thora war von dem Lärm erwacht und stürzte vor das Haus, um die Ursache zu erfahren. Sie sah noch, dass ein hoch gewachsener Mann vom Haus wegging, und fragte ihn nach Namen und Begehr. Er antwortete:

»Ich wagt allein um Lob
mein Leben, holde Jungfrau!
War erst fünfzehn Winter,
als den Wurm ich angriff.
Tapfer trag den Tod ich,
trifft er mich auch plötzlich;
der Heidelachs trifft nicht ins Herz mich,
hat's das Geschick nicht beschlossen.«

Nach diesen Worten begab sich Ragnar hinweg; Thora aber verstand wohl, dass er ihr den Tod des Lindwurms verkündet hatte. Seinen Namen aber hatte er nicht genannt und fast zweifelte sie daran, ob es wohl ein Mensch gewesen war, der diese Tat vollbracht hatte. Es schien ihr fast unglaublich, dass ein Fünfzehnjähriger einen solchen Sieg errungen haben sollte.

Als dann die Leute von Herrauds Hof herbeikamen, fanden sie den Lindwurm tot; in seiner Wunde aber fand sich ein Speereisen von mächtiger Größe. Jarl Herraud war bereit das Wort einzulösen, das er gegeben hatte, aber er wusste nicht, wie er den Sieger über den Wurm finden solle, der sich unerkannt hinwegbegeben hatte.

Da riet Thora, ihr Vater möge eine Versammlung aller Männer aus der ganzen Gegend berufen. Er solle aber verkünden lassen: »Wenn irgendeiner da ist, der sich zu dieser Todeswunde bekennt, dann soll er den Speerschaft mitbringen, zu dem das Speereisen passt.«

Jarl Herraud befolgte Thoras Rat und bald kam eine stattliche Menge zusammen. Auch Ragnar hatte von dem Aufgebot gehört und kam mit seinen Mannen zu der Stätte, an der sich die Männer versammelt hatten. Jarl Herraud erzählte nun, was sich mit dem Lindwurm zugetragen hatte. Er wiederholte die Verheißung, dass er dem Besieger des Lindwurms seine Tochter zum Weib geben wolle, und rief schließlich aus: »Ist der Held, der diese Tat vollbracht hat, hier in der Versammlung, so möge er hervortreten. Ich werde mein Versprechen einlösen, mag er nun hoch oder niedrig geboren sein!« Da es aber still blieb, wurde auf das Geheiß des Jarls das Speereisen von Mann zu Mann getragen. Wer die Speerstange habe, zu der das Eisen passe, der sei es auch, der den Lindwurm erlegt habe. Man suchte nun lange, aber in der ganzen Versammlung fand sich niemand, der den Schaft vorweisen konnte.

Da gingen die Leute mit der Speerspitze auch zu Ragnar, der mit seinen Mannen etwas abseits stand, und als man ihm das Eisen zeigte, erklärte er, es sei das seine. Zugleich wies er die Speerstange vor und sie passte wirklich mit dem Eisen zusammen. Da wusste Herraud, wer den Lindwurm erschlagen hatte, und als darauf Ragnar um Thora warb, löste er sein Ver-

sprechen ein und vermählte sie mit ihm. Er ließ eine prächtige Hochzeitsfeier halten, und als das Fest zu Ende war, begab sich Ragnar mit Thora
heim in sein Reich. Seine Tat hatte ihn überall bekannt gemacht und von der
Kleidung, die er beim Kampf gegen den Lindwurm getragen hatte, erhielt
er den Beinamen Lodbrok, das heißt Lodenhose.

Ragnar liebte Thora, die ihm von Herzen zugetan war, aus ganzer Seele und
der glücklichen Ehe entsprossen zwei Söhne, deren älterer Eirek hieß,
während der jüngere den Namen Agnar erhielt. Beide schlugen in die Art
ihres Vaters; sie waren groß und schön und an Kraft übertrafen sie alle Männer ihrer Umgebung.

Eines Tages erkrankte Thora und erkannte bald, dass sie sterben müsse. Bevor sie von ihrem Gatten Abschied nahm, ließ sie sich ihr Lieblingskleid
bringen; das überreichte sie Ragnar mit den Worten: »Mein Leben geht zu
Ende, denn ich weiß, dass es keine Heilung mehr für mich gibt. Zum Abschied aber will ich dir einen Rat geben und du sollst mir versprechen, dass
du ihn befolgen willst. Wenn du dich nochmals vermählst, dann wähle nur
die Frau zur Gattin, der dieses Kleid passt.« Mit diesen Worten starb sie.

Ragnar war über Thoras Tod so betrübt, dass er nicht in seinem Reich bleiben wollte. Er setzte Männer ein, die es zusammen mit seinen Söhnen an
seiner Stelle beherrschen sollten; er selbst aber zog wieder wie einst auf Wikingfahrt aus.

Das Kleid aber, das Thora ihm als letztes Geschenk gegeben hatte, bewahrte er als Erinnerung an seine tote Gattin stets auf seinem Schiff.

Aslaug

In dem kleinen Gehöft »Zur Spangarheide« im Land Norwegen hauste
der alte Bauer Aki mit seinem hochbetagten Weib Grima. Die beiden
waren arm und fristeten nur mühsam ihr Leben. Dorthin kam eines Tages
ein alter, in Lumpen gekleideter Mann, der eine Harfe mit sich führte. Er
sagte, er sei ein Bettler, und bat um Herberge. Grima war gerade allein zu

Haus, da Aki in den Wald gegangen war, und gewährte dem Fremden seine
Bitte. Da bat der Alte, sie möge ihm ein Feuer anzünden, damit er sich wär-
men könne, und ihm dann im Schlafhaus seinen Platz anweisen, da er von
seiner langen Wanderung ermüdet sei.

Wie er so am Feuer saß und seine Harfe neben sich hingestellt hatte, gewahrte Grima, dass aus der Harfe die Fransen eines kostbaren Kleides her-
vorsahen. Sie fasste nun ihren Gast schärfer ins Auge und entdeckte, dass er
unter seiner dürftigen Kleidung einen kostbaren Ring versteckt hatte, der
von ungefähr zum Vorschein kam. Sie ließ sich aber nichts anmerken, und
als der Bettler um sein Nachtlager bat, führte sie ihn in die Kornscheune.
»Wenn der Bauer spät nach Hause kommt, dann gibt es immer noch viel zu
erzählen und unser Gespräch würde dich im Schlaf stören«, meinte sie zur
Begründung. Der Gast gab sich damit zufrieden, legte sich in der Scheune
zur Ruhe und war bald in tiefen Schlaf versunken.

Der Alte war nicht der Bettler, für den er sich ausgegeben hatte. Er hieß
Heimir und war der treue Gefolgsmann eines Königs gewesen, dessen
Tochter Aslaug er als Pflegevater bei sich aufgezogen hatte. Als das Kind
eben drei Jahre alt war, brachen Feinde ins Land und in diesem Krieg fanden der König und seine Gattin den Tod.

Heimir, der auf einem abseits gelegenen Hof wohnte, erfuhr erst später, was
geschehen war. Er fürchtete, man werde auch Aslaug nach dem Leben
trachten, und beschloss mit ihr zu fliehen. Er ließ eine Harfe bauen, deren
Gestell so groß war, dass Aslaug darin Platz fand. Auch kostbare Kleinode,
Gold und Silber verbarg er in der Harfe und begab sich sodann, als Bettler
verkleidet, auf die Wanderschaft. Er pflegte Aslaug, so gut er konnte, und
ließ sie nur dann aus der Harfe ins Freie, wenn keine Menschen in der Nähe
waren. Wenn sie weinte, schlug er die Harfe, denn darauf verstand er sich
wohl, und das Kind beruhigte sich wieder. So zog er umher und war auf
seinem Weg nun zu Aki und Grima gekommen.

Während Heimir schon schlief, saß Grima untätig da und erwartete Akis
Heimkehr. Als der Bauer endlich, müde von der harten Arbeit, nach Hause
kam, erkannte er sogleich, dass Grima müßig gewesen war, und begann

darüber zu schelten. Da berichtete sie ihm, dass ein Fremder auf dem Hof sei, und setzte hinzu: »Er hat sich als Bettler ausgegeben, aber das ist er wahrhaftig nicht. Ich sah, dass er unter seinen Lumpen einen kostbaren Ring verbarg, und aus der Harfe kamen Fransen eines prachtvollen Kleides hervor. Der Mann führt große Reichtümer mit sich und die will ich haben! Er war sehr müde, als er hierher kam, und liegt gewiss in tiefem Schlaf, sodass du ihn leicht töten kannst. Willst du das aber nicht tun, dann jage ich dich mit seiner Hilfe aus dem Haus, denn ich habe genau erkannt, dass es ihm bei mir recht gut gefällt und er gerne hier bleiben würde.«

Aki wollte von der Gewalttat, zu der ihn Grima aufforderte, zunächst nichts wissen, aber schließlich zwang sie ihm doch ihren Willen auf. Er schärfte seine Axt und tötete damit den ahnungslosen Gast. Als die Tat vollbracht war, rief Grima freudig aus, dass sie nun Geld genug hätten, und wollte sogleich die Schätze aus der Harfe hervorholen. Sie versuchte dies aber vergeblich, denn das Gestell der Harfe widerstand ihren Versuchen es zu öffnen. Schließlich aber zerbrach es und nun kam Aslaug zum Vorschein. Da rief der Bauer aus, er habe es geahnt, dass der Mord ihnen keinen Nutzen bringen werde, denn jetzt müssten sie auch noch für das Kind sorgen. Grima war schwer enttäuscht, doch riet sie, sie sollten das Mädchen als ihre Tochter ausgeben und ihm den Namen Kraka beilegen, »denn«, setzte sie hinzu, »so hat meine Mutter geheißen«. Das Kind war aber sehr schön und Aki sagte höhnisch, man werde ihnen gewiss nicht glauben, dass dies ihr Kind sei, denn dazu seien sie beide viel zu hässlich. Grima wusste aber Rat. Sie schor das Kind kahl und rieb seine Kopfhaut mit Teer ein, damit das Haar nicht nachwachsen sollte. Dann legte sie der Kleinen elende Kleider an und setzte ihr einen weit herabhängenden Hut auf den Kopf. »So«, sagte sie, »sieht uns Kraka schon viel ähnlicher!«

So wuchs Aslaug bei dem Bauernpaar auf. Sie wurde schlecht gehalten und musste immer die schwerste und niedrigste Arbeit tun. Wenn sie angesprochen wurde, so antwortete sie nicht, und so meinten Aki und Grima, sie könne nicht sprechen. Sie kannten daher weder ihre Abkunft noch ihren wahren Namen.

Ragnar und Aslaug

Manches Jahr schon lebte Aslaug bei ihren Zieheltern, da kam an einem schönen Sommertag eine Flotte herangesegelt und ging in dem kleinen Hafen, in dessen Nähe das Gehöft »Zur Spangarheide« lag, vor Anker. Der Führer dieser Flotte aber war Ragnar Lodbrok, der im Sinn hatte seine Verwandten und Freunde in Norwegen zu besuchen. Die Schiffe blieben über Nacht im Hafen, und als der Morgen kam, gingen die Köche an Land, um Brot zu backen. Dabei sahen sie Akis Gehöft und begaben sich dorthin, um ihre Arbeit leichter verrichten zu können. Sie trafen Grima im Haus an, nannten sich Dienstleute Ragnar Lodbroks und baten sie um ihre Hilfe. Die Alte antwortete, dazu seien ihre Hände schon zu steif. »Ich habe aber eine Tochter«, sagte sie, »die nun bald heimkommen wird. Sie heißt Kraka und ist recht widerspenstig, wenn ich ihr etwas auftrage. Aber trotzdem soll sie euch bei eurer Arbeit helfen!«

Kraka war schon früh am Morgen mit den Schafen ausgezogen, weil es ihr zukam, sie zu hüten. Sie hatte gesehen, dass im Hafen viele große Schiffe vor Anker gegangen waren, und da begann sie sich zu waschen, obwohl ihr Grima das streng verboten hatte, denn sie war inzwischen zu herrlicher Schönheit herangewachsen und ihr Haar, das wie Seide glänzte, fiel bis zum Boden herab. Als sie ihre Schafe heimtrieb, sah sie dort die Männer bei ihrer Arbeit. Diese aber sahen verwundert auf das schöne Mädchen und fragten Grima, ob das ihre eigene Tochter sei. Sie wollten ihr gar nicht glauben, als sie die Frage bejahte, und sagten ungeschminkt ihre Meinung: »Noch nie haben wir ein solches Mädchen gesehen und mit dir hat sie nicht die geringste Ähnlichkeit, denn sie ist ebenso schön, wie du hässlich bist!« Sie baten Kraka, sie möge den Teig kneten, sie aber wollten dann backen. Sie konnten sich gar nicht an ihr satt sehen und achteten dabei so wenig auf das Brot, dass es verbrannte.

Als sie damit zu den Schiffen kamen, waren dort alle über das schlechte Brot aufgebracht und verlangten, dass die Köche bestraft würden. Da fragte sie Ragnar, warum sie das Brot hätten verbrennen lassen; sie aber entschuldigten sich mit ihrem Erlebnis und sagten, es gebe gewiss kein schöneres Mädchen auf der Welt als das, mit dem sie eben zusammengetroffen seien. Selbst Thora sei nicht schöner gewesen als dieses. Da sandte Ragnar Boten zum Hof Spangarheide: »Wenn dieses Mädchen wirklich so schön ist, wie ich eben gehört habe, dann bittet sie zu mir zu kommen, denn dann soll sie meine Gattin werden. Sie soll aber weder bekleidet noch unbekleidet, weder gespeist noch ungespeist kommen; sie soll nicht allein kommen und doch soll kein Mensch sie begleiten.«

Mit diesem Auftrag begaben sich die Boten zu Kraka und erkannten alsbald, dass die Köche wahr gesprochen hatten. Da richteten sie ihren Auftrag aus und kehrten wieder zu den Schiffen zurück.

Am nächsten Morgen machte sich Kraka auf den Weg zu Ragnar. Sie wickelte sich in ein Fischnetz und ließ ihr Haar darüber fallen – so war sie nicht bekleidet und doch nirgends bloß. Dann brachte sie Lauch auf ihre Zunge ohne etwas davon zu schlucken – so war sie nicht mehr nüchtern und hatte doch nichts gegessen. Als Begleiter aber nahm sie ihren Hund mit – so war sie nicht allein und doch war kein Mensch bei ihr.

Sobald sie zu den Schiffen gekommen war, rief ihr Ragnar zu, wer sie sei und zu wem sie komme. Da antwortete sie:

> »Folgsam dem Befehle
> findest du mich, Ragnar;
> ich erfüll des Fürsten
> Forderung beim Kommen.
> Niemand naht mit mir,
> nackt ist meine Haut nicht;
> gut bin ich begleitet,
> geh ich auch alleine.«

Da ließ Ragnar sie auf sein Schiff geleiten und befahl, man möge das Gewand herbeibringen, das ihm Thora einst gegeben hatte. Er reichte es Aslaug mit den Worten:

»Hier das Hemd empfange,
hell durchwirkt mit Silber;
Thora Burghirsch trug es,
diese Tracht passt gut dir.
Ihre süßen Hände
strichen sanft darüber;
Lieb empfand ich für sie,
bis der Tod sie fortnahm.«

Es zeigte sich alsbald, dass das Gewand saß, als wäre es für Aslaug angefertigt. Da trug ihr Ragnar an, sie solle seine Gattin werden, denn er gedachte des Rates Thoras; Aslaug aber antwortete, sie wolle jetzt wieder nach Hause zurückkehren. Ragnar aber solle seine Fahrt fortsetzen, und wenn er dann bei der Rückkehr noch desselben Sinnes sei, so möge er nach ihr senden – sie werde ihm dann als seine Gattin folgen. Ragnar antwortete, sein Sinn werde sich nicht ändern. Damit begab sich Aslaug wieder nach dem Hof Spangarheide, Ragnar aber setzte seine Fahrt fort.

Als er sein Vorhaben ausgeführt hatte, kam er wieder in den Hafen zurück, in dem er mit Aslaug zusammengetroffen war, und sandte Männer zu ihr, die sie aufforderten, sie möge nun ihr Versprechen einlösen. Aslaug antwortete, dass sie am nächsten Morgen gewiss kommen werde.

Als dann der nächste Tag anbrach, stand sie früh auf und trat vor Aki und Grima. Sie sprach: »Nun will ich fort von euch und kehre nie mehr hierher zurück. Ich weiß, dass ihr meinen Ziehvater Heimir erschlagen habt, und ich sollte mich dafür an euch rächen. Ich habe aber so lange mit euch zusammengelebt, dass ich euch kein Leid antun lassen will. Das aber wünsche ich euch, dass von den Tagen, die ihr noch lebt, einer schlimmer sei als der andere und der letzte der schlimmste werde!« Nach diesen Worten ging Aslaug von ihnen; sie aber blieben in argem Unfrieden und Zank zurück, sodass sich dieser Fluch erfüllte.

Aslaug begab sich nun, wie sie zugesagt hatte, zu Ragnar. Aber weder ihren wahren Namen noch ihre Abkunft sagte sie ihm und so nannte er sie Kraka wie zuvor und meinte, sie sei Akis und Grimas Tochter. Er segelte nunmehr heim in sein Reich und rüstete dort ein prächtiges Fest. Bei diesem Fest hielt er mit Kraka Brautlauf, zugleich aber feierte er die Rückkehr in sein Reich, dessen Herrschaft er von nun an wieder selbst übernahm.

Die beiden Gatten waren einander in herzlicher Liebe zugetan und lebten in Frieden und Eintracht miteinander. Dem Paar wurde bald ein Sohn geschenkt, der nach alter Sitte vom Vater seinen Namen bekam. Ragnar nannte ihn Ivar und freute sich über die große Schönheit des Kindes. Bald aber wurde die Freude der Eltern arg getrübt, denn es zeigte sich, dass der Knabe nicht gehen konnte, da er anstelle der Knochen nur Knorpeln hatte. Man nannte das Kind daher »Ivar ohne Knochen«. Ein Trost war es indes, dass Ivar schon früh einen äußerst scharfen Verstand zeigte, und sobald er herangewachsen war, bewies er auch ungewöhnlichen Mut; da er sich selbst nicht bewegen konnte, trug man ihn auf einem Schild in die Schlacht.

Ivar blieb nicht der einzige Sohn Ragnars und Aslaugs. Seine Brüder erhielten die Namen Björn, Hvitserk und Rögnvald und alle gerieten nach dem Vater; sobald sie das Knabenalter überschritten hatten, erwiesen sie sich als tapfere, starke Helden. Zu dieser Zeit waren Eirek und Agnar, die Söhne Ragnars von seiner ersten Gattin Thora, längst zu gewaltigen Männern herangereift, deren Ruhm weithin bekannt war. Da hielt es auch ihre jüngeren Brüder nicht mehr zu Hause und auf Ivars Rat erbaten sie mit erprobter Mannschaft besetzte Schiffe, um auf Kriegsfahrt auszuziehen. Ragnar gewährte ihnen gern diese Bitte und so zogen die vier Brüder gemeinsam in die Welt. Wo immer sie mit Feinden zusammentrafen, behielten sie den Sieg, reiche Beute fiel ihnen zu und bald standen sie in so gutem Ruf, dass ihnen viele Männer zuströmten.

So erfolgreich die Heerfahrten der Brüder auch bisher verlaufen waren, so meinte Ivar doch, dass sie sich noch nicht genug im Kampf erprobt hätten. Auf seinen Rat hin zogen sie gegen eine mächtige, von tapferen Kriegern verteidigte Stadt, gegen die bisher noch jeder Gegner unterlegen war. Bevor sie an Land gingen, ließen sie bei ihren Schiffen eine Wachmannschaft zurück, und da Rögnvald, der Jüngste von ihnen, nicht den Gefahren des

harten Kampfes ausgesetzt werden sollte, erhielt er den Befehl über diese
Wachmannschaft.

Sobald man in der Stadt die Ankunft von Feinden gewahr wurde, stellte sich
diesen eine mächtige Schar von kampferprobten Männern entgegen. Es
entspann sich ein heißer Kampf, in dem sich die Ragnarsöhne tapfer schlugen. Ivar wurde auf einem Schild mitgetragen und erlegte mit seinem
mächtigen Bogen so viele Feinde, dass die Schlacht schließlich eine günsti-
ge Wendung nahm.

Inzwischen hatte Rögnvald unmutig mit angesehen, wie hart seine Brüder
zu kämpfen hatten. Schließlich hielt es ihn nicht mehr bei den Schiffen,
denn er meinte, seine Brüder hätten ihn nur zurückgelassen, weil sie allein
allen Ruhm ernten wollten. Er befahl daher seiner Mannschaft ihm in die
Schlacht zu folgen und sogleich verließ er mit ihnen den Strand und griff an
ihrer Spitze in die Schlacht ein. Es kam zu einem schweren Handgemenge
und dabei fand Rögnvald mitten im kühnen Vordringen den Tod. Seine Brüder aber brachen endlich den Widerstand ihrer Gegner und stürmten auf die
Burg der Stadt los, in die sie sich den Eintritt erzwangen. Wohl wehrten die
Burgmannen sich tapfer, schließlich aber mussten sie fliehen und damit war
der Sieg errungen. Mit reicher Beute kehrten die drei Brüder zu ihren Schiffen zurück, nachdem die Burgmauern niedergerissen worden waren.

Ragnars Verlobung mit Ingibjörg

R agnar Lodbrok hielt mit König Eystein, der über Schweden herrschte, gute Freundschaft. Die beiden besuchten einander abwechselnd
jeden Sommer und dabei gab es jedes Mal ein großes Gelage und reichliche
Bewirtung. Als in einem Sommer wieder einmal die Reihe an Ragnar war,
reiste er so, wie er es gewohnt war, mit seinem Gefolge nach Uppsala und
wurde von König Eystein gut aufgenommen. Als die beiden Könige am
ersten Abend beim festlichen Trunk in der Halle saßen, schenkte ihnen
Ingibjörg, Eysteins Tochter, ein. Ingibjörg war sehr schön und anmutig und

so kam es, dass Ragnars Gefolgsmänner untereinander sprachen, dass es richtig wäre, wenn Ragnar um sie werben und sich von der Bauerntochter Kraka trennen würde. Einer von ihnen trug Ragnar vor, wie wenig es sich für ihn schicke, eine Frau von so niederer Abstammung zum Weib zu haben, und dass die schöne Ingibjörg die rechte Gattin für ihn wäre. Ragnar war für Ingibjörgs Schönheit nicht blind und schließlich stimmte er dem unklugen Rat seiner Gefolgsmänner zu. Er hielt um Ingibjörg an und Eystein willigte ein. Die Ehe sollte aber nicht sogleich geschlossen werden, sondern die beiden Könige vereinbarten eine Frist, nach deren Ablauf Ragnar kommen und Ingibjörg zur Frau nehmen sollte.

Als das Gelage zu Ende war, nahm Ragnar von seinem Gastfreund Abschied und kehrte nach Dänemark zurück. Der Weg zu seiner Burg führte durch einen großen Wald; dort ließ Ragnar seine Mannen halten und gebot ihnen, seine Verlobung mit Ingibjörg zu verschweigen. Wer diesen Befehl missachte, müsse mit dem Tod dafür büßen. Zu Haus wurde Ragnar von seinen Leuten willkommen geheißen. Als er inmitten seiner Mannen auf dem Hochsitz saß, kam auch Kraka in die Halle, begrüßte ihn freundlich wie immer und fragte ihn, ob es Neuigkeiten gebe. Ragnar verneinte und sagte, es sei nichts von Bedeutung vorgefallen.

Als dann die beiden nachts allein waren, wiederholte Kraka ihre Frage; Ragnar gab aber dieselbe Antwort wie zuvor. Da sagte Kraka: »Wenn schon du mir keine Neuigkeiten erzählen willst, so muss ich es tun, denn man nennt es mit Recht eine Neuigkeit, wenn ein König sich mit einem Mädchen verlobt, obwohl er bereits mit einer anderen Frau vermählt ist.« Da meinte Ragnar, einer seiner Gefolgsmannen habe sein Geheimnis verraten, und fragte Kraka, wer ihr das gesagt habe. Kraka antwortete: »Du brauchst deine Mannen nicht des Verrats anzuklagen, denn keiner von ihnen hat mir von deiner Verlobung erzählt. Als du es deinen Mannen verbotest, etwas von Ingibjörg verlauten zu lassen, saßen auf dem Baum über euch drei Vögel; die sagten mir alles, was du nun verbergen wolltest. Ich bitte dich aber, dass du deine Absicht aufgibst dich mit Eysteins Tochter zu vermählen. Denn nun ist es an der Zeit, dir zu berichten, dass ich nicht die

Tochter des elenden Paares bin, bei dem du mich einst angetroffen hast, und dass mein wahrer Name nicht Kraka ist, sondern Aslaug, und dass mein Vater ein König war.« Sie berichtete ihm vom Geschick ihrer Eltern und dass ihr Pflegevater Heimir sie bei deren Untergang gerettet habe, selbst aber durch Aki und Grima sein Ende gefunden habe. »Zum Zeichen aber, dass ich dir die Wahrheit verkünde, wird sich an dem Knaben, den ich nun zur Welt bringen werde, ein Zeichen finden: Es wird scheinen, als ob eine Schlange um sein Auge liege.« Ragnar wunderte sich sehr, aber er unterließ doch die Fahrt nach Schweden, die er vorhatte. Als das Kind zur Welt kam, fand sich wirklich das Zeichen an ihm. Ragnar gab dem Knaben den Namen Sigurd und beschenkte ihn mit einem Goldring, den er bis dahin selbst getragen hatte. Von der Schlange aber, die in seinem Auge sichtbar war, erhielt Sigurd den Beinamen »Wurm im Auge«. Ragnar machte nun überall den wahren Namen und die Abstammung seiner Gattin bekannt und dachte nicht mehr daran, sich von ihr zu trennen.

Der Tod Agnars und Eireks

Die Frist, die Ragnar Lodbrok mit König Eystein für seine Heirat mit Ingibjörg vereinbart hatte, war längst verstrichen. Nun erkannte Eystein, dass Ragnar die Vereinbarung nicht einhalten wollte, und fühlte sich dadurch schwer in seiner Ehre verletzt. Damit hatten Friede und Freundschaft zwischen den beiden Königen ihr Ende gefunden und beide Teile wussten, dass es bald zum Kampf zwischen ihnen kommen musste.

Da beschlossen Agnar und Eirek, die Söhne Ragnars von Thora, eine Heerfahrt nach Schweden zu unternehmen. Als sie in See gingen, zeigte sich ein schlechtes Vorzeichen. Ein Mann kam nämlich unter die Rollen, über die man die Schiffe ins Meer ließ, und dabei fand er den Tod. Trotzdem ließen Agnar und Eirek nicht von ihrem Vorhaben ab und fielen in Eysteins Gebiet ein. Sobald dieser davon hörte, ließ er den Heerpfeil im Land umgehen und in kurzer Frist versammelte sich ein großes Heer, das Eystein gegen die

Ragnarsöhne ins Feld führte. Große Hoffnung aber setzte er auf eine riesige Kuh, die er Sibilja nannte und die ein Wesen von zaubrischer Art war. Diese Kuh ließ Eystein in der Schlacht vor seiner Mannschaft vorausgehen und sie erhob ein solches Gebrüll, dass die Feinde in vollständige Verwirrung gerieten, ihre Waffen gegeneinander kehrten und sich vor dem Gegner nicht mehr in Acht nehmen konnten.

So ging es auch dem Heer Agnars und Eireks; die beiden Brüder selbst aber blieben standhaft. Agnar drang immer wieder in die Schlachtreihe König Eysteins ein und fügte ihm schwere Verluste zu. Endlich aber erfüllte sich sein Schicksal und er fiel. Als Eirek dies gewahr wurde, verdoppelte er seine Angriffe, aber schließlich konnte er der Übermacht der Feinde nicht mehr widerstehen und wurde gefangen genommen. Da ließ Eystein den Kampf einstellen, Eirek aber bot er Schonung und die Hand seiner Tochter an. Eirek antwortete, nun, da sein Bruder Agnar gefallen sei, könne es keinen Frieden mehr zwischen ihm und Eystein geben und er wolle auch von einer Verbindung mit Ingibjörg nichts wissen. Er bat jedoch um Schonung und freien Abzug für seine Mannen. Das gestand ihm Eystein zu, Eirek aber wünschte sich den Tod. Auf seinen Wunsch wurden viele Speere in den Boden gestoßen; auf sie hinauf hob man Eirek, sodass die Speerspitzen in seinen Leib eindrangen und ihn töteten. Bevor er starb, warf er seinen Mannen einen Ring zu und bat: »Überbringt diesen Ring Aslaug und berichtet ihr, welches Ende ich gefunden habe. Ich weiß gewiss, dass sie meinen Tod ihren tapferen Söhnen verkünden wird!«

Die Rache

Als die Boten mit der Nachricht vom Tod der Ragnarsöhne nach Dänemark kamen, weilte Ragnar nicht im Land und auch die jüngeren Halbbrüder Agnars und Eireks waren noch nicht von ihrer Heerfahrt heimgekehrt. So war Aslaug allein, als die Boten den Ausgang des Feldzuges gegen Eystein verkündeten. Sie überbrachten den Ring, den Eirek ihr ge-

sandt hatte, und berichteten ihr, welches Ende er gefunden hatte. Da sahen
sie, dass Aslaug weinte – das war weder vorher geschehen noch sah man es
jemals nachher –, ihre Tränen aber waren rot wie Blut. Als die Boten ausgesprochen hatten, antwortete sie, an Rache könne sie erst denken, wenn Ragnar und seine Söhne wieder im Land seien.
Noch vor Ragnar Lodbrok kehrten Ivar ohne Knochen und seine Brüder
von ihrer Heerfahrt heim. Sie hatten in siegreichen Kämpfen Ruhm erworben, mussten aber auch Aslaug den Tod ihres Sohnes Rögnvald berichten.
Aslaug nahm die Botschaft gefasst entgegen. »Er war der Jüngste von
euch«, sagte sie, »aber er war tapfer, und ohne Furcht ist er zu Odin gefahren. Größeren Ruhm hätte er nicht erringen können, auch wenn er länger
gelebt hätte.« Dann aber fuhr sie fort: »Auch ich habe euch eine Neuigkeit
zu melden – den Tod Eireks und Agnars. Euch kommt es zu, Rache zu nehmen, und ich will euch darin beistehen, so gut ich kann.« Ivar wusste
jedoch, wie schwer es war, gegen König Eystein zu kämpfen – hatte doch
dieser in der Kuh Sibilja eine Hilfe, gegen die selbst die größte Tapferkeit
machtlos war. Er antwortete daher auf Aslaugs Bitten, dass es sinnlos wäre,
gegen König Eystein zu ziehen. Da sprach Aslaug:

> »Nicht ein Halbjahr wärt ihr
> ungerächt gewesen,
> wärt ihr als die Ersten
> von der Erd geschieden
> – unverhohlen sag ich's –,
> hätten noch das Leben
> Eirek sowie Agnar,
> die nicht ich geboren.«

Ivar blieb trotzdem bei seiner Weigerung und sagte, man könne nicht gegen
Eystein kämpfen, bevor die Kuh Sibilja nicht beseitigt sei.
Schon hatte Aslaug die Hoffnung aufgegeben ihre Söhne zur Rache zu be-
wegen, als der noch unmündige Sigurd Wurm im Auge das Wort nahm:

»In drei Nächten ist die
Heerfahrt ausgerüstet
– lang ist's übers Meer hin –,
sorgt nur das dich, Mutter.
Auf der Schweden Hochsitz
hockt nicht länger Eystein,
bietet er auch Buße,
beißen nur die Schwerter.«

Da wurden die Brüder anderen Sinnes. Björn sagte, wenn er auch bisher nichts gesprochen habe und ihm auch kein Wurm im Auge glühe, so habe er doch ein tapferes Herz und gedenke der toten Brüder, die ihm stets zugetan gewesen seien. Ihm schloss sich Hvitserk an: »Ist es auch Winter«, sprach er, »und der Hafen vereist, so will ich doch nicht zögern die Fahrt nach Schweden anzutreten – ich werde das Eis vor dem Schiffsschnabel zu brechen wissen!« Als Ivar den einmütigen Entschluss seiner Brüder erkannte, wollte er ihnen seine Hilfe nicht versagen. Er riet sogleich die Schiffe auf das Beste auszurüsten und tüchtige Mannschaft zu versammeln. »Nur dann«, schloss er, »können wir den Sieg gegen König Eystein erhoffen, wenn wir es an nichts fehlen lassen. Nun wurde alles darangesetzt, in kürzester Frist die Schiffe auszurüsten und die notwendige Mannschaft aufzubieten. Außer der Flotte sollte ein Heer auf dem Landweg gegen Schweden ziehen, das Aslaug führen sollte. Als Heerführerin nannte sie sich Randalin, »Schildträgerin«, und davon behielt sie für alle Zukunft diesen Namen.

Flotte und Heer erreichten glücklich den Ort, an dem sie sich nach dem Plan Ivars vereinigen sollten, und sobald sie in König Eysteins Reich gekommen waren, richteten sie arge Verheerungen an.

Durch Flüchtlinge erfuhr Eystein von dem Geschehenen und wusste sogleich, was für Feinde da gegen ihn ausgezogen waren. Als er sein Heer versammelt hatte, beschloss er, wie sonst die Kuh Sibilja vor seiner Schlachtordnung herlaufen zu lassen. Als Ivar das sah, gebot er den Leuten, die ihn auf einem Schild in den Kampf trugen, sie sollten der Kuh entgegeneilen. Er führte einen Bogen von so gewaltiger Stärke, dass nur er ihn spannen konnte. Von diesem Bogen entsandte er riesige Pfeile und jedes Mal, wenn er abschoss, erklang die Sehne so laut, wie man es noch nie gehört hatte. Als Ivar nahe genug an die Kuh herangekommen war, schoss er hintereinander zwei Pfeile auf sie ab und traf sie damit in beide Augen. Da stürzte sie und fiel mit dem Kopf zu Boden, dann aber brüllte sie noch lauter als zuvor, erhob sich und stürzte wie rasend in die Richtung, in der sich Ivar befand. Da befahl Ivar den Trägern, sie sollten ihn auf die Kuh werfen. Er schien nun leichter zu sein als ein Kind und so konnten sie seinen Auftrag mit solchem Geschick ausführen, dass Ivar der Kuh auf den Rücken fiel. Da wurde er so schwer wie ein Berg und davon zerbrachen der Kuh alle Knochen und sie verendete auf der Stelle.

Ivar ließ sich wieder auf den Schild heben und rief, dass das ganze Heer ihn hören konnte: »Nun ist unser ärgster Feind dahin, und wenn ihr tapfer angreift, ist uns der Sieg gewiss!« Wohl kam es noch zu einem harten Kampf, aber die Ragnarsöhne eilten ihren Mannen so kühn voran und drangen so unwiderstehlich in König Eysteins Schlachtordnung ein, dass die Schweden ihren Widerstand aufgaben. König Eystein fiel in dieser Schlacht und damit war der Sieg errungen. Da sagte Ivar, er wolle in dem führerlos gewordenen Land keinen Krieg mehr führen. Agnar und Eirek seien nach Gebühr gerächt. Den Schweden wurden Friede und Schonung gewährt und Randalin kehrte mit einem Teil des Heeres nach Hause zurück, während ihre Söhne sich neuen Taten zuwandten.

Ragnar Lodbroks Tod

Während König Ragnars Söhne durch ihren Rachezug gegen König Eystein und durch ihre tapferen Taten, die sie auf ihren weiteren Kriegsfahrten verrichteten, immer höheren Ruhm erwarben, war König Ragnar heimgekehrt in sein Reich. Er dachte aber, dass der Ruhm seiner Söhne nun schon den seinen weit überstrahle, und sann darüber nach, wie er es ihnen gleichtun könne. Da ließ er zwei Handelsschiffe von gewaltiger Größe bauen und im ganzen Reich Waffen herstellen. Als ihn Randalin fragte, was er vorhabe, gab er ihr zur Antwort, dass er gegen England ziehen wolle, wo damals König Ella herrschte. Sie sagte darauf, dass es gefährlich sei, mit zwei Handelsschiffen, seien sie auch noch so groß, ein solches Wagnis zu unternehmen, und riet ihm lieber so wie einst mit vielen Kriegsschiffen auszuziehen, zumal dann die Landung viel leichter sein würde. Ragnar aber antwortete: »Mit vielen Kriegsschiffen ein Land zu erobern, das ist keine besonders ruhmreiche Tat. Das aber ist ohne Beispiel, dass ein Land wie England mit nur zwei Schiffen gewonnen wird.« Sobald die beiden Schiffe fertig ausgerüstet waren und die Mannschaft bereitstand, trat Ragnar seine Fahrt an. Randalin begleitete ihn zum Hafen und dieser Abschied ging ihr besonders zu Herzen, denn sie wusste genau, wie gefährlich das Unternehmen war, zu dem ihr Gatte auszog.

Als Ragnar nahe an die Küste Englands herangekommen war, erhob sich ein so furchtbarer Sturm, dass seine beiden Schiffe scheiterten. Das Heer konnte sich aber aus diesem Schiffbruch retten und Waffen und Kleider bergen, sodass Ragnar seinen Feldzug beginnen und alle Siedlungen und Schlösser einnehmen konnte, auf die er dabei stieß.

König Ella, der damals über England gebot, hatte längst einen Angriff Ragnar Lodbroks erwartet und daher überall Wachen aufgestellt, die ihn sogleich benachrichtigen sollten, wenn irgendwo ein Heer lande. Auf diese Weise erfuhr er bald, dass Ragnar in England eingefallen war, und bot unverzüglich die gesamte waffenfähige Mannschaft seines Reiches zum Kampf gegen die Angreifer auf. Da versammelte sich schnell ein Heer von gewaltiger Größe und beide Gegner rüsteten zum Kampf. König Ella schärfte aber seinen Kriegern ein: »Wenn wir in dieser Schlacht siegen, so hütet euch davor, Ragnar Lodbrok anzugreifen; denn wenn er fällt, dann werden seine Söhne niemals müde werden seinen Tod zu rächen.«

Als Ragnar zum Kampf aufbrach, führte er keine anderen Waffen als Schild und Helm sowie den Spieß, mit dem er einst den Lindwurm erlegt hatte, in dessen Gefangenschaft Thora gewesen war. Da Ragnars Heer weit kleiner

war als das König Ellas, war er schwer im Nachteil und es dauerte nicht
lange, bis ein großer Teil seiner Mannschaft gefallen war. Wo er selbst
kämpfte, erlitten zwar Ellas Gefolgsmannen schwere Verluste, aber
schließlich kam es dahin, dass alle seine Mannen gefallen und nur er allein
noch unbezwungen war. Da schlossen ihn die Feinde zwischen ihren Schilden ein, sodass er seinen Spieß nicht mehr gebrauchen konnte. Auf diese
Weise wurde er gefangen genommen. Als man ihn fragte, wer er sei, gab er
keine Antwort. Da sagte König Ella, man solle den Gefangenen in einen
Schlangenzwinger werfen und so lange darin lassen, bis er spreche. Wenn
er aber etwas sage, woraus man entnehmen könne, dass er Ragnar Lodbrok
sei, solle man ihn sogleich herausziehen.

Obgleich sich die Schlangen von allen Seiten an Ragnar hefteten und ihm
schwere Qualen bereiteten, verriet er trotzdem nicht, wer er war. Als er den
Tod herannahen fühlte, sprach er die Verse:

> »Grunzen würden die Ferkel,
> wüssten des Ebers Not sie.
> Schwere Schmerzen leid ich:
> Schlangen stechen mich,
> die gewundnen Würmer
> saugen an mir gewaltig.
> Bald bin ich verblichen,
> zerbissen von den Nattern.«

Ragnar ließ in diesem Schlangenzwinger sein Leben, aber obgleich er sein
Geheimnis bis in den Tod bewahrt hatte, war doch König Ella davon überzeugt, dass der Gefangene, der so hartnäckig geschwiegen hatte, kein anderer gewesen war als Ragnar. Um Sicherheit zu gewinnen, welche Vergeltung ihm wohl bevorstehe, sandte er Boten nach Dänemark, um Ragnars
Söhnen den Tod ihres Vaters zu melden.

Als die Boten nach Dänemark kamen, waren die Ragnarsöhne soeben von
langen und erfolgreichen Kriegszügen heimgekehrt. Auf ihren Wunsch

wurden die Boten vor Ivar und dessen Brüder geführt, und als sie erklärten, sie seien gekommen, um Ragnar Lodbroks Tod zu melden, fragte Ivar genau, wie sich alles zugetragen habe. Die Boten erfüllten seinen Wunsch, und als sie von Ragnars Versen erzählten, die mit den Worten begannen: »Grunzen würden die Ferkel«, schüttelte Björn den Speer, den er umfasst hatte, so heftig, dass der Schaft in zwei Stücke zerbrach.

Sigurd Wurm im Auge hielt gerade ein Messer in der Hand; während er den Worten der Boten lauschte, drang ihm das Messer, ohne dass er etwas davon merkte, bis auf den Knochen in die Finger und Hvitserk, der gerade beim Brettspiel gesessen hatte, presste einen Spielstein, den er in der Hand hielt, so sehr, dass ihm das Blut aus den Nägeln spritzte. Ivar, der für seine Brüder das Wort führte, erkundigte sich mit ruhiger Stimme nach allen Einzelheiten. Dabei wurde sein Gesicht bald totenblass, bald rot und blau; das kam von dem Zorn, der in seiner Brust tobte.

Als König Ellas Boten ihren Bericht beendet hatten, schlug Björn vor, man solle die Rache damit beginnen, dass die Boten erschlagen würden. Ivar dagegen erklärte, dass die Boten in Frieden gehen sollten, und wenn es ihnen an etwas mangle, so solle man es ihnen geben. Diese aber eilten, da sie ihren Auftrag erfüllt hatten, zu ihrem Schiff zurück und segelten nach England, wo sie König Ella berichteten, wie es ihnen ergangen war und wie sich die Ragnarsöhne beim Anhören ihrer Botschaft verhalten hatten. Da sagte König Ella, von allen Brüdern habe er nur Ivar zu fürchten, die anderen würden ihm und seinem Reich nicht gefährlich werden.

Der Rachezug der Ragnarsöhne

Inzwischen berieten Ragnars Söhne, wie sie ihren Vater am besten rächen könnten. Ivar erklärte, er wolle an einem Kriegszug gegen König Ella weder selbst teilnehmen noch Mannschaft dafür stellen. Ragnar habe Ella ohne Grund angegriffen und sein Unternehmen schlecht angefangen; es sei ihm so ergangen wie manchen anderen, die zu Unrecht Gewalt gebraucht und dabei ein ruhmloses Ende gefunden hätten. »Wenn mir daher König Ella Buße für den Tod Ragnars zahlen will«, schloss er, »so bin ich bereit mich mit ihm zu vergleichen.«

Darüber erzürnten sich seine Brüder heftig. Sie riefen aus, dass es schmachvoll für sie wäre, wenn sie auf die Vaterrache verzichten sollten, und bestanden darauf, sogleich eine Flotte auszurüsten und damit den Rachezug zu beginnen. Ivar erklärte jedoch, die Schiffe, die unter seinem Befehl stünden, würden an diesem Unternehmen nicht teilnehmen. Lediglich sein eigenes Schiff solle die Fahrt mitmachen. Als jedoch bekannt wurde, dass Ivar nicht wie sonst die Heerfahrt leiten wolle, fassten die Mannen kein rechtes Zutrauen zu der Sache und so fand sich weit weniger Mannschaft zusammen, als das sonst der Fall gewesen war. Die Brüder brachen trotzdem auf; aber als es dann zum Kampf gegen König Ella kam, nahm Ivar nicht daran teil und schließlich mussten die Brüder fliehen. Da sagte Ivar, er wolle nicht mit ihnen nach Dänemark zurückkehren; sie sollten allein das Reich verwalten und ihm lediglich so viel Vermögen senden, als er verlange. Jetzt indes wolle er sehen, ob ihm König Ella nicht den Tod Ragnars büßen wolle. Damit trennten sie sich, und während die Brüder die Rückfahrt antraten, begab sich Ivar zu König Ella. Er sagte zu diesem, er wolle mit ihm einen Vergleich schließen, denn das scheine ihm klüger, als sein und seiner Mannen Leben aufs Spiel zu setzen. König Ella wollte diesem Angebot nicht recht trauen und meinte, Ivar führe Verrat im Schilde. Dieser jedoch antwortete, er stelle nur eine geringe Forderung, und wenn Ella darauf eingehe, so wolle er schwören niemals gegen ihn zu kämpfen. Da fragte ihn Ella, was er verlange, und Ivar antwortete, er wolle nur so viel Land, als er mit einer Ochsenhaut umspannen könne. Ella meinte, diesen Wunsch wolle er Ivar gern erfüllen, denn es könne ihm keinen Schaden bringen, wenn dieser ein solch kleines Stück Land besitze; sei ihm aber Ivar getreu, dann brauche er dessen Brüder nicht zu fürchten.

So wurde denn der Vertrag geschlossen: Ivar schwor einen Eid, niemals gegen Ella zu kämpfen, und dafür sollte er so viel von England erhalten, als er mit der größten Ochsenhaut umspannen könne, die er aufzutreiben vermöge. Da nahm Ivar die Haut eines alten Ochsen, ließ sie einweichen und dreimal ausdehnen. Dann ließ er sie in schmale Riemen schneiden und Haar und Fleischseite voneinander trennen. Daraus ergab sich ein Riemen von solcher Länge, dass es niemand für möglich gehalten hätte, und als Ivar diesen dann auf einer Ebene auslegen ließ, umschloss er ein Gebiet von solcher Größe, dass darauf eine Burg erbaut werden konnte. Diese Burg erhielt den Namen Lundunaborg und dort entstand die größte und berühmteste Stadt in den Nordlanden – London.

König Ellas Tod

Ivar erwies sich beim Bau als höchst freigebiger Mann, und da er außerdem jedem, der sich an ihn wandte, klugen und verlässlichen Rat gab, war er bald überall sehr beliebt. Auch König Ella stand er bei der Verwaltung des Landes zur Seite und zeigte sich stets als williger Helfer.

So fasste Ivar im Land festen Fuß und niemand hegte Argwohn gegen ihn. Da sandte er Boten zu seinen Brüdern und verlangte von ihnen, sie sollten ihm eine große Menge von Silber und Gold schicken. Die Boten richteten in Dänemark ihren Auftrag aus und erzählten auch, wie es mit Ivar stand. Da meinten die Brüder zwar, dass Ivar die Gesinnung, die er früher gezeigt hatte, geändert habe, doch erfüllten sie sein Verlangen, sodass die Boten mit reichem Gut zu ihm zurückkehrten.

Ivar behielt jedoch seinen Reichtum nicht für sich, sondern verschenkte alles an die mächtigsten Männer im Land, die er sich auf diese Weise geneigt machte, während Ella viele Gefolgsleute entzogen wurden. Ivar ließ sich von seinen Anhängern auch geloben, dass sie sich ruhig verhalten wollten, wenn es zum Krieg gegen König Ella komme.

Als dies alles geschehen war, forderte Ivar seine Brüder auf, sie sollten nunmehr ein großes Kriegsheer aufbieten und damit nach England ziehen. Da erkannten diese seine wahre Gesinnung und schlossen aus der Botschaft, dass Ivar nun die Hoffnung hege über König Ella den Sieg zu erringen. Sie brachten aus allen ihren Herrschaftsgebieten ein mächtiges Heer zusammen und segelten damit, so schnell sie konnten, nach England. König Ella hatte sich dessen nicht versehen, und da die Fahrt schnell vonstatten ging, erhielt er auch vor der Ankunft seiner Feinde keine Nachricht von der drohenden Gefahr. Als er dann erfuhr, dass ein mächtiges Heer gelandet sei, bot er wohl seine Mannschaft auf, aber die Zahl seiner Leute war weit geringer als sonst, weil Ivar viele davon an sich gezogen hatte. Dieser sagte zu König Ella, er habe keine Macht über seine Brüder und könne sie daher nicht von dem Feldzug abhalten; doch wolle er versuchen sie dahin zu beeinflussen, nicht mehr weiter vorzurücken. König Ella war damit einverstanden, aber als Ivar zu seinen Brüdern kam, riet er ihnen sobald wie möglich eine Schlacht zu erzwingen, da König Ella nur über ein weit schwächeres Heer gebiete als sie.

Als er darauf zu König Ella zurückkehrte, berichtete er: »Vergeblich habe ich versucht zwischen dir und meinen Brüdern den Frieden zu vermitteln, denn sie wollen davon nichts wissen und dich sogleich angreifen. Es ist also an der Zeit, dass du dein Heer in Schlachtordnung aufstellst. Ich aber werde meinen Eid halten und nicht gegen dich kämpfen, sondern mich mit meinem Heer abseits halten, wie immer die Schlacht zwischen euch auch ausgehen mag.«

Als dann der Kampf begann, ließen die Ragnarsöhne ihrem lange Zeit zurückgehaltenen Grimm freie Bahn und stürmten unwiderstehlich gegen König Ellas Heer an. Auch ihre Mannen folgten ihnen tapfer in den Kampf, und da König Ellas Heer weit schwächer war, musste er mit seiner Mannschaft fliehen. Er wurde aber eingeholt und gefangen genommen und Ivar riet an ihm nun den Tod Ragnar Lodbroks zu rächen. Diesem Rat pflichteten seine Brüder bei und so musste König Ella sein Leben lassen.

Nun war das Ziel der Ragnarsöhne erreicht, denn König Ella war tot und England in ihrer Hand. Da sagte Ivar zu seinen Brüdern, er wolle ihnen den Anteil an der Herrschaft über das Reich abtreten, das ihnen gemeinsam gehörte, selbst aber in England bleiben und dort die Herrschaft führen. Darauf zogen Hvitserk, Björn und Sigurd nach Dänemark zurück.

So hatten sich die Söhne Ragnar Lodbroks eine gewaltige Herrschaft erfochten, aber sie zogen – jeder mit seinem Heer für sich allein – auch weiterhin zu großen Taten aus. Hvitserk büßte auf einer gefahrvollen Ostfahrt sein Leben ein und seine Mutter Randalin, die ihren hohen Sinn auch im Alter bewahrte, fand Trost in dem Bewusstsein, dass ihr Sohn als hochberühmter Held gestorben war. Björn wurde Ahnherr eines mächtigen Geschlechtes, das auf der Insel Island Heimstatt fand. Sigurds Tochter Ragnhild aber wurde die Mutter König Harald Schönhaars, der ganz Norwegen unter seiner Herrschaft vereinigte. Ivar ohne Knochen herrschte – wie er es sich gewünscht hatte – lange Jahre glücklich über England. Als er hochbetagt den Tod nahen fühlte, bestimmte er die Stelle seines Landes zur Begräbnisstätte, die am meisten feindlichen Überfällen ausgesetzt war. Er wollte noch im Tod sein Reich behüten und niemandem den Sieg gönnen, der dort an Land ging. So hielt er dem Land, das ihm zur Heimat geworden war, auch im Tod die Treue und vergalt dessen Bewohnern die Anhänglichkeit, die sie ihm zu Lebzeiten erwiesen hatten.

AMLETH

Horwendill und Fengo

Zur Zeit, da König Hrörek als Herrscher über das mächtige dänische Reich gebot, lebte in Jütland als sein Statthalter ein tüchtiger Mann namens Gerwendill. Bei seinem Tod hinterließ dieser zwei Söhne, Horwendill und Fengo. König Hrörek, der Gerwendill wegen seiner Treue geachtet und geliebt hatte, übertrug seine Zuneigung auch auf die beiden Söhne des Statthalters und betraute sie mit demselben Amt, das ihr Vater lange Jahre ausgeübt hatte. Die beiden Brüder waren einander in ihrem Wesen sehr unähnlich und es zeigte sich bald, dass Horwendill im Gegensatz zu Fengo ein tatenfroher und kühner Mann war, der durch ausgedehnte und erfolgreiche Wikingfahrten in kurzer Zeit großen Ruhm erwarb. Sein Ansehen stieg ganz gewaltig, als er den Norwegerkönig Koll, der ihm seinen Ruhm neidete und daher Streit mit ihm suchte, im Zweikampf besiegte. Horwendill zeigte bei diesem Kampf, dass er nicht nur stark und tapfer war, sondern auch den in ehrlichem Kampf besiegten Gegner ritterlich achtete. Da Koll kurze Zeit später seinen im Zweikampf erhaltenen Wunden erlag, ließ er ihn mit allen Ehren bestatten und hielt zum Gedenken an den Toten ein feierliches Leichenmahl.

König Hrörek wusste seinen Statthalter wohl zu schätzen; Horwendill stieg immer mehr in seiner Gunst und schließlich erhielt er sogar Geirthrud, Hröreks Tochter, zur Gemahlin. Sie schenkte Horwendill einen Sohn, den er Amleth nannte.

Mit Neid und Hass verfolgte Fengo die glänzenden Erfolge seines Bruders und schließlich lockte er Horwendill arglistig in einen Hinterhalt und ermordete ihn. Um seine Bluttat zu rechtfertigen, ersann er gegen den Toten eine schwere Verleumdung; er behauptete, Horwendill habe seine Gattin Geirthrud rücksichtslos und grausam behandelt. Er habe das nicht mehr dulden können und deshalb die Tat vollbracht. Nachdem er auf diese Weise den Bruder beseitigt und das Volk durch seine Verleumdung beschwichtigt hatte, übernahm er allein die Statthalterschaft. Geirthrud aber, die Witwe Horwendills, nahm er zum Eheweib.

Amleths Verstellung

Horwendills Sohn Amleth wusste genau, dass sein tückischer Onkel, der sich nach dem Brudermord noch obendrein an der Ehre Horwendills vergangen hatte, darauf sann, auch ihn zu beseitigen, um sich vor Vergeltung zu schützen. Da er der Verfolgung entgehen wollte, tat er, als habe er den Verstand verloren. Er beschmierte sich und die Gemächer seiner Mutter, in denen er sich meist aufhielt, mit Kot und wälzte sich, scheinbar seiner Sinne nicht mächtig, am Boden, sodass sein Anblick jedermann anwiderte. Oft saß er in der Küche am Herd und wühlte mit den Händen in der Asche. Dann wieder beschäftigte er sich mit scheinbar sinnlose Spielen und schnitzte hölzerne Klammern, die er mit Widerhaken versah und im Feuer härtete. Fragte man ihn, was er da treibe, so antwortete er, er richte scharfe Spieße her, um damit seinen Vater zu rächen.

Wenn nun auch die meisten über sein Benehmen und seine törichten Worte lachten, so erregte doch die Geschicklichkeit, die Amleth beim Schnitzen der Klammern bewies, bei anderen Argwohn und Verdacht. Fengo ließ nämlich den Neffen, vor dem ihn sein schlechtes Gewissen warnte, stets scharf beobachten, und als er von dem sonderbaren Tun Amleths erfuhr, beschloss er sogleich, ihn auf die Probe zu stellen, um zu erfahren, ob er wirklich wahnsinnig sei oder sich nur verstelle. Amleth war von Kindheit an gemeinsam mit einem Mädchen erzogen worden, das er als seine Ziehschwester herzlich liebte und dem er stets volles Vertrauen geschenkt hatte. Fengos Ratgeber planten den beiden Gelegenheit zu einer scheinbar ganz ungestörten Aussprache zu geben, sie aber dabei zu belauschen. So hofften sie die Wahrheit zu ergründen.

Amleth wurde dazu überredet, zusammen mit einigen jungen Leuten einen Ritt in einen abgelegenen Wald zu unternehmen, und erklärte sich dazu bereit, obwohl er wie immer misstrauisch war. Schon als er sein Ross besteigen sollte, stellte er sich höchst ungeschickt an und setzte sich schließlich verkehrt in den Sattel, sodass er sein Gesicht dem Schwanz des Tieres zuwendete, den er aufzäumte, als wolle er das Pferd auf diese Weise lenken. Er war nicht zu bewegen, von diesem Gehaben abzulassen, und so ging das Ross ohne Zügel dahin, während sein Reiter es am Schwanz zu lenken versuchte. Unterwegs begegnete der Reiterschar ein Wolf und einer von Amleths Begleitern rief ihm zu, er solle auf das schöne Füllen achten, das ihnen da in den Weg komme. Amleth ließ sich jedoch nichts anmerken und antwortete nur, es sei schade, dass nicht mehr solche Tiere in Fengos Herde zu finden seien. Da meinten die anderen, Amleth habe sich wirklich täuschen lassen, und lachten über seine törichte Rede; sie ahnten nicht, dass hinter dem scheinbaren Unsinn eine geheime Bedeutung verborgen lag, denn Amleth meinte mit der Herde das Heer Fengos, in dem es allzu wenig tapfere Kämpfer gab.

Der Weg führte ein Stück am Meeresstrand dahin, wo das Steuerruder eines gestrandeten Schiffes lag. Einer der Reiter wies es Amleth und sagte dazu, das sei ein großes Messer; dieser aber antwortete, das sei richtig – mit diesem Messer könne man einen großen Schinken schneiden. Auch darüber lachten die anderen, Amleth aber hatte mit dem Schinken das Meer gemeint, das vom Steuerruder durchfurcht wird, so wie das Messer durch den Schinken schneidet. Um sich über den Toren noch mehr lustig zu machen, wies einer aus der Schar auf den Sand der Dünen und sagte zu Amleth, das seien Grieskörner. Amleth war jedoch um eine passende Antwort nicht verlegen. Er tat, als glaube er dem anderen, und sagte, diesen Gries hätten die Meerstürme gemahlen. In ihrer Verblendung erkannten aber die Spötter nicht, dass Amleth nur in kluger Weise den Vergleich zwischen dem Sand und dem Gries weitergeführt hatte.

Als man an dem Ort angelangt war, wo Amleth mit seiner Ziehschwester zusammentreffen sollte, ließen ihn seine Begleiter wie aus Zufall allein und alsbald trat ihm auch das Mädchen entgegen. Nun war aber unter Fengos Söldlingen auch ein Spielgefährte aus Amleths Kindertagen, der nach Horwendills Tod zwar notgedrungen in den Dienst Fengos getreten war, Amleth aber immer noch gewogen war und ihm die Treue hielt. Da er wusste, welchen Zweck diese Begegnung hatte, beschloss er Amleth zu warnen. Er fing eine Bremse, band ihr ein Stück eines Strohhalms auf den Rücken und ließ sie so fliegen, dass Amleth sie sogleich gewahr wurde. Scharfsinnig erkannte dieser, was das zu bedeuten habe. Korndiebe, deren Vergehen man besonders verachtete, verrieten sich nämlich häufig dadurch, dass Splitter der Ährenspitzen, die man Acheln nennt, an ihren Kleidern hängen blieben. Die Übeltäter konnten selbst nicht sehen, was sie da am Rücken trugen, wohl aber war ihr Vergehen auf diese Weise sogleich erkennbar. Man nannte sie daher mit einem Spitznamen »Acheln auf dem Rücken«. Diesen Spitznamen hatte Amleths Gefährte durch das Bild der Bremse mit dem Strohhalm ausdrücken wollen und Amleth wusste nun, dass er davor

gewarnt werden sollte, sich selbst zu verraten. So wurden die Lauscher enttäuscht, und als man ihn später fragte, was er während der Abwesenheit seiner Begleiter getan habe, antwortete er, er sei ermüdet gewesen und habe
sich daher auf dem Huf eines Zugtieres, auf dem Kamm eines Hahnes und
auf den Sparren eines Daches zur Ruhe gelegt. Darüber lachten alle,
Amleth aber hatte auch diesen unsinnig klingenden Worten einen tieferen
Sinn zugrunde gelegt. Er hatte nämlich eine Wiese gemeint, auf der die
Pflanzen Huflattich und Hahnenkamm sowie Schilfrohr wuchsen.

So war dieser Anschlag ohne Ergebnis geblieben und Amleth hatte die
getäuscht, die ihn hatten überlisten wollen. Trotzdem hielt einer von Fengos Höflingen noch weiterhin an seinem Verdacht fest und beschloss noch
einen weiteren Versuch zu wagen. Fengo solle vorgeben, er müsse in einer
wichtigen Angelegenheit verreisen, Amleth aber solle in die Gemächer
seiner Mutter eingeschlossen werden. Vor ihr werde er sich gewiss nicht
verstellen und so könne man mit Sicherheit die Wahrheit ergründen.

Es geschah alles, was der Höfling vorgeschlagen hatte; dieser selbst aber
versteckte sich im Gemach Geirthruds, um zu lauschen. Amleth war jedoch
nach wie vor auf der Hut und ahnte, dass er belauscht werden solle. Er
spielte also immer noch den Verrückten, krähte wie ein Hahn und schlug
mit den Armen wie mit Flügeln. Dabei sprang er im Gemach umher und
entdeckte den verborgenen Lauscher. Sogleich zerrte er ihn aus seinem Versteck und tötete ihn mit dem Schwert.

Nun, da er sich sicher wusste, legte er die Verstellung ab und hielt seiner
Mutter mit harten Worten ihre Gemeinschaft mit dem Mörder ihres Gatten
vor. »Hast du so ganz jedes Ehrgefühl verloren«, rief er ihr zu, »dass du als
die Gattin Fengos lebst, der doch den Tod Horwendills verschuldet hat?
Über mich klagst du, weil ich als Narr verhöhnt werde; aber was ich tat,
geschah mit Absicht, weil Fengo, der seinen eigenen Bruder ermordet hat,
gewiss auch mich nicht verschonen würde. Mein Ziel aber ist die Rache für
den Mord an meinem Vater und ich warte mit Geduld, bis meine Zeit gekommen ist. Das sollst du wissen und danach sollst du handeln. Im Übrigen
aber – schweig!«

Diese Worte erschütterten Geirthrud, sie wurde von tiefer Reue ergriffen und erkannte, dass ihr Platz nur an der Seite ihres Sohnes sein konnte. Daher schwieg sie über alles, was Amleth getan und gesprochen hatte.

Amleth in England

Als Fengo zurückkehrte und seinen Ratgeber vermisste, dessen Leiche Amleth beiseite geschafft hatte, sodass alle Nachforschungen vergeblich blieben, wurde es für ihn zur Gewissheit, dass Amleth bei dem Verschwinden des Höflings die Hand im Spiel gehabt hatte und seinen Wahnsinn nur vortäuschte. Er beschloss daher sich des gefürchteten Neffen zu entledigen. Weil er aber nicht wagte, dem Mord am Bruder nun den an dessen Sohn folgen zu lassen, griff er zur List. Er sandte Amleth mit einem Auftrag an den König von England und gab ihm zwei Trabanten mit, die die geheime, in Runen auf einem Holztäfelchen eingeritzte Botschaft mit auf den Weg bekamen, der König möge Amleth töten lassen.

Amleth nahm von seiner Mutter, die er nun auf seiner Seite wusste, Abschied. Er trug ihr auf, nach einem Jahr für ihn als für einen Toten die Leichenfeier zu halten. Die Halle aber solle sie vorher mit Vorhängen ausstatten, an deren Enden sie nebeneinander Knoten anbringen solle.

Während seine beiden Begleiter schliefen, durchsuchte Amleth deren Kleider und fand dabei die in Runen geritzte Botschaft an den König von England. Sogleich änderte er den Wortlaut dahin ab, dass nicht er, sondern die beiden Trabanten hingerichtet werden sollten. Er fügte die Bitte hinzu, der König solle dem verständigen jungen Mann, den er ihm zusende, seine Tochter zur Frau geben.

Als Amleth mit seinen Begleitern in England angekommen war, wurde dem König sogleich Fengos Botschaft überreicht. Dieser las sie, ließ sich aber zunächst nichts anmerken und gab zu Ehren der Gäste ein prächtiges Mahl, bei dem er Amleth heimlich beobachtete. Da dieser im Gespräch Proben seines außergewöhnlichen Scharfsinns gab, beschloss der König die vermeintlichen Wünsche Fengos zu erfüllen. Die beiden Begleiter Amleths wurden gehängt, dieser aber erhielt wirklich die Königstochter zur Gemahlin. Amleth stellte sich indes darüber entrüstet, dass sein Schwiegervater das Gastrecht missachtet und seine beiden Begleiter hingerichtet hatte. Sie wurden ihm darauf mit Gold gebüßt. Dieses Gold schmolz Amleth im Feuer und goss es in hohle Stöcke.

Die Rache an Fengo

Nach einem Jahr nahm Amleth Abschied und kehrte nach Jütland zurück, wobei er nichts mit sich nahm als die mit Gold gefüllten Stöcke. Nach der Landung in der Heimat nahm er sogleich die alte Verstellung wieder an und über und über mit Schmutz bedeckt trat er plötzlich in die Halle, in der eben das Totenmahl für ihn gehalten wurde.

Überrascht sahen alle auf den Totgeglaubten, der nun mit einem Mal mitten unter ihnen stand. Sie ließen sich jedoch nicht davon abhalten, das einmal begonnene Trinkgelage fortzusetzen, und meinten, es sei ein guter Scherz, dass sie eine Totenfeier abhielten, bei der sich der in ihrer Mitte befinde, dem sie gelte.

Man fragte indes Amleth, wo seine beiden Begleiter seien, und da wies dieser die beiden Stöcke vor. »Da«, sagte er, »ist der eine und hier in diesem Stock der andere!« Lachend nahmen die Zecher diese Worte für ein neues Zeichen von Amleths Narrheit, doch ahnten sie nicht, was dieser damit sagen wollte – war doch das Gold in den Stöcken die Buße für die in England getöteten Männer. Wie närrisch sich Amleth aber auch stellte, gesellte er sich doch zu den Schenken und sorgte dafür, dass reichlich getrunken wurde. Tölpelhaft spielte er mit dem Schwert, das er an der Seite trug, zog es halb aus der Scheide und spielte damit, bis er sich in die Finger schnitt. Um Unheil zu verhüten, ließen die Umstehenden, die das beobachtet hatten, durch Scheide und Schwert einen Nagel schlagen, sodass es unmöglich war, die Waffe zu ziehen.

Das Gelage artete mehr und mehr aus und schließlich kam es dahin, dass die Trinker, ihrer Sinne nicht mehr mächtig, zu Boden sanken und in festen Schlaf fielen. Nun war Amleths Stunde gekommen. Er holte die einst geschnitzten Klammern herbei und schnitt die Halter des Vorhangs, der die Wand bedeckte, durch, sodass sich das Gewebe auf die Schläfer herabsenkte. Mit Hilfe der von seiner Mutter daran angebrachten Knoten verband er den Vorhang mit den Klammern zu einem solchen Gewirr, dass keiner von denen, die darunter lagen, aufzustehen vermochte. Als das geschehen war, legte er Feuer an die Halle. Diese war alsbald von Flammen umhüllt und verbrannte samt den trunkenen Zechern, von denen sich kein einziger retten konnte. Währenddessen suchte Amleth das Schlafgemach Fengos auf, nahm das über dessen Lager hängende Schwert an sich und hängte sein eigenes an dessen Stelle. Dann weckte er den Onkel und sprach: »Während du hier schläfst, verbrennen deine Helfer in der Halle – sie leisten dir in Zukunft keinen Beistand mehr! Hier nun kannst du Amleth sehen, der gekommen ist, um dir den Mord an seinem Vater zu vergelten!« Rasch ermuntert sprang Fengo vom Lager auf und griff nach dem Schwert; er vermochte es aber nicht aus der Scheide zu ziehen und Amleth stieß ihn nieder.

So wurde der feige Mord an Horwendill gerächt, Amleth aber berief eine Volksversammlung und verkündete, wie es sich in Wahrheit mit dem Tod Horwendills verhielt. »Ich habe nun«, so endete er, »meinen Vater gerächt und den Räuber der Herrschaft bestraft. Jetzt könnt ihr über alles, was geschehen ist, das Urteil fällen!« Schaudernd erkannten die Jüten, wie arg sie von Fengo hintergangen worden waren, und gaben Amleth Recht. Dieser hatte nun die Verstellung, die er so lange hatte üben müssen, für immer von sich geworfen und verrichtete in kühnen Kriegszügen viele tapfere Taten. Doch war ihm kein hohes Alter beschieden. Er fiel in der Vollkraft seiner Jahre beim harten Kampf gegen König Vigleik, den Nachfolger König Hröreks, der ihn beschuldigt hatte, er habe sich die Herrschaft über Jütland angemaßt. Vigleik war mit einem weit überlegenen Heer gegen Amleth zu Feld gezogen, und obgleich dieser wusste, dass er gegen die Übermacht unterliegen müsse, wollte er lieber in Ehren untergehen als fliehen.

So endete das Leben eines Helden, der in harter Selbstzucht Jahre hindurch Hohn und Spott auf sich genommen hatte, um seine Sohnespflicht, die Rache für den hingemeuchelten Vater, erfüllen zu können.

OFFA

Varmund und sein Sohn Offa

Nach seinem Sieg gegen Amleth übernahm König Vigleik die Herrschaft über Dänemark. Sein Nachfolger war sein Sohn Varmund, der das Land in einer langen Friedenszeit beherrschte. So konnten er und sein Volk sich glücklich schätzen, doch drückte ihn die Sorge, wer nach ihm König in Dänemark werden solle. Jahr um Jahr verging, ohne dass sein größter Wunsch, die Geburt eines Erben, Erfüllung fand. Schon war er betagt und glaubte auf keinen Nachkommen mehr hoffen zu dürfen, als ihm ein Sohn geboren wurde. Voll Freude gab er dem Knaben, der schon bei der Geburt groß und stark war, den Namen Offa.

Je mehr jedoch Offa heranwuchs, umso mehr war Varmund von ihm und seinem Wesen enttäuscht. Der Knabe war zwar von kräftiger Gestalt, aber er sprach kein Wort und wich scheu jedem Zusammensein mit seinen Altersgenossen aus. So galt Offa bald als beschränkt und unverwendbar und Varmunds Sorgen, derer er sich ledig geglaubt hatte, kehrten in doppeltem Maße wieder. Um seinem Sohn für die Zukunft die Unterstützung mächtiger Verwandter zu sichern, warb er für ihn um die Tochter Frowins, der als Herzog über Schleswig gebot und nicht nur selbst ein treuer, tapferer Mann war, sondern auch zwei kühne Söhne hatte, Keto und Vigo. Er meinte, dass Schwiegervater und Schwäger seinem Sohn treue Hilfe leisten würden, wenn dieser in Not geraten sollte.

Zu dieser Zeit herrschte in Schweden König Adils, ein tapferer und kriegerisch gesinnter, aber auch eroberungslüsterner Mann, der seinen Nachbarn keinen Frieden gönnte und sie allesamt seiner Herrschaft unterwerfen wollte. Dieser zog auch gegen Dänemark zu Feld. Sein erster Angriff galt Schleswig, wo ihm Frowin sogleich entgegentrat. In einer schweren Schlacht fand Frowin von seiner Hand den Tod und das führerlos gewordene Heer erlitt eine schwere Niederlage. Stolz über seinen Erfolg kehrte Adils nach Schweden zurück und rühmte sich laut seines Sieges über Frowin und dessen Heer.

Varmund war von dem Tod des getreuen Frowin, der ihm bis zu seinem Ende unwandelbar die Treue gehalten hatte, tief ergriffen. Er übergab dessen Herrschaft an Keto und Vigo, denn er vertraute fest ihrer Treue. Er täuschte sich dabei auch nicht, denn als Adils, durch seinen Sieg über Frowin sicher gemacht, aufs Neue gegen Dänemark zog, fand er dessen Söhne wachsam. Keto sandte sogleich den in vielen Kämpfen erprobten Folko zu Varmund, um ihm Nachricht zu geben. »Nun können wir Vergeltung üben«, rief der Bote aus. »Ein mächtiges Heer hat König Adils ins Land gebracht und es ist gewiss, dass er lieber im Kampf fallen als fliehen wird. Nützen wir die Gelegenheit, denn die Zeit der Rache ist gekommen!« Varmund saß gerade beim Mahl, als Folko ihm seine Botschaft ausrichtete. Müde und hungrig vom langen Ritt, schlug er dennoch Varmunds Einladung aus, sich als sein Gast zu erquicken, bevor er den Rückweg antrete, denn er meinte, nun sei jeder Augenblick kostbar. Nur einen Trunk aus goldenem Becher nahm er an, und als Varmund ihn aufforderte das kostbare Gefäß als Geschenk zu behalten, antwortete er: »Gern, oh König, nehme ich die kostbare Gabe als Zeichen deiner Huld. Das aber gelobe ich, dass ich eher mein eigenes Blut trinken will, als mich vor deinen Augen zur Flucht wenden!« Nicht lange währte es, da kam es zwischen den Dänen und den Schweden zu einer heftigen Schlacht.

Im Kampf stießen auch Folko und Adils aufeinander und maßen sich in einem schweren, langen Streit. Schließlich waren beide schwer verwundet und Adils musste sich zuletzt zur Flucht wenden. Ihm folgten seine Schweden, die nun ihre letzte Zuflucht bei ihren Schiffen suchten. Folko war Adils hart auf den Fersen, vermochte ihn aber, vom langen Kampf ermüdet und von seinen Wunden erschöpft, nicht einzuholen. Von schwerem Durst gepeinigt musste er in der Verfolgung innehalten. Da fing er im Helm sein eigenes Blut auf und trank davon. So machte er das Wort wahr, das er zu König Varmund gesprochen hatte.

Die Rache an König Adils

Der Sieg war errungen, aber die Hoffnung Ketos und Vigos, den Tod ihres Vaters rächen zu können, hatte sich nicht erfüllt. Als sie vollends hörten, Adils rühme sich ungeachtet der verlorenen Schlacht noch immer seines früheren Sieges und prahle damit, dass er Frowin erschlagen habe, stieg ihr Grimm ins Maßlose. Sie zogen allein nach Schweden und begaben sich an den Hof des Königs, wo sie vorgaben, sie seien aus ihrem Vaterland verbannte Recken. Als Adils sie nach dem Grund ihres Kommens fragte, antworteten sie in absichtlich dunkler, missverständlicher Rede: »Um eines Totschlags willen haben wir Schleswig verlassen.« Damit meinten sie nichts anderes, als dass sie gekommen seien, um Adils zu töten, dieser aber fasste ihre Worte so auf, dass sie in ihrer Heimat einen Totschlag verübt hätten und sie deshalb hätten verlassen müssen. Bald auch brachte Adils, wie er es gewohnt war, die Rede auf Frowins Tod, und als Keto sagte, man wisse nicht genau, wie es dabei zugegangen sei, da Frowin ja in einer harten Schlacht gefallen sei, antwortete Adils, darüber gebe es keine Ungewissheit – er selbst habe Frowin ganz allein getötet. Er fragte dann, ob Frowin Nachkommen hinterlassen habe, und als er zur Antwort erhielt, dass zwei Söhne da seien, wollte er wissen, wie alt sie seien und wie sie aussähen. Da antwortete Keto: »Sie sind genauso alt wie wir, ihr Aussehen gleicht dem unsrigen und an Wuchs sind wir nicht von ihnen zu unterscheiden.« Da rief Adils aus: »Wahrhaftig, hätten die beiden die Gesinnung und den Mut ihres Vaters, dann stünde mir ein arges Unwetter bevor!«
Bevor sie sich zu Adils begeben hatten, hatten die beiden Brüder ihre Waffen im Wald versteckt. Sie hatten nämlich erkundet, dass sich der König

täglich ohne jede Begleitung in diesem Wald zu ergehen pflegte. Eines Tages nun holten sie ihre Waffen aus dem Versteck und traten Adils in den Weg. Zugleich riefen sie ihm zu: »Du rühmst dich stets, du allein hättest unseren Vater Frowin erschlagen. Da ist es billig, dass wir an dir allein für ihn Rache nehmen!« Da antwortete Adils: »Töricht und vermessen handelt ihr, wenn ihr glaubt, gegen mich im Kampf bestehen zu können. Lasst euch warnen und geht nicht blindlings in den Tod! Weil ich Mitleid mit eurer Jugend habe, biete ich euch Sühne für den Tod eures Vaters und will ihn reichlich mit Gold büßen. Euch aber wird es hohen Ruhm bringen, wenn ihr sagen könnt, dass ihr von einem so mächtigen König Vaterbuße erlangt habt!« Die beiden Brüder wiesen jedoch dieses Angebot schroff zurück und riefen, dass nichts sie von ihrem Entschluss abbringen könne; Adils möge also seine Worte nicht verschwenden. Das Angebot des Königs, sie möchten gleichzeitig gegen ihn den Kampf beginnen, wiesen die Brüder zurück, denn sie hielten es für ehrenrührig, zu zweit gegen einen Gegner zu kämpfen. Keto eröffnete den Kampf und griff Adils ungestüm an, dieser aber wollte seinen Gegner schonen und deckte sich bloß gegen dessen Hiebe ohne seinerseits anzugreifen. So ging es geraume Zeit, bis es Keto gelang, mit einem mächtigen Hieb den Helm seines Gegners zu spalten. Sein Schwert schlug dabei Adils eine schwere Wunde, und als dieser merkte, dass ihn sein eigenes Blut überströmte, ergrimmte er und versetzte Keto Hieb auf Hieb, bis dieser in die Knie sank. Sobald jedoch Vigo die Lebensgefahr seines Bruders erkannte, vergaß er das Gebot der Ehre und griff Adils ebenfalls an.

Zu zweit gelang es den Brüdern, Adils zu fällen, aber sie wussten, dass ihnen diese Tat keinen Ruhm einbringen werde. Um aber nicht des Meuchelmordes beschuldigt zu werden, luden sie den Toten auf ein Ross und brachten ihn so zu den Einwohnern des nächsten Dorfes. Ihnen berichteten sie das Geschehene mit den Worten, nun hätten die Söhne Frowins am Mörder ihres Vaters Blutrache geübt. Es gelang ihnen, Schweden unversehrt zu verlassen; in der Heimat erklärte König Varmund, die beiden Brüder verdienten für ihre Tat alles Lob, denn gegen einen Feind, wie Adils es gewesen sei, hätten sie keinerlei Rücksicht nehmen müssen. Viele aber dachten nicht so wie Varmund und es hieß, durch die Art, wie Adils erschlagen worden sei, sei das alte Kampfrecht verletzt worden.

Der Kampf an der Eider

Jahr um Jahr verging und König Varmund war nun schon so hochbetagt, dass er nicht mehr fähig war als Kämpfer in die Schlacht zu ziehen. Um so mehr drückte ihn die Sorge um seinen Sohn, der sein Wesen unverändert beibehielt, und als Varmund vollends infolge seines hohen Alters erblindete, verzweifelte er an der Zukunft seines Landes.

Er besaß ein Schwert, Skrep genannt, das er in vielen Kämpfen in Ehren geführt hatte und das so scharf war, dass ihm weder Stahl noch Stein widerstehen konnte. Dieses Schwert gönnte Varmund keinem anderen, und um es nicht in unwürdige Hände fallen zu lassen, vergrub er es an einer Stelle, die ihm allein bekannt war.

Indessen war überall bekannt geworden, wie schlecht es um Dänemarks König stand, und die Sachsen, Dänemarks Nachbarn im Süden, gedachten diese Lage für sich auszunützen. Ihr König sandte Boten an Varmund, die ihn aufforderten, ihm sein Reich, das er ja doch nicht mehr schützen könne, zu übergeben. Wolle er das nicht, so sollten die Söhne beider Könige gegeneinander kämpfen und das Reich sollte dem Sieger zufallen. Lehne Varmund das ab, dann würden die Sachsen mit einem Heer ins Land rücken und Dänemark mit Gewalt in Besitz nehmen.

Als Varmund diese Botschaft vernommen hatte, war er tief bestürzt. Denn wie konnte er seinem Sohn den Zweikampf zumuten? Er fasste sich jedoch alsbald und erklärte, er selbst wolle sein Reich im Zweikampf verteidigen. Die Gesandten der Sachsen erklärten jedoch sogleich, dass es für ihren König eine unauslöschliche Schande wäre, wenn er diesen Vorschlag annähme, denn der Zweikampf mit einem Blinden könne einem ehrenhaften Mann nicht zugemutet werden. Sie wiederholten dann nachdrücklich ihre

Forderung, die Söhne der beiden Könige sollten gegeneinander den Zweikampf ausfechten.

Die Dänen gerieten über diese Forderung in arge Verlegenheit und wussten
nicht, was sie darauf antworten sollten. Da nahm plötzlich Offa das Wort,
der bei der Aussprache mit den Gesandten anwesend war und bisher wie
immer nur schweigend zugehört hatte. Er verlangte von Varmund die Er-
laubnis den Sachsen zu antworten. Es war, als habe er mit einem Mal die
Sprache erlangt, und Varmund, der bei dem Klang der bis dahin nie gehörten Stimme stutzte, fragte, wer denn da spreche. Als er hörte, das sei Offa,
wollte er es zuerst nicht glauben, schließlich aber rief er, wer immer da gesprochen habe, solle ungehindert sagen, was er denke. Da sagte Offa:
»Ganz grundlos ist das Begehren des Sachsenkönigs, denn König Varmund
hat stets seine Pflicht erfüllt und sein Reich gegen alle Feinde beschirmt.
Wenn er jetzt aber gealtert und erblindet ist, so hat er einen Sohn, der an seine Stelle treten kann, und dem Reich fehlt es nicht an einem Nachfolger!
Darum hört, wie ich eure Herausforderung beantworte: Nicht nur den Königssohn allein will ich im Kampf bestehen; wählt vielmehr unter den Tapfersten eures Volkes einen Helden aus, der mit ihm zugleich gegen mich
streiten soll – zwei gegen einen.« Zwar lachten die Boten des Sachsenkönigs, als sie das hörten, denn sie hielten Offas Worte für eitle Prahlerei,
doch wurde sogleich der Kampfplatz vereinbart und die Zeit festgesetzt, zu
der die Gegner einander gegenübertreten sollten.

Als dann die Fremden Abschied genommen hatten, fragte Varmund neuerlich, wer da so mutig für seine und seines Volkes Ehre gesprochen habe,
denn er konnte noch immer nicht glauben, dass Offa so plötzlich sein
ganzes Wesen geändert habe. Als ihm darauf wieder geantwortet wurde, der
Sprecher sei Offa und kein anderer gewesen, ließ er Offa dicht an sich he-
rantreten und betastete ihn vom Kopf bis zum Fuß. Endlich rief er freudig
aus: »So bin ich selbst in meiner Jugend gewesen und nun glaube ich, dass
du mein Sohn bist, da ich in dir mein eigenes Abbild erkenne!« Als er dann
Offa fragte, warum er bisher nie gesprochen habe, antwortete dieser, ihm
habe der Schutz seines Vaters noch immer genügt – bis auf den heutigen

Tag. Da habe er aber erkennen müssen, dass alle, die es bisher so gut verstanden hätten, ihre Zunge zu gebrauchen, vor den Drohungen der Feinde verstummt seien. Er fügte noch hinzu, dass er darum den Schwertkampf gegen zwei Gegner begehrt habe, weil er auf diese Weise den Schimpf austilgen wolle, der seit der Tat von Frowins Söhnen, die zu zweit den Schwedenkönig Adils gefällt hatten, auf ganz Dänemark liege.

Nun wurden Rüstung und Waffen für den bevorstehenden Kampf herbeigebracht, aber Offas Gestalt war viel zu mächtig dafür und schließlich musste selbst der Panzer Varmunds an der Seite aufgeschlitzt und durch Spangen neu verbunden werden, weil Offa sogar ihn zu sprengen drohte. Vergeblich suchten die Dänen ein Schwert aufzufinden, das Offas kraftvolle Hiebe auszuhalten vermöchte, denn jede Waffe brach in Stücke, sobald Offa sie erprobte. Da verriet Varmund die Stelle, wo er einst sein gutes Schwert Skrep vergraben hatte, weil er erkannte, dass nur diese Waffe für Offa taugen konnte. Sobald Offa das Schwert in Händen hielt, rief er aus, es sei durch sein Alter zerbrechlich und von Rost zerfressen und er müsse es erproben, bevor er es wage, den harten Kampf mit ihm zu bestreiten. Da sagte Varmund: »Es bedarf dieser Probe nicht; denn glaube mir, wenn dieses Schwert versagt, dann gibt es kein anderes, das deiner Kraft genügt.«

Mit Rüstung und Schwert des Vaters bewehrt trat Offa nun den Weg zum Kampfplatz an. Es war eine Insel, die von der Eider und einem Nebenarm umflossen war. Dort, an der Grenze des Reiches, erwartete Offa seine Gegner, die auch bald nahten und sich zum Kampf bereitmachten. Zu beiden Seiten des Flusses standen die Heere, hier das dänische, dort das sächsische, um Augenzeugen des Kampfes zu sein. Auch König Varmund war mit zur Kampfstätte gezogen. Er stand auf einer Brücke, denn er hatte beschlossen sich zu ertränken, wenn sein Sohn unterliegen sollte.

Offa reizte seine Gegner mit spöttischen Worten zum Kampf gegen ihn auf und sogleich griffen ihn beide gleichzeitig mit ihren Schwertern an. Offa kämpfte zuerst zurückhaltend und wehrte die Schläge seiner Feinde mit dem Schild ab. Vergeblich lauschte Varmund auf den Klang des Schwertes Skrep, denn es waren nur die Schläge zu hören, mit denen die beiden Sachsen auf Schild und Rüstung ihres Gegners einhieben. Da meinte Varmund, sein Sohn sei dem Tod geweiht, und trat ganz knapp an den Rand der Brücke, um sich bei der Kunde vom Fall Offas sogleich hinabzustürzen.

Plötzlich tönte ein schneidend heller Klang durch die Luft und unterbrach die dumpfen Schläge, die allein bisher zu hören gewesen waren. Sogleich erkannte Varmund, dass nun das Schwert Skrep gesprochen hatte, und fragte, ob Offa einen seiner Gegner getroffen habe. Er erhielt zur Antwort, dass Offa den Gefährten des sächsischen Königssohnes mit einem einzigen Streich mitten durchgeschlagen und getötet habe. Da erkannte Varmund, dass Offa erst jetzt ernsthaft mit dem Kampf begonnen hatte und dass seine Befürchtung grundlos gewesen war; aufatmend trat er zurück, um den endgültigen Ausgang des Kampfes zu erwarten.

Offa hatte geduldig abgewartet, bis seine beiden Gegner, die sich gewaltig abmühten, um seiner Herr zu werden, von ihren vergeblichen Versuchen ermüdet waren. Sobald der eine von ihnen sich eine Blöße gegeben hatte, hatte er ihm den Todesstreich versetzt und nun rief er dem Königssohn zu, er möge doch näher herankommen und den Tod seines Gefährten rächen. Der Sachse musste nun, da sein Helfer den Tod gefunden hatte, der Aufforderung folgen und sich Offa stellen. Es währte nicht lange, da hatte Offa eine Blöße erspäht und versetzte auch diesem Feind den Todesstreich.

Wieder hörte Varmund den Klang des Schwertes Skrep und fragte, was das zu bedeuten habe. Als er zur Antwort erhielt, nun habe Offa auch seinen zweiten Gegner erlegt und damit endgültig den Sieg errungen, vergoss er Freudentränen, die Sachsen aber bestatteten niedergeschlagen ihre Gefallenen. Während die Dänen Offa voller Jubel empfingen, mussten ihre Feinde wie vereinbart den Rückzug antreten. Offas tapfere Tat brachte seinem Vaterland die Sicherung der Freiheit, denn nach diesem Kampf wagte es niemand mehr, sich mit ihm zu messen; alle erkannten, dass Varmund in Offa ein Nachfolger erstanden war, den niemand ungestraft herausfordern durfte. Auch die Schmach, die einst Keto und Vigo über Dänemark gebracht hatten, war nun getilgt, denn freiwillig hatte Offa den Kampf gegen zwei Feinde zugleich angeboten und siegreich bestanden.

KÖNIG JÖRMUNREK

Jörmunreks Jugendschicksal

Der Ruhm des einst so mächtigen Gotenvolkes, das in den Gebieten am Schwarzen Meer ein großes Reich gegründet hatte, war früh auch nach dem Norden gedrungen. Alte Lieder gaben von dem Schicksal Kunde, das den letzten Beherrscher dieses Reiches ereilt hatte, und die Sage gliederte ihn sogar in die Reihe der hervorragendsten Könige des dänischen Reiches ein. Sie berichtet von seiner Abstammung und von der harten Prüfungszeit, die er zu überstehen hatte, bevor er sein Amt als König antreten konnte. Nach dem Untergang Alis, den sein Gefolgsmann Starkad verräterisch getötet hatte, wählten die Dänen dessen Sohn Omund zum König. Dieser bewährte sich als tapferer Krieger und errang dem Land durch seine Taten den lang ersehnten Frieden, der bisher immer wieder gestört worden war. Als er starb, hinterließ er vier Kinder, die beiden Söhne Sivard und Budli sowie zwei Töchter. Als ältester Sohn übernahm Sivard die Herrschaft nach des Vaters Tod.

Bald hatte Sivard mit gefährlichen Feinden zu kämpfen. Das Kriegsglück wandte sich gegen ihn und es kam dahin, dass sein Sohn Jörmunrek, der noch jung an Jahren war, samt seinen beiden Schwestern und seinem Ziehbruder Gunno dem Slavenkönig Ismar in die Hände fiel. Dieses Missgeschick verbitterte Sivards Leben und so suchte er im Kampf den Tod. Jörmunrek wurde von König Ismar in milder Haft gehalten. Dieser übertrug ihm mancherlei Aufgaben, und da Jörmunrek sie geschickt ausführte, stieg er immer mehr in der Gunst des Königs, bis er schließlich dessen Vertrauter wurde. Die Gunst der Königin allerdings blieb ihm versagt, da diese ihn, den Kriegsgefangenen, stets mit Misstrauen betrachtete. Trotz der hohen Stellung, die sich Jörmunrek errungen hatte, war er mit seinem Los nicht zufrieden, denn ihm fehlte das wichtigste Gut, die Freiheit. So war sein Sinnen und Trachten stets darauf gerichtet, wie er aus der Gefangenschaft entkommen könne.

Als der Bruder des Königs starb und Ismar zu Ehren des Toten ein prächtiges Leichenmahl anrichten ließ, benützte Jörmunrek die damit verbundene Unruhe, um einen sorgfältig erwogenen Plan auszuführen. Mit Hilfe Gunnos hatte er ein Geflecht von Weidenruten hergestellt, dem er die Gestalt eines Menschen gegeben hatte. In dieses Geflecht, dem Jörmunreks Kleider angelegt wurden, steckten die beiden einen Hund und dann brachte Gunno die Puppe zum Königspalast. Als der Hund zu bellen begann, fragte die Königin, was das zu bedeuten habe, worauf Gunno erklärte, Jörmunrek habe den Verstand verloren und belle wie ein Hund. Die Königin ließ sich durch den Anblick der mit Jörmunreks Kleidern gewandeten Puppe täuschen und rief, man möge den Verrückten aus dem Haus werfen. Da brachte Gunno die Puppe sogleich hinweg und legte sie in Jörmunreks Bett. Dann versorgte er die Wachen reichlich mit Wein, bis sie betrunken waren und schließlich einschliefen. Nun konnten die beiden Gefährten ungestört ihren weiteren Plan ausführen.

Gunno tötete die Königin, die misstrauisch aus der Tür getreten war, um zu sehen, was vorging, und dann steckten beide die große Zelthalle in Brand, in der das Leichenmahl für den Toten gehalten wurde. Reichlicher Weingenuss hatte dafür gesorgt, dass niemand das Geringste bemerkte, bis plötzlich die Flammen überall emporschlugen. Da freilich ernüchterten sich einige der Zecher, und da man inzwischen erkannt hatte, dass nicht Jörmunrek, sondern bloß eine mit seinen Kleidern versehene Puppe im Bett lag, wurde seine Flucht offenbar; denn er und Gunno hatten sich sogleich auf ihre Rosse geworfen und waren einem nahen Fluss zugeritten, über den eine Brücke führte. Die Balken der Brücke hatten die beiden schon vorher so tief angeschnitten, dass sie keine Last mehr zu tragen vermochten. Während die Flüchtlinge sich am Flussufer verbargen, wollten die Verfolger über die Brücke reiten, die aber unter ihnen zusammenbrach. Damit war die Verfolgung misslungen und Jörmunrek und Gunno konnten ihre Flucht in die Heimat ungehindert fortsetzen.

In Dänemark herrschte nach Sivards Tod dessen Bruder Budli als Stellvertreter des gefangenen Königssohnes. Sobald aber Jörmunrek zurückgekehrt war, musste Budli ihm auf Betreiben der Dänen weichen und so übernahm Jörmunrek, den sein Schicksal früh hatte reifen lassen, das Königsamt, das seinem Vater so viel Leid und Missgeschick gebracht hatte.

König Jörmunrek und sein Ratgeber Bikki

Jörmunrek ließ keine Gelegenheit ungenützt, um Dänemark seine frühere Macht zurückzugewinnen. Als in Schweden innere Streitigkeiten ausbrachen, wandte sich die eine Partei um Hilfe gegen den Schwedenkönig Gaut an Jörmunrek, worauf dieser gegen Gaut zu Feld zog und ihn der Herrschaft beraubte.

Auch die Slaven besiegte er und brachte so große Gebiete unter seine Herrschaft. Um die Schätze, die ihm nach seinen siegreichen Feldzügen zuströmten, sicher zu verwahren, erbaute er auf einem hohen Felsen ein wohl befestigtes und scharf bewachtes Haus.

Der einflussreichste Mann in Jörmunreks Umgebung war Bikki. Dieser zeigte sich sehr dienstbeflissen und schien kein anderes Ziel zu kennen als das Wohl und die Macht des Königs. In Wahrheit aber hatte er ganz andere Absichten. Durch Jörmunreks Schuld waren einst Bikkis Brüder ums Leben gekommen, und obgleich dieser sich stellte, als habe er das längst vergeben und vergessen, war er in Wahrheit Jörmunreks ärgster Feind und kannte keinen anderen Gedanken als den der Rache für den Tod seiner Brüder. Beide Schwestern Jörmunreks waren noch während der Gefangenschaft ihres Bruders verheiratet worden, die eine an einen norwegischen Fürsten, die andere an einen Deutschen.

Die Söhne dieser Schwester nun, die in Deutschland geboren und erzogen worden waren, erhoben als Enkel Anspruch auf die Herrschaft über Dänemark und zogen gegen ihren Onkel Jörmunrek zu Feld, wurden jedoch geschlagen. Dabei hätte es Jörmunrek bewenden lassen, aber Bikki brachte es dahin, dass er nochmals gegen seine Neffen zu Feld zog. Er nahm sie dabei gefangen und ließ sie am Galgen sterben.

Svanhilds Tod

Damit, dass er Jörmunrek dazu bewogen hatte, seine eigenen Neffen ohne jede Not töten zu lassen, war Bikkis Rachedurst noch lange nicht gestillt. König Jörmunreks Gattin war gestorben und dieser, der von ihr einen einzigen Sohn besaß, Randver genannt, hielt nach einer neuen Gattin Ausschau. Nun lebte bei einem König namens Jonaker Gudrun, die einst die Gattin Sigurds, des berühmten Drachenbesiegers, und später die des Hunnenkönigs Atli gewesen war. Sie war nicht, wie man geglaubt hatte, nach dem Tod Atlis bei dem großen Brand umgekommen, der die Halle des Königs verzehrt hatte, sondern gerettet worden und über See an König Jonakers Hof gekommen, der sie zu seiner Gattin gemacht hatte. Sie hatte aber Svanhild bei sich, ihre Tochter von Sigurd, ihrem ersten Gatten, die nun schon erwachsen und zu herrlicher Schönheit erblüht war. Von König Jonaker aber hatte sie zwei Söhne, Hamdir und Sörli, die ebenso wie ihr Halbbruder Erp am Hof ihres Vaters lebten.

Von Svanhilds Schönheit und von ihrer edlen Herkunft hörte auch Jörmunrek und sie schien ihm die Einzige zu sein, die würdig war seine Gattin zu werden. Er sandte deshalb seinen Sohn Randver als Freiwerber um sie aus, wobei Bikki diesen begleitete. Die Werbung wurde günstig aufgenommen und Svanhild den beiden Abgesandten anvertraut, um sie Jörmunrek als Braut zuzuführen. Die Reise ging über See, und während der Fahrt bemühte sich Randver mit argloser Freundlichkeit um Svanhild. Bikki jedoch suchte ihn heimtückisch zur Untreue am eigenen Vater zu verführen; er raunte ihm zu, die junge, schöne Braut schicke sich weit besser für ihn als für seinen alten Vater. Er möge doch die Gelegenheit ergreifen und die Braut für sich gewinnen.

Seine Worte blieben nicht ohne Einfluss auf Randver, doch dachten weder er noch Svanhild daran, Jörmunrek zu hintergehen.

Sobald sie jedoch bei König Jörmunrek angelangt waren, nahm Bikki diesen beiseite und beschuldigte Randver und Svanhild, sie hätten während der Reise einen Liebesbund miteinander geschlossen. Jörmunrek, der Bikki blind vertraute, glaubte der Verleumdung. Außer sich vor Zorn befahl er, man möge Randver am Galgen aufknüpfen. Bikki sorgte dafür, dass dieser Befehl ausgeführt wurde, bevor Jörmunrek wieder zur Besinnung kam.

Als Randver zum Galgen geführt wurde und den Tod vor Augen sah, ließ er sich seinen Falken bringen, rupfte ihm die Federn aus und sandte das derart geschändete Tier seinem Vater. Sobald dieser den Falken erblickte, kamen ihm die Folgen seines Tuns ins Bewusstsein – denn, so sagte er sich, genauso, wie der Falke fluglahm und federlos war, liege auch sein Königtum darnieder, weil er alt und kinderlos sei. Sogleich sandte er einen Boten mit dem Befehl aus, Randver nicht zu töten. Seine Reue kam aber zu spät, denn Randvers Leben war bereits erloschen.

Zornig und trüb gestimmt ritt Jörmunrek auf die Jagd. Als er heimkehrte, sah er Svanhild, die dasaß und ihr Haar bleichte. Da kam ihm in den Sinn, dass von Svanhild alles Unheil ausgegangen war, und besinnungslos vor Wut ritt er samt seinem Gefolge auf sie los, sodass die Pferdehufe sie zu Tode traten.

Der Rachezug Hamdirs und Sörlis

Als Gudrun vom furchtbaren Ende ihrer Tochter hörte, forderte sie ihre Söhne Hamdir und Sörli auf, den Tod Svanhilds an Jörmunrek zu rächen:

>»Eure Schwester
>war Svanhild geheißen,
>die Jörmunreks
>Rosse zerstampften,
>helle und dunkle,
>auf dem Heerwege,
>graue, gangschnelle
>gotische Hengste.«

Sie warf ihnen vor, dass sie allzu lange säumten ihre Rachepflicht zu erfüllen und dass sie daher wenig ihren tapferen Verwandten glichen. Die beiden
Brüder wollten sich ihrer Aufgabe nicht entziehen, aber sie wussten, dass
ihnen der Tod gewiss war, wenn sie beide allein an den Hof König Jörmunreks ritten, wo sie einer gewaltigen Übermacht gegenüberstehen würden.
Sie, die trotzdem nicht zögerten den Rachezug zu unternehmen, zürnten
doch der Mutter, die sie säumig schalt, und Sörli hielt ihr vor:

> »Tod ist uns bestimmt,
> wir sterben in der Ferne.«

Rasch waren sie für die Fahrt gerüstet, aber ihr Grimm über Gudruns Schel-
ten legte sich nicht und zornig schritten sie aus dem Haus. Gudrun aber ge-
dachte ihre Söhne zu schützen, so gut sie es vermochte, und sie feite deren
Rüstungen, sodass kein Eisen ihnen schaden konnte. Sie gab ihnen auch
den Rat, sie sollten sich auf ihrer Fahrt davor hüten, Steine zu beschädigen.
Vom Söller aus sah sie dann den Scheidenden nach und gewahrte nah am
Tor Erp, den Halbbruder ihrer Söhne.
Da rief sie ihm zu, er solle seine Brüder begleiten, denn allzu groß sei deren
Selbstvertrauen, wenn sie versuchen wollten zu zweit den mächtigen Scha-
ren Jörmunreks entgegenzutreten.
Noch aber hatte sich der Zorn Hamdirs und Sörlis nicht gelegt. Verächtlich
fragten sie Erp, was er ihnen wohl nützen könne, und als dieser antwortete:

> »Stützen will ich,
> wie der Fuß den Fuß,
> fest euch beide«,

erwiderte Hamdir:

> »Was soll der Fuß
> dem Fuße helfen,

die festgewachsne
Faust der andern?«

Missgestimmt ritten Hamdir und Sörli ihres Weges, ihnen voran Erp, der
Jüngste der drei und doch der Kühnste von allen.
Ihm schienen die Brüder allzu langsam und er meinte, dass sie mit Absicht
ihre Rosse zurückhielten.

Da sagte Erp
mit einem Male,
tänzeln ließ
der Tapfre sein Ross:
»Nicht ziemt mir's, Zagen
den Weg zu zeigen.«

Da rissen die beiden, aufs Äußerste gereizt durch diesen Vorwurf, ihre
Schwerter aus den Scheiden, und noch ehe Erp selbst zur Wehr greifen
konnte, sank er zu Tode getroffen vom Ross. Sein Blut benetzte die Steine
am Weg, die beiden Brüder aber zogen weiter. So kamen sie Jörmunreks
Burg immer näher und bald sahen sie den Galgen am Weg stehen, an dem
Randver gestorben war.
Jörmunrek saß unbekümmert mit seinen Mannen beim frohen Gelage und
niemand ahnte, dass Svanhilds Rächer nahe waren. Die Burghüter aber
hielten gute Wacht. Sobald sie die Reiter auftauchen sahen, stießen sie laut
ins Horn und sandten sogleich Botschaft an Jörmunrek, dass sie kriegerisch
gerüstete Helden zur Burg reiten sähen. Sie ahnten auch nur zu gut, was das
zu bedeuten habe:

»Wahrt euch! Wehrt euch!
Gewaltige kommen;
mächtigen Männern
habt ihr die Maid zerstampft!«

Jörmunrek hörte die Warnung wohl, aber der Wein, den er reichlich genossen hatte, hinderte ihn an klarer Überlegung. Überheblich rief er:

>»Glücklich däucht ich mich,
wenn ich grüßen dürfte
Hamdir und Sörli
in der Halle mein!
Die Buben wollt ich da binden
mit Bogensehnen,
Gudruns Heldensöhne,
an den Galgen sie knüpfen.«

Noch hatte er nicht ausgesprochen, da brachen die beiden Rächer in jähem Angriff in den Saal und unbeirrt durch die Schwerthiebe von Jörmunreks Mannen, die machtlos an ihren Rüstungen abprallten, bahnten sie sich ihren Weg zu Jörmunrek, den sie alsbald furchtbar verstümmelten. Hamdir aber, der die Worte des Königs noch vernommen hatte, rief aus:

>»Du begehrtest, Jörmunrek,
Gudruns Söhne
in deiner Burg
beide zu sehen:
sieh deine Füße,
sieh deine Hände,
Herrscher, geworfen
ins heiße Feuer!«

Wie schwer aber auch Jörmunreks Wunden waren, blieb doch der alte Heldenmut in ihm lebendig, den er von Jugend an gezeigt hatte. Noch blickten seine Augen scharf genug, um zu sehen, dass seine Gegner gegen Eisen fest waren, und er wusste, was allein ihnen schaden konnte. So rief er seinen Gefolgsmannen zu:

»Steinigt die Streiter,
da Stahl nicht beißt,
nicht Erz noch Eisen,
die Erben Gudruns!«

Als Hamdir und Sörli diese Worte hörten, da wussten sie, dass sie verloren waren.

Nun erkannte Hamdir den Sinn von Gudruns Worten, sie sollten sich hüten Steine zu schädigen, während sie doch in mörderischem Zorn die Steine am Weg mit dem Blut des Bruders benetzt und sich selbst seiner Hilfe beraubt hatten. Er sprach:

»Ab wäre das Haupt,
wenn Erp lebte,
der streitkühne Bruder, den wir beide erschlugen,
der ruhmreiche Recke –
uns reizten Nornen –
der friedheilige Held –
verführten uns zum Morde.«

Wie aussichtslos auch ihre Lage war, so büßte dennoch jeder sein Leben ein, der den Brüdern zu nahe kam, und Hamdirs letzte Worte rühmten ihren unerschrockenen Kampf gegen Jörmunreks Mannen:

»Heldenruhm gewannen wir,
sterben wir heut oder morgen:
Niemand sieht den Abend,
wenn die Norne sprach.«

Der schwere Kampf hatte die beiden Brüder voneinander getrennt, sodass jeder von ihnen ganz allein sich der Feinde erwehren musste, und so fanden sie auch den Tod.

Da sank Sörli
am Saalende,
und Hamdir fiel
am Hausgiebel.

Zu spät hatten sie erkannt, dass Jörmunrek nur darum noch den verderblichen Rat hatte aussprechen können, sie mit Steinen zu bekämpfen, weil im
entscheidenden Augenblick die Hilfe Erps gefehlt hatte, sodass sich der
Mord am Halbbruder gegen sie selbst wandte und ihren eigenen Untergang
herbeiführte.

HELGI, DER SOHN HJÖRVARDS

Hjörvard und Sigrlinn

Einst lebte ein mächtiger König, der Hjörvard hieß. Er hatte das
Gelübde abgelegt, dass er die schönste Frau, von der er Kunde erlan-
gen könne, zu seiner Gattin machen wolle.
Hjörvard hatte einen treuen Gefolgsmann, der hieß Atli und war der Sohn
Imunds, eines Jarls des Königs. Als Atli einmal den Hain in der Nähe der
Königsburg betrat, saß ein Vogel auf den Zweigen eines Baumes und Atli
verstand, was der Vogel zwitscherte:

»Sahst du Sigrlinn,
Svafnirs Tochter,
die schönste Maid in Munarheim?«

Als Atli Hjörvard von diesem Erlebnis berichtete, forderte ihn dieser sogleich auf zu König Svafnir nach Svavaland zu ziehen und in seinem Namen um Sigrlinn zu werben.

König Svafnir hatte einen Jarl namens Franmar. Dieser, der selbst eine Tochter namens Alof sein Eigen nannte, war der Ziehvater Sigrlinns und daher fragte Svafnir ihn um Rat, als Atli die Werbung vorbrachte. Franmar riet die Werbung auszuschlagen und Svafnir, der seine Tochter so liebte, dass er sie keinem Mann als Gattin gönnte, gab Atli abschlägigen Bescheid, sodass dieser zu König Hjörvard zurückkehren musste. Hjörvard, der den Worten des wunderbaren Vogels große Bedeutung zumaß, gedachte sein Gelübde nicht so leicht unerfüllt zu lassen, weshalb er sich mit Atli auf den Weg machte, um selbst die Werbung vorzubringen.

Während sich dies abspielte, hatte noch ein anderer König namens Hrodmar um Sigrlinn geworben. Er hatte indes keinen besseren Erfolg als Atli, denn König Svafnir wies auch ihn ab. Hrodmars Stolz war dadurch empfindlich verletzt und er gedachte für die erlittene Schmach Rache zu nehmen. Mit einer übermächtigen Schar überfiel er Svafnir, der im Kampf fiel, und nun zog das Heer brennend und sengend durch Svavaland.

Als Jarl Franmar sah, welches Unheil über den König und das ganze Land hereinbrach, floh er mit Sigrlinn und Alof und brachte sie in einem abseits gelegenen Haus nahe an der Grenze in Sicherheit. Dort hielt er die beiden verborgen, er selbst aber verwandelte sich in einen Adler und flog auf das Dach des Hauses, um nach Feinden Ausschau zu halten, die den zwei Frauen etwa gefährlich werden könnten.

Hjörvard und Atli wussten noch nichts von diesen Vorfällen. Als sie aber das Gebirge an der Grenze bestiegen hatten, von wo aus sie große Gebiete von Svavaland überschauen konnten, sahen sie die Brände lodern und erblickten auch die Staubwolken, die von dem dahinziehenden Heer Hrodmars aufgewirbelt wurden. Sie stiegen sogleich in die Ebene hinab und machten an einem Strom Halt. König Hjörvard wollte dort Nachtlager halten und begab sich ermüdet bald zur Ruhe, während Atli auf Kundschaft auszog. Er setzte über den Fluss und kam bald zu dem Haus, auf dessen First Jarl Franmar in Adlergestalt saß, um die beiden Mädchen zu behüten. Dieser war jedoch vor Müdigkeit eingeschlafen, und sobald Atli ihn erblickte, tötete er ihn durch einen Speerwurf.

Als er ins Haus trat, fand er darin Sigrlinn und Alof. Er nahm beide mit sich
zu König Hjörvard, und da nun das Ziel der Fahrt erreicht war, traten sie
gemeinsam den Rückweg in König Hjörvards Reich an. Dieser nahm nun
Sigrlinn, Atli aber Alof zum Weib.

Hjörvard und Sigrlinn wurde ein Sohn geschenkt, der zwar kräftig war und
stattlich heranwuchs, aber kein Wort sprach und daher als stumm galt. So
blieb er namenlos und ging einsam seines Weges.

Helgi und die Walküre

Einmal saß der Königssohn so, wie er es oft tat, allein auf dem Grabhügel, der sich über den toten Vorfahren seines Geschlechtes wölbte.
Da sah er Walküren heranreiten, neun an der Zahl. Unter ihnen ragte eine
durch ihr edles Wesen besonders hervor und diese redete ihn an:

>»Nie wirst du, Helgi,
> hoher Kampfbaum,
> der Ringe walten
> noch der Rödulsflur –
> früh ruft der Aar –,
> wenn du immer schweigst,
> hegst du, Herrscher,
> auch Heldenmut!«

Da brach der Jüngling das Schweigen, das er bis dahin stets bewahrt hatte,
und sprach:

>»Was nehm ich noch
> zum Namen Helgi,
> den du mir schenkst,
> schimmernde Maid?

Wohl nun wäge
die Worte all!
Nicht denk ich an Dank,
wirst du nicht mein!«

Die Walküre war eine Königstochter und hieß Svava. Sie antwortete nicht
geradezu auf die Werbung, die Helgi in seiner Antwort ausgesprochen hatte, aber sie wies ihn nicht ab und gab ihm Kunde von einem herrlichen
Schwert, das sie damit für ihn bestimmte:

»Schwerter sah ich
zu Sigarsholm,
vier nur fehlen
zur Fünfzigzahl;
doch eines ist
das allerbeste,
ein Helmverheerer,
umhüllt mit Gold.

Am Knauf ist ein Ring,
in der Klinge Mut,
die Schneide schafft
Schrecken dem Träger;
auf dem Blatte ruht
ein blutiger Wurm,
eine Natter ringelt
am Rücken sich.«

Nach dieser Begegnung war Helgi ein anderer geworden. Er trat vor seinen
Vater und hielt ihm vor, dass für den Tod seines Muttervaters, des Königs
Svafnir, noch nicht Rache genommen worden sei. Hrodmar freue sich un-
gestört der Schätze, die er bei seinem Überfall erbeutet habe, und meine ge-

wiss, dass er sich vor den rechtmäßigen Herren von Svafnirs Erbe nicht zu
hüten brauche, die er alle für tot halte. Da gab ihm Hjörvard ein Heer, Helgi
aber setzte sich in den Besitz des Schwertes, das Svava ihm gewiesen hatte,
und zog mit Atli, dem Gatten von Franmars Tochter Alof, gegen Hrodmar.
Svava, die ihm den Namen gegeben hatte, beschützte ihn stets im Kampf
und die Heerfahrt endete mit dem Sieg über König Hrodmar und dessen
Tod. Helgi verrichtete seither manche Heldentat und war bald als gewaltiger Kriegsmann berühmt. Er begab sich nun zu Svavas Vater und warb um
sie. Da leisteten Helgi und Svava einander Eide und ihre Liebe zueinander
war groß. Helgi zog wieder auf Heerfahrt aus, Svava jedoch, die bei ihrem
Vater blieb, waltete weiter ihres Amtes als Walküre.

Hedins Gelübde und Helgis Tod

Helgi hatte einen Halbbruder namens Hedin, der zu Hause bei seinem
Vater Hjörvard lebte. Als Hedin einmal an einem Julabend aus dem
Wald heimkehrte, sah er etwas Unheimliches: Auf einem Wolf kam ein
Weib geritten; sie lenkte das Untier mit einer Schlange, die sie als Zaum
benützte. Die Fremde sprach Hedin an und erbot sich ihm als sein
Schutzwesen zu folgen. Hedin aber wies sie ab. Da ergrimmte sie und drohte ihm: »Dafür sollst du büßen, wenn du zu Hause beim feierlichen Gelübde
den Becher leerst!« Es war nämlich Sitte im Land, dass beim Julfest,
während alle in der Halle beim Mahl saßen, ein Eber hereingeführt wurde.
Sobald dies geschah, legten ihm der Reihe nach alle Männer ihre Hände auf
und taten ein Gelöbnis, dass sie eine bestimmte Tat verrichten wollten. Dieses Gelübde bekräftigten sie durch das Leeren eines Bechers, den sie in
einem Zug austranken. So geschah es auch diesmal in der Halle König
Hjörvards. Als nun die Reihe an Hedin kam, sprach er: »Das gelobe ich,
dass ich Svava als Gattin erwerben will!«
Kaum hatte er dieses Gelübde vollendet, da kam ihm ins Bewusstsein,
welch furchtbare Folgen seine unbedachten Worte heraufbeschwören muss-

ten. Sogleich packte ihn die Reue; er schwang sich auf sein Ross und eilte, so schnell er konnte, nach Süden, um seinen Bruder aufzusuchen und ihm zu sagen, was geschehen war.

Überrascht sah Helgi Hedins Ankunft und fragte ihn, weshalb er ihn in solcher Eile aufsuche. Da klagte Hedin sich selbst schlimmen Frevels an: Er habe beim Weihebecher geschworen, Svava für sich zu gewinnen.

Gelassen hörte ihn Helgi an; dann sprach er:

> »Lass den Vorwurf!
> Erfüllen wird sich
> bald uns beiden
> dein Becherschwur;
> mich hat ein Fürst
> ins Feld entboten,
> zur dritten Nacht
> muss ich dort sein;
> nicht heg ich Hoffnung
> heimzukehren;
> da wird sich's wohl
> zum Guten wenden.«

Der Herausforderer war Alf, der Sohn König Hrodmars, der nach Rache für den Tod seines Vaters begehrte. Helgi hatte den Ausgang des Kampfes richtig vorausgesehen, denn er empfing eine tödliche Wunde. Sterbend sandte er einen Vertrauten aus, um Svava zu melden, was ihm widerfahren war. Er ließ ihr sagen, wenn sie ihn noch einmal sehen wolle, sei höchste Eile geboten. Svava folgte sogleich seinem Ruf, Helgi aber forderte sie auf, ihren Schmerz zu bezähmen, und als seinen letzten Wunsch bat er sie, Hedins Werbung anzunehmen:

> »Heil dir, Svava!
> Beherrsche den Schmerz!

Du wirst mich auf Erden
nicht wieder sehn.
Du siehst dem Gebieter
bluten die Wunden;
es kam dem Herzen
die Klinge zu nah.

Mein Wille ist –
nicht weine, Svava!
Willst du meine
Worte hören:
Bereite Hedin
das Ruhelager,
dein Herz gehöre
dem jungen Herrscher.«

Svava bewahrte selbst in diesem Augenblick des größten Schmerzes ihre
Fassung, aber sie brachte es nicht über sich, dem Sterbenden die Erfüllung
seines letzten Wunsches zu versprechen. Das letzte Wort, das sie zu ihm
sprach, erinnerte ihn daran, dass sie einst geschworen hatte niemals einen
anderen Mann als Gatten zu wählen, wenn Helgi im Kampf falle.
Hedin war Zeuge dieser Worte und er wusste genau, dass es nur eine Hoffnung gab, vielleicht doch sein Gelübde wahr zu machen, nämlich dann,
wenn er seine Bruderpflicht erfülle und Helgi räche. Wenn er nach siegreichem Kampf gegen Alf vor Svava hintrete, dann, so meinte er, könne es
doch noch geschehen, dass sie sich dem letzten Wunsch des sterbenden
Helgi fügen und ihm die Hand reichen werde. Er sprach:

»Küsse mich, Svava!
Ich kehre nimmer
nach Rogheim zurück
und den Rödulsbergen,

eh für Sigrlinns Sohn
ich Sühne gewann,
der der erste Fürst
auf Erden war.«

Die Sage kündet nicht, ob Hedin die Rachetat gelang oder ob er dabei unter-
ging. Sie berichtet auch sonst nichts von den weiteren Schicksalen Hedins
und Svavas. Wohl aber erzählt sie uns, dass Helgi und Svava wieder geboren wurden und dass ihnen so ein neues Leben auf der Erde gegönnt war.

HELGI HUNDINGSBANI

Helgis Geburt und Jugend
König Hundings Tod

Lange bevor König Sigmund, der Sohn Völsungs, in hohem Alter die
Ehe mit Hjördis geschlossen hatte, aus der der berühmte Sigurd
stammte, war er mit Borghild vermählt gewesen, die ihm ein großes Reich
zugebracht hatte. Als den beiden ein Sohn geboren wurde, gaben sie ihm in
Erinnerung an Helgi, den Sohn Hjörvards, dessen Ruhm noch allenthalben
gepriesen wurde, den Namen Helgi. Denn alles deutete darauf hin, dass der
Neugeborene einst nicht geringeren Ruhm erwerben werde als jener Held.
Das sagt ein altes Lied von Helgis Geburt:

Urzeit war es,
Aare schrien,
von Himmelsbergen
sank heiliges Nass:
Da hatte Helgi,
den Hochgemuten,

Borghild geboren
in Bralunds Schloss.

Nacht war's im Hof,
Nornen kamen,
sie schufen das Schicksal
dem Schatzspender:
Der Herrscher hehrster
sollte er heißen,
der ruhmreichste
Recke werden.

Sie schnürten mächtig
Schicksalsfäden
dem Burgenbrecher
in Bralunds Schloss;
goldnes Gespinst
spannten sie aus,
festend es mitten
im Mondessaal.

Nach alter Sitte wurde der Königssohn einem Pflegevater übergeben, der
ihn erziehen und in allen Dingen unterweisen sollte, deren Kenntnis ein
junger Held von königlicher Abkunft bedurfte, um in Ehren bestehen zu
können. Dieser Ziehvater hieß Hagal; er hatte einen mit Helgi gleichaltri-
gen Sohn namens Hamal und die beiden Ziehbrüder wuchsen gemeinsam
auf. Zwischen Sigmund und dem mächtigen König Hunding herrschte alte,
erbitterte Feindschaft. Immer wieder kam es zu schweren Zusammen-
stößen zwischen den beiden Gegnern und jeder der beiden hatte am anderen
den Tod naher Verwandter zu rächen.
So jung auch Helgi war, wollte er doch in dem Kampf gegen den Feind seiner Sippe nicht untätig bleiben. Verkleidet und unter dem Namen seines

Ziehbruders Hamal suchte er König Hunding auf und weilte unerkannt in dessen Gefolgschaft, um Kundschaft einzuziehen. Er war dabei oft mit König Hundings Sohn Häming beisammen. Als er dann wieder zu Hagal zurückkehrte, traf er unterwegs einen Hirtenknaben, den er mit Botschaft zu Häming sandte:

> »Melde Häming,
> dass Helgi gedenkt,
> wen in der Rüstung
> die Helden fällten!
> Ein grauer Wolf
> weilte bei euch,
> wo König Hunding
> Hamal wähnte.«

Als König Hunding davon erfuhr, erkannte er sogleich die Täuschung und beschloss Helgi zu töten. Er sandte seinen Ratgeber, genannt Blind der Bösewicht, zu Hagal, um Helgi aufzuspüren und gefangen zu nehmen. Dieser war jedoch auf der Hut, und als Blind mit seinen Leuten zu Hagal kam, verkleidete er sich als Magd und stellte sich an die Mühle, denn das Mahlen des Getreides war eine Arbeit, die den Mägden zukam.

So blieb Helgi unentdeckt, obgleich es schon nahe daran gewesen war, dass Blind ihn erkannt hätte. Denn als dieser bei seiner Suche auch in die Mahlkammer trat, fiel ihm sogleich auf, dass es keine gewöhnliche Magd war, die dort ihre Arbeit tat. Er sprach:

> »Hell sind die Augen
> von Hagals Magd!
> Keines Bauern Maid
> an der Mühle steht:
> Das Gestell stürzt,
> die Steine bersten.

Ein hart Geschick
den Helden traf,
ein Mächtiger muss
Gerste mahlen!
In dieser Rechten
ruhte besser
des Schwertes Griff
als das Schwengelholz.«

Mit kluger Rede wusste jedoch Hagal den Verdacht abzuwenden. Er antwortete, darin habe Blind Recht, dass keine Magd niederer Abkunft an der
Mühle stehe, denn sie sei eine Königstochter. »Hoch zu Ross kämpfte sie
selbst in der Schlacht, bis das Schicksal der Gefangenschaft sie traf. Ihre
Kraft ist gewaltig und so kommt es, dass unter ihren Händen die Mühle
kracht, als ob sie bersten wollte.« Durch diese Worte ließ sich Blind täuschen und kehrte zu König Hunding zurück.
Helgi aber schien es jetzt Zeit zu handeln. Nun, da er der Verfolgung entgangen war, sammelte er ein Heer und zog damit gegen König Hunding. Es
kam zu einer gewaltigen Schlacht, in der Helgi siegte. König Hunding fiel
dabei von seinem Schwert.

Helgi und Sigrun
Der Kampf gegen Granmars Söhne

Fünfzehn Jahre zählte Helgi, als er durch diesen kühnen Feldzug dem
harten, unversöhnlichen Feind seines Geschlechtes den Tod brachte.
Zu Schiff trat er mit seinem Heer den Heimweg an, doch musste er unterwegs aus Mangel an Nahrungsmitteln, und weil Windstille die Weiterfahrt
verwehrte, an Land gehen. Er wählte eine Bucht als Rastplatz, ließ Vieh
schlagen, das dort weidete, und verteilte das Fleisch an seine Mannen, die
es nach Wikingersitte ungekocht verzehrten. Während so alle beim Mahl

saßen, kam eine gewappnete Frau geritten und sprach Helgi an: »Wer seid ihr und wo liegt eure Heimat? Warum verweilt ihr hier und wohin geht eure Fahrt?« Da verhehlte Helgi seinen wahren Namen. Er nannte sich Hamal und setzte hinzu, dass er hier auf Wind warte, um sodann die Fahrt nach Osten in seine Heimat anzutreten, nach der Insel Hlesey in Dänemark. Da sprach die Fremde: »Eure Brünnen sind mit Blut benetzt, ihr kommt aus der Schlacht! Sagt an, wer eure Feinde waren! Warum seid ihr so in Eile, dass ihr nicht einmal eure Rüstungen beim Mahl ablegt und das Fleisch unge-kocht verzehrt?« Wieder antwortete Helgi in dunkler Rede:

»Bären band ich
zu Bragalund;
die Speerspitzen
speisten Aare.
Nun weißt du, Maid,
was die Wehr gefärbt;
drum ward an Bord
der Braten knapp.«

Die fremde Reiterin aber wusste in Wahrheit längst Bescheid über Helgi und seine Schar. Sie antwortete: »In dunkler Rätselrede sprichst du von dem Kampf, von dem ihr kommt. Zur Rache für eure Blutsfreunde seid ihr ausgezogen, du aber bist Helgi, König Sigmunds Sohn, und vor dir sank König Hunding tot zu Boden.« Überrascht sah Helgi sich erkannt und seine Tat entdeckt. Die Fremde aber fuhr fort:

»Nicht fern war ich,
Volksgebieter,
gestern frühe
des Fürsten Tode.
Doch Sigmunds Sohn
seh ich listig,

da er Kriegskunde
in Kampfrunen sagt.«

Längst, sagte sie, habe sie Helgi auf seinen Schiffen gesehen und vergeblich sei es, vor ihr sich zu verstellen. Sie nannte sich Sigrun, König Högnis Tochter, und setzte hinzu, sie kenne Helgi wohl.

Nicht von ungefähr hatte sie, die als Walküre ihres Amtes in der Schlacht waltete und Helgi auch in seinem Kampf gegen Hunding nahe gewesen war, um ihn in der Gefahr zu schützen, nun den Helden aufgesucht. Sie hatte ihn längst geliebt, noch ehe sie einander gegenüberstanden, und nun, da Helgi sie sah, erwachte auch in ihm unwiderstehlich die Neigung zu ihr. Der Wille ihres Vaters aber drohte die beiden, die sich füreinander bestimmt fühlten, zu trennen. Denn König Högni hatte beschlossen Sigrun mit Hödbrodd, dem Sohn des Königs Granmar, zu vermählen. Sigrun aber wollte sich dem Wunsch ihres Vaters nicht fügen, obgleich er sie feierlich, angesichts seines ganzen Heeres, mit dem Freier seiner Wahl verlobt hatte.

Auch Helgi dachte nicht daran, Sigrun gegen ihren Willen dem unerwünschten Freier zu überlassen. Er sammelte eine große Flotte und segelte damit gegen Granmars Söhne Hödbrodd und Gudmund. Als die Schiffe in den Hafen einfuhren, sah Helgi auf einem Felsen die beiden Brüder sitzen, da sie von dort aus nach Feinden Ausschau hielten. Gudmund fragte, wer die Schiffe führe, die da kampfdrohend herbeikämen, und erhielt zur Antwort, das sei Helgi, der nun zum letzten, entscheidenden Schlag aushole. Da feuerte Gudmund seinen Bruder Hödbrodd zum Kampf an. Helgi kannte die Söhne Granmars als kühne und starke Kämpfer und überdies war ihnen Sigruns Vater Högni mit seinen beiden Söhnen Bragi und Dag zu Hilfe gekommen. Als die Gegner aufeinander stießen, begann eine grimmige Schlacht und es währte lange, bis der Sieg sich Helgi zuneigte. Da waren auf Hödbrodds Seite alle Fürsten gefallen, denn keiner von ihnen hätte sich zur Flucht verstanden. Von allen Verwandten Sigruns blieb nur ihr Bruder Dag am Leben, der Helgi Treue schwor. Noch auf dem Schlachtfeld begrüßte Sigrun den siegreichen Helgi, er aber musste ihr die Trauerbotschaft verkünden, dass in diesem Kampf die meisten ihrer Gesippen gefallen waren, vor allem ihr Vater Högni und ihr Bruder Bragi. Sigrun weinte, als sie diese Kunde vernahm, denn sie hatte dafür, dass sie nun Helgis Gattin werden konnte, einen hohen Preis zahlen müssen.

Helgis Tod und Wiederkehr

Nicht lange konnten sich Helgi und Sigrun ihres Glückes erfreuen, denn Helgi war ein früher Tod beschieden. Dag konnte den Tod des Vaters nicht verwinden und wandte sich um Hilfe an Odin. Der Gott erhörte seine Bitte und lieh ihm für die Rachetat seinen eigenen Speer. Mit dieser Waffe durchbohrte Dag seinen Schwager Helgi im Fesselhain.
Er selbst überbrachte Sigrun die Kunde von dem, was geschehen war. Sigrun aber, in maßlosem Schmerz über den Eidbruch des Bruders und über den Tod Helgis, sprach einen furchtbaren Fluch über den Mörder aus:

>»Dich sollen alle
>Eide schlagen,
>die du Helgi
>einst heilig schworst
>bei des Leiptstroms
>lichten Fluten
>und bei dem feuchten
>Felsen der Unn!

>Nicht schwimme das Schiff,
>das schwimmt unter dir,
>ob steifer Sturm
>in den Segeln steht!
>Nicht renne das Ross,
>das rennt unter dir,

folgt auch der Feind
auf den Fersen nach!
Nicht schneide das Schwert,
geschwungen von dir,
es sause denn
dir selbst ums Haupt!

Das hieß ich Rache
für Helgis Mord,
wärst du ein Wolf
im Wald draußen,
fern der Freude,
fern dem Reichtum,
berstend vom Aas,
der Atzung dein!«

Voll Entsetzen hörte Dag die Verwünschung, die seine eigene Schwester auf sein Haupt herabrief. »Wahnwitzig bist du«, rief er aus, »dass du so gegen deinen Bruder wütest! Nicht ich habe verschuldet, was geschehen ist, denn kein anderer als Odin hat uns Verwandte entzweit. Mit reicher Buße will ich die Tat sühnen.«
Sigrun aber war so von ihrem Gram bedrückt, dass sie nicht auf Dags Worte hörte. Nie wieder, rief sie aus, werde sie ihres Lebens froh werden, da Helgi dahin sei. Noch einmal erstand vor ihrem Geist der unvergleichliche Held, dessen Preis nun ihre Lippen kündeten:

»Es ragte Helgi
aus der Helden Schar
wie der edle Stamm
der Esche im Dorn,
wie der mächtige Hirsch
im Morgentau

über alles Wild
das Geweih erhebt,
dass auf gen Himmel
die Enden glänzen.«

So tief war ihr Schmerz und so übermächtig ihre Sehnsucht nach dem verlorenen Gatten, dass sie dem Schicksal eine noch nie gewährte Gunst ab-
zwang – das Wiedersehen mit Helgi.

Als eines Abends Sigruns Magd am Grabhügel Helgis vorbeikam, sah sie
mit ungläubigem Staunen, dass Helgi selbst mit einem stattlichen Gefolge
auf den Hügel zuritt. Sie überwand ihre Scheu und sprach den Helden an,
was das zu bedeuten habe. Sie meinte, dass nun, da sie längst Begrabene
hoch zu Ross erblicke, das Ende der Welt gekommen sei. Sie eilte zu Sigrun
und berichtete ihr, was sie gesehen hatte: Helgi ist heimgekehrt, sein Hügel
steht offen, seine Todeswunde blutet. Er bittet Sigrun ihn aufzusuchen!

Da ging Sigrun sogleich hinaus, ihren Gatten voll Jubel zu begrüßen, aber
bitterer Schmerz trübte ihre Freude, als sie ihn erblickte. Denn seine Brünne war blutig, sein Haar bedeckt mit Reif, seine Hände kalt. So war ihre erste Frage, wie sie sein Leid heilen könne. Helgi antwortete, sie selbst trage
Schuld daran, denn jeden Abend weine sie blutige Tränen und die fielen
alle auf seine Brust. Sigrun bot ihm ein volles Trinkhorn und Helgi rief:

»Trefflichen Trank
trinken wir noch,
ob Leben und Land
verloren sind!
Keiner singe
uns Klagelieder,
sieht er die Brust auch
durchbohrt vom Speer!
Nun ist die Maid
mir, dem Toten,

die Herrschertochter,
im Hügel gesellt.«

Nicht lange durften sich die beiden Gatten ihres Wiedersehens freuen, denn
nur kurz war die Zeit, die Helgi verweilen durfte. Kaum graute der Morgen,
da erhob er sich, um Abschied zu nehmen. Er sprach:

»Reiten muss ich rötlichen Pfad,
das fahle Ross
die Flugbahn lenken,
muss westlich sein
von Windhelms Brücke,
eh der Hahn im Saal
das Siegvolk weckt.«

Am nächsten Abend sandte Sigrun ihre Magd zum Grabhügel, damit sie
dort wache und ihr sogleich Kunde gebe, wenn etwa Helgi wiederkehre.
Die Magd hielt aber vergeblich Ausschau, und als die Sonne untergegangen
war, erkannte Sigrun, dass sich ihre Hoffnung nicht erfüllen werde. Denn,
so sagte sie, nun wäre Helgi längst gekommen, wenn es hätte geschehen
können.
Sigrun überlebte Helgi nicht lange; Schmerz und Leid brachten ihr bald den
Tod. Aber so, wie man von ihr gesagt hat, sie sei in einem früheren Leben
jene Svava gewesen, die in Liebe mit Helgi, dem Sohne Hjörvards, verbunden gewesen, ging nun von Helgi und Sigrun die Rede, beide seien noch
einmal auf dieser Welt wieder geboren worden, als Helgi der Haddingenkämpfer und als die Walküre Kara. Und auch dieses Paar war einander
schicksalhaft in Liebe verbunden gewesen. Damals galt nämlich der Glaube, den spätere Zeiten freilich verworfen haben, dass Menschen nach Erfüllung ihres Erdendaseins wieder geboren werden können.

DAS SCHWERT TYRFING UND SEINE HERREN

Svafrlami und Arngrim

Vor alten Zeiten bestand in den weiten Länderstrecken an der Ostsee ein mächtiges Reich, das Gardariki hieß. Der erste Beherrscher dieses Reiches, König Sigrlami, war ein Sohn des Gottes Odin, der ihm auch die Herrschaft übergeben hatte. Es war für ihn nicht leicht, sich in seinem Königtum zu behaupten, denn er hatte viele Kämpfe mit feindlichen Gewalten zu bestehen. So war er dauernd von Gefahr umgeben und schließlich fiel er in tapferem Kampf von der Hand des Riesen Thjassi.

Nach ihm übernahm sein Sohn Svafrlami die Herrschaft und brachte den Krieg, in dem sein Vater den Tod gefunden hatte, zu einem siegreichen Abschluss. Er wusste seine Macht so zu festigen, dass er in Sicherheit leben konnte und keine feindlichen Einfälle zu befürchten hatte. Sein Hauptvergnügen war die Jagd und einmal trug es sich zu, dass er einen Hirsch aufstöberte, den er den ganzen Tag über verfolgte ohne ihn erreichen zu können. Als es Abend geworden war, befand er sich in einem ausgedehnten Wald, den er noch nie betreten hatte. Er sah einen felsigen Berg vor sich und vor einer Öffnung im Felsen standen zwei Zwerge, die bei seinem Anblick versuchten in den Berg hinein zu entkommen. Svafrlami wusste sie aber so zu bannen, dass ihre Flucht misslang, und nun boten sie Lösegeld an.

Der König fragte, wie sie hießen, und da nannte sich der eine Dvalin, der andere Dulin. Der König sprach: „Da ihr die geschicktesten von allen Zwergen seid, so sollt ihr mir ein Schwert schmieden; dazu sollt ihr alle eure Kunst zusammennehmen und sein Griff und die Querstange sollen aus Gold sein. Es soll Eisen schneiden, als wären es einfache Kleider und kein Rost soll daran haften. Jedem, der es führt, soll es in der Schlacht wie beim Zweikampf den Sieg bringen." Das versprachen die Zwerge und der König ritt darauf heim.

Als der festgesetzte Tag gekommen war, ritt der König zum Felsen und die Zwerge standen bereits da und erwarteten ihn. Sie überreichten dem König

das Schwert und er sah, dass es sehr schön war. Dvalin aber, der in der Fels-
öffnung stand, sprach: »Dieses Schwert wird eines Mannes Mörder, sooft
es gezückt wird, und drei Neidingstaten sollen damit vollbracht werden; es
soll auch dein Mörder werden.« Da hieb der König nach dem Zwerg, dieser
aber schlüpfte in den Felsen und die Öffnung schloss sich, sodass der Hieb
den Felsen traf, in den das Schwert bis zur Querstange eindrang.

Der König nannte das Schwert Tyrfing und trug es seither in jeder Schlacht;
er führte es auch in allen Zweikämpfen und stets errang er den Sieg.

Sein Schicksal nahm eine jähe Wendung, als von Osten her der Wiking Arngrim in sein Land einfiel und es zu verheeren begann. Svafrlami zog ihm
entgegen und es kam zu einer Schlacht, wobei er mit Arngrim unmittelbar
zusammenstieß. Svafrlami hieb mit dem Schwert nach Arngrim und der
Hieb traf den Schild, von dem ein Stück abgehauen wurde. Dann aber fuhr
die Waffe in den Erdboden und haftete dort fest, sodass der König sie nicht
herauszuziehen vermochte. Da hieb ihm Arngrim die Hand ab, ergriff das
Schwert, zog es aus dem Boden und versetzte damit Svafrlami den Todesstreich. Nach dem Fall des Königs verloren auch viele seiner Mannen ihr
Leben und die Wikinger gewannen den Sieg. Svafrlami hatte eine schöne
und kluge Tochter, die Eyfura hieß. Ihrer bemächtigte sich Arngrim und
nahm sie sowie reiche Beute mit auf seinen Hof Bolm.

Arngrim und Eyfura hatten zwölf Söhne; der älteste war Angantyr, dem der
Vater, sobald er herangewachsen war, den Tyrfing übergab. Das Schwert
hatte aber die Eigenschaft, dass, selbst wenn es finster war, leuchtende
Strahlen von ihm ausgingen, sobald es aus der Scheide gezogen wurde.
Wem aber eine Wunde geschlagen war, der erlebte den nächsten Tag nicht
mehr, mochte die Wunde nun groß oder klein sein.

Die elf Brüder Angantyrs hießen Hervard, Hjörvard, Säming, Hrani, Brami,
Barri, Reifnir, Tindr und Bui. Die beiden jüngsten waren Zwillinge und
man nannte sie die beiden Haddinge. Sie alle waren Berserker, und wenn
sie ausfuhren, so waren sie stets alle zwölf allein in einem Schiff. Weite Wikingerzüge unternahmen sie, bei denen sie stets den Sieg errangen. Wenn
die Berserkerwut über sie kam, verließen sie ihre Schiffe und begaben sich

an Land, wo sie sich auf Bäume und große Steine stürzten. Das taten sie darum, weil es sich schon zugetragen hatte, dass sie in ihrer besinnungslosen Wut die Mannschaft ihrer eigenen Schiffe angefallen und bis auf den letzten Mann getötet hatten.

Angantyr und Hjalmar

Zu Uppsala im Schwedenreich herrschte damals König Yngvi. Er hatte eine Tochter namens Ingibjörg, die als die schönste und klügste unter den Frauen galt, sodass ihr Ruf sich überallhin verbreitete. Auch die Arngrimsöhne hatten davon gehört, und als sie einmal alle zwölf zur Julzeit bei ihrem Vater Arngrim zu Bolm weilten, da tat Hjörvard am Julabend das Gelübde, er wolle Ingibjörg zur Frau gewinnen oder aber niemals ein anderes Weib nehmen und im Kampf fallen.

So kam es, dass die Brüder im nächsten Sommer ihre Fahrt ins Schwedenreich nach Uppsala richteten. Gemeinsam betraten sie dort die Königshalle und Hjörvard verkündete König Yngvi, was er gelobt hatte. Er verlangte Ingibjörg zur Gattin. Zum Schluss verlangte er vom König, er möge ihm die Entscheidung über diese Werbung kundtun. Da sprang Hjalmar der Tapfere über den Tisch hinweg vor den König und sprach: »Erinnert Euch, Herr, welche Ehren ich errungen habe, seitdem ich in Euer Reich gekommen bin, und wie oft ich für Euch Lebensgefahr auf mich genommen habe. Als Lohn für meine Dienste erbitte ich jetzt Eure Tochter zum Weib. Es scheint mir auch geziemender, meine Bitte zu erfüllen, als diesen Berserkern zu willfahren, die jedermann Übles zufügen.« Der König aber war unschlüssig, was er antworten sollte, um der Gefahr zu entgehen, die er drohen sah, und schließlich sagte er: »Das ist meine Entscheidung, dass Ingibjörg selbst wählen soll, wen sie zum Mann haben will.« Diese aber sprach: »Wenn Ihr mich einem Mann vermählen wollt, dann will ich den haben, der mir längst durch seine guten Taten bekannt ist, und nicht einen, von dem ich nichts als Böses gehört habe, wie von den Söhnen Arngrims.« Auf diese Worte hin sagte Hjörvard, er sehe wohl, dass Ingibjörg Hjalmar liebe, und wolle sich auf keinen Wortstreit mit ihr einlassen. Hjalmar aber forderte er übers Jahr zur Mittsommerzeit zum Zweikampf auf der Insel Samsey und dieser nahm die Herausforderung an.

Darauf fuhren die Arngrimsöhne nach Hause zu ihrem Vater und berichteten ihm, was geschehen war; Arngrim aber antwortete, er habe früher niemals so für seine Söhne gefürchtet wie jetzt, da er von dem bevorstehenden Kampf mit Hjalmar erfahre.

Die Brüder blieben den Winter über zu Hause, aber als es Frühling wurde, rüsteten sie sich zur Ausfahrt und zogen zuerst zu einem Jarl namens Bjartmar, wo sie gute Bewirtung fanden. Als es aber Abend geworden war, verlangte Angantyr, der Jarl möge ihm seine Tochter Tofa zum Weib geben, und da dieser zustimmte, wurde sogleich der Brautlauf gefeiert. Bald darauf rüsteten die Arngrimsöhne zur Reise. In der Nacht aber, bevor sie aufbrachen, hatte Angantyr einen Traum, den er dem Jarl erzählte: Er und seine Brüder waren, wie er meinte, auf Samsey; da fanden sie viele Vögel und töteten sie. Dann schien es ihm, als kämen sie zum zweiten Mal auf die Insel, und da flogen ihnen zwei Aare entgegen. Angantyr kämpfte mit einem der Vögel und das gab einen harten Strauß; schließlich mussten beide sich niederlassen und keiner von ihnen war noch kampffähig. Der zweite Aar aber kämpfte gegen die elf Brüder Angantyrs und überwand sie alle. Der Jarl antwortete, das bedeute den Tod mächtiger Männer.

Die Brüder brachen nun auf und fuhren nach Samsey. Sie kamen in den Hafen, der Munarvag heißt, und dort sahen sie zwei Schiffe. Sie glaubten sicher zu sein, dass das die Schiffe Hjalmars und Odds des Weitgereisten seien, den man auch Örvar-Odd nannte. Da kam die Berserker-Wut über sie; je sechs von ihnen stürmten auf eines der beiden Schiffe, und obgleich die Mannschaft sich tapfer wehrte, erschlugen sie doch alle bis auf den letzten Mann. Dann stiegen sie, heulend vor Wut, an Land. Hjalmar und Örvar-Odd waren an Land gegangen und hatten Ausschau gehalten, ob die Berserker schon gekommen seien. Als sie dann wieder zu ihren Schiffen hinabstiegen, sahen sie gerade die Berserker an Land gehen und erkannten, was mit ihrer Schiffsmannschaft geschehen war. Bevor es aber zum Kampf kam, erbot sich Odd zum Zweikampf gegen Angantyr, in dessen Hand er den Tyrfing wusste, Hjalmar aber sollte gegen dessen elf Brüder kämpfen. Davon wollte jedoch Hjalmar nichts wissen, da der Kampf gegen den Gegner, der den Tyrfing führte, weitaus der gefährlichste war: »Etwas anderes habe ich der Königstochter in Schweden gelobt, als dass ich dich oder einen anderen in diesem Zweikampf für mich fechten lasse. Mein ist der Kampf gegen Angantyr, denn mich zuerst geht dieser Zweikampf an!« Damit zog er sein Schwert und ging Angantyr entgegen, und bevor sie die Schwerter kreuzten, wies jeder von ihnen den anderen nach Walhall. Zur gleichen Zeit griff Hjörvard Odd an, aber er fiel nach hartem Kampf und ebenso nach ihm Hervard und dann Hrani, bis schließlich alle elf Berserker gefallen waren und nur noch Odd allein am Leben war.

Inzwischen maßen sich Angantyr und Hjalmar in hartem Kampf, in dessen Verlauf Hjalmar sechzehn Wunden empfing; Angantyr aber sank tot zu Boden. Da trat Odd zu seinem Gefährten und sprach:

> »Was hast du, Hjalmar?
> Hin ist die Farbe,
> tiefe Wunden
> trafen dich schwer;
> dein Helm ist zerhauen,
> dein Harnisch klafft;
> das Leben wirst du
> lassen müssen.«

Hjalmar aber antwortete voll Stolz, niemals würden die Frauen daheim hören, dass er Schwerthieben ausgewichen sei. Er blickte zurück auf sein von Kampf erfülltes Leben, das nun zu Ende ging. Er bat Odd, er möge zum Zeichen für den tapferen Kampf, den er als letzten ausgefochten hatte, seinen Helm und seine Brünne Ingibjörg überbringen. Auch den Goldring von seiner Hand sandte er ihr, die er niemals wieder sehen werde.

Als Hjalmar verschieden war, setzte Odd die zwölf Berserker samt allen ihren Waffen in großen Grabhügeln bei, Hjalmars Leiche aber nahm er mit und brachte sie nach Schweden. Als Ingibjörg den Toten sah, stürzte sie leblos zu Boden und beide wurden zu Uppsala begraben.

Hervör

Angantyrs Gattin Tofa war bei ihrem Vater, dem Jarl Bjartmar, geblieben, während sich das alles zugetragen hatte. Sie brachte nach dem Tod Angantyrs ein Mädchen zur Welt, das, wie es Brauch war, mit Wasser begossen und Hervör genannt wurde. Hervör war schön von Angesicht, wohlgestaltet und kräftig, aber von böser Sinnesart, und als sie einmal mit einem Knecht in Streit geriet, warf dieser ihr vor, ihr Vater sei ein geringer Mann gewesen. Da trat Hervör sogleich vor ihren Muttervater, den Jarl Bjartmar, und verlangte von ihm Auskunft darüber, welcher Abkunft sie von Vaters Seite her sei. Da erzählte ihr dieser von ihrem Vater Angantyr und von dessen Schicksal. Schon von ihrer ersten Jugend an war Hervör am liebsten mit Schild und Schwert umgegangen; nun legte sie Manneskleider an, nannte sich Hervard und schloss sich einer Wikingerschar an. Als sie bei ihren Fahrten in die Gegend von Samsey kamen, verlangte Hervör an der Insel zu landen, aber alle rieten ihr davon ab, sie zu betreten, weil Gespenster dort umgingen und es nicht geheuer darauf sei.

Sie aber ließ sich nicht abhalten und ruderte schließlich allein in einem Boot nach der Insel. Mit Sonnenuntergang erreichte sie diese, und als sie an Land gegangen war, traf sie einen Hirten, den sie nach den Grabhügeln der zwölf Brüder fragte. Aber obgleich sie dem Mann wertvolle Gaben als Belohnung bot, wagte sich dieser nicht landeinwärts, denn er fürchtete die Totengeister, die dort umgingen, und die Feuer, die nachts aus den Hügeln emporloderten. So musste sich Hervör allein ihren Weg suchen, doch fürchtete sie weder Feuer noch Totengeister und kam endlich zu den Gräbern der Berserker. Da sprach sie:

»Wache, Angantyr!
Es weckt dich Hervör,
deiner Tofa
einzige Tochter.
Aus dem Hügel gib
das harte Schwert,
das Zwerge schlugen
dem Svafrlami!«

So wie den Vater rief sie auch dessen Brüder auf, doch es blieb still in den
Grabhügeln, bis sie endlich Verwünschungen über die Toten aussprach, um
sie zum Reden zu bewegen:

»So fühlt im Innern
euch alle zernagt,
als ruhtet ihr
im Emsenhügel!
Oder gebt das Schwert,
das Dvalin schlug –
Toten taugt nicht
treffliche Wehr!«

Da endlich gab Angantyr Antwort:

»Hervör, Tochter,
was tönt dein Ruf!
Schrecklich Geschick
schaffst du dir selbst:
Wirr bist du worden
und wahnbetört,
Wildes sinnend,
weckst du Tote.

Mich barg nicht Vater
noch Freund im Grab;
nicht gab man Toten
den Tyrfing mit.
Beute blieb er
der beiden Sieger.
Ihn hat noch heute
der Helden einer.«

Hervör aber glaubte dem Toten nicht; sie meinte, er wolle sich von der Waffe nicht trennen und sie darum betrügen. Immer dringender forderte sie das Schwert und ließ auch dann nicht ab, als Angantyr sie warnte, der Tyrfing werde ihr ganzes Geschlecht ausrotten. Sie drohte mit einer Verwünschung, die den Toten die Grabesruhe rauben werde; da sträubte sich Angantyr nicht länger, ihren Wunsch zu erfüllen, und mit der glücklich gewonnenen Waffe schritt Hervör zum Strand zurück. Vergeblich aber hielt sie nach den Wikingern Ausschau, denn diese waren, erschreckt durch das Feuer und das Getöse auf der Insel, längst davongefahren. Da wagte sich Hervör ganz allein in ihrem Boot auf das offene Meer und fuhr so lange, bis sie zu König Gudmund nach Gläsisvellir kam. Sie nannte sich auch dort Hervard und blieb den Winter über Gast des Herrschers. Eines Tages ließ sich einer von Gudmunds Mannen dazu verleiten, den Tyrfing aus der Scheide zu ziehen. Hervör aber ergriff die Waffe und tötete den Vorwitzigen. Nach dieser Tat eilte sie sogleich hinweg. König Gudmunds Gefolgsleute wollten sie verfolgen, aber der König hinderte sie daran mit den Worten, sie wüssten nicht, wer der Fremde eigentlich sei; er werde ihnen schlimmen Schaden zufügen, ehe sie ihn fangen könnten. So entkam Hervör unbehelligt. Sie unternahm viele Kriegsfahrten und behielt immer den Sieg. Endlich aber wurde sie des Kriegslebens überdrüssig und kehrte zu ihrem Muttervater heim. Davon hörte Höfund, der Sohn Gudmunds; er suchte sie auf und begehrte sie zum Weib. Seine Werbung wurde angenommen und so führte er Hervör als Gattin in seine Heimat.

König Heidreks Jugend

K önig Höfund war ein kluger Mann und gerechter Richter, der niemals sein Urteil nach Gunst oder Ungunst fällte. Mit Hervör hatte er zwei Söhne, die Angantyr und Heidrek hießen. Beide waren tüchtige Männer, stark und schön. Angantyr glich in jeder Beziehung seinem Vater und erwies jedem Mann Wohlwollen, sodass Höfund und mit ihm alles Volk ihn sehr liebten. Aber so viel Gutes er tat, so viel Schlechtes tat Heidrek, dem Hervör besonders zugetan war.

Einmal gab König Höfund ein großes Gastmahl, zu dem alle vornehmen Männer seines Reiches geladen waren, nur Heidrek nicht. Diesem gefiel das übel, aber er begab sich trotzdem zu dem Festmahl; dabei sagte er zu sich, er werde den Leuten etwas Böses antun. Als er in die Halle trat, ging ihm Angantyr entgegen, begrüßte ihn und lud ihn auf den Platz neben sich ein. Heidrek aber war unfroh, und sooft Angantyr sich entfernte, reizte er die Männer zum Streit auf. Angantyr stillte den Streit immer wieder, aber schließlich ward Höfund dessen gewahr, was sich abspielte, und wies Heidrek aus der Halle. Angantyr begleitete ihn hinaus und verabschiedete sich von ihm, aber als er umgekehrt war und einige Schritte gegangen war, warf Heidrek im Dunkel einen großen Stein nach ihm. Er ging der Richtung nach, in die er geworfen hatte, und fand seinen Bruder tot. Da kehrte Heidrek in die Halle zurück und sagte Höfund, was geschehen war. Voll Zorn wies ihn dieser aus dem Land und sagte, er solle ihm nie wieder unter die Augen kommen; besser wäre es, ihn zu erschlagen oder zu hängen. Hervör, die Königin, meinte, Heidrek habe nur wenig Schuld an dem, was geschehen sei, und es sei eine harte Strafe, wenn er nie wieder in das Reich seines Vaters zurückkehren dürfe und so ohne alle Habe in die Fremde ziehen müsse. Höfunds Urteil war jedoch unabänderlich und niemand wagte es, dagegen zu sprechen oder für Heidrek um Frieden zu bitten.

Als nun Heidrek aus der Halle ging, folgte ihm seine Mutter und sprach zu ihm: »Nun hast du so gehandelt, mein Sohn, dass du an keine Rückkehr denken kannst. Ich habe nicht die Macht dir zu helfen. Hier ist aber ein wenig Gold und ein Schwert, das ich dir geben will. Es heißt Tyrfing, das hat einst Angantyr besessen, dein Muttervater. Niemand ist so unwissend, dass er nicht von seinen Taten gehört hätte. Wenn du dorthin kommst, wo Männer die Waffen kreuzen, so denke daran, wie oft der Tyrfing den Sieg errungen hat.« Sie wünschte ihm Glück auf seinem Weg und damit schieden sie voneinander.

Heidrek wanderte nun weite Wege, bis er endlich in das Land der Hreidgoten kam, über das König Harald herrschte. Harald war schon alt und hatte keinen Sohn; sein Reich war einst sehr groß gewesen, aber es erlitt dauernd Einbußen, denn viele Feinde unternahmen Heerzüge gegen ihn und stets, wenn Harald ihnen entgegentrat, erlitt er Niederlagen. Schließlich war es so weit gekommen, dass er seinen Feinden zinspflichtig geworden war.

Schon nach kurzem Aufenthalt bei König Harald erkannte Heidrek, wie es mit dessen Reich bestellt war, und da er sich bald die Freundschaft des Königs erwarb, riet er ihm zum Krieg. Er erbot sich das Heer Haralds anzuführen und dieser nahm das Angebot an. Ein mächtiges Heer wurde versammelt und Heidrek fiel damit in das Gebiet der beiden Jarle ein, die Haralds ärgste Feinde waren. Sobald diese erfuhren, was vorging, zogen sie Heidrek an der Spitze ihres Heeres entgegen, und als die beiden Gegner aufeinander trafen, kam es zu einer schweren Schlacht. Heidrek führte den Tyrfing und nichts hielt diesem Schwert stand, weder Helm noch Brünne, und alle erlitten den Tod, die ihm in die Nähe kamen. Kämpfend durchschritt Heidrek das Heer seiner Gegner, bis er auf die beiden Jarle traf, die ebenfalls durch ihn ihr Leben lassen mussten. Als sie gefallen waren, floh das, was von ihrem Heer noch übrig war, aber die meisten waren auf der Walstatt geblieben. Heidrek durchzog nun das ganze Land und machte es wieder König Harald zinspflichtig. Mit reicher Beute kehrte er als Sieger heim. König Harald ließ ihn mit großen Ehren einholen und bot ihm an bei ihm zu bleiben und über ein ebenso großes Reich zu gebieten wie er selbst.

König Heidreks Nachkommen

K önig Harald hatte eine Tochter namens Helga. Heidrek warb um sie und erhielt sie zur Gattin; auch das halbe Reich seines Schwiegervaters wurde ihm übergeben. Seine Frau gebar ihm bald darauf einen Sohn, den er Angantyr nannte. Auch König Harald wurde in seinem Alter noch ein Sohn geschenkt.

In dieser Zeit trat so schwere Missernte ein, dass es schien, als ob das ganze Land veröden sollte. Da wurde das Los geworfen und der Spruch lautete, dass es keine Fruchtbarkeit im Hreidgotenland geben werde, bevor nicht der Knabe geopfert werde, der von allen im Land der edelste sei. Da sagte Harald, das sei Heidreks Sohn, Heidrek aber, der Spruch meine den Sohn Haralds. Da beschloss man die Entscheidung des Königs Höfund einzuholen, der durch sein unbestechliches Urteil bekannt war, und Heidrek suchte ihn in Begleitung vieler angesehener Männer auf. Als Heidrek zu seinem Vater kam, wurde er gut aufgenommen. Er legte Höfund den Fall vor und verlangte von ihm eine Entscheidung. Höfund erklärte, dass Heidreks Sohn der Vornehmste sei. Da meinte Heidrek, Höfund habe für seinen Sohn durch diese Entscheidung das Todesurteil gesprochen, und was er ihm nun in dieser Lage rate? Darauf erwiderte Höfund, Heidrek solle verlangen, dass jeder zweite Mann aus dem Gefolge König Haralds seinem Befehl unterstellt werde, und erklären, dass er die Opferung seines Sohnes nicht zulasse, wenn ihm diese Forderung nicht erfüllt werde. Darüber aber, was er dann tun solle, wenn ihm sein Wunsch gewährt werde, könne er ihm keinen Rat mehr geben.

Sobald Heidrek in das Land der Hreidgoten zurückgekehrt war, ließ er ein Thing berufen und erklärte, dass nach dem Ausspruch Höfunds sein Sohn der Vornehmere und daher für das Opfer ausersehen sei; dafür aber wolle er die Verfügungsgewalt über jeden zweiten Mann aus König Haralds Gefolge haben; er verlange, dass man ihm dies gelobe. Sein Wille wurde erfüllt. Darauf ließ er für seine Mannen, deren Zahl dadurch gewaltig angewachsen war, zum Sammeln blasen und griff König Harald an. Es kam zu einer großen Schlacht, in der König Harald mit vielen seiner Mannen fiel. Heidrek unterwarf sich nun das ganze Reich, das früher König Harald besessen hatte, und wurde zum König darüber eingesetzt. Er erklärte, statt seines Sohnes solle das gesamte Kriegsvolk, das da gefallen sei, als Opfer gelten, und weihte alle Schlachttoten Odin. Seine Gattin Helga war aber so zornig über den Tod ihres Vaters, dass sie sich im Disensaal erhängte.

Eines Sommers zog Heidrek mit seinem Heer ins Hunnenland und kämpfte dort mit König Humli. Er errang den Sieg und nahm die Königstochter, die Sifka hieß, als Gefangene mit in sein Reich. Im nächsten Sommer sandte er sie wieder zurück; sie gebar aber einen Knaben, der Hlöd genannt wurde. Er war sehr schön von Angesicht und wurde von seinem Muttervater Humli erzogen. König Heidrek weilte nun eine Zeit lang ruhig auf seinem Königshof, bis er eines Sommers Boten zu König Hrollaug von Gardariki mit dem Angebot sandte, er wolle dessen Sohn Herlaug aufziehen. Als dieser die Botschaft vernommen hatte, trug er schwere Bedenken, seinen Sohn in die Hände eines Mannes zu überantworten, der durch so viele Übeltaten berüchtigt war. Die Königin dagegen erinnerte ihn daran, dass Heidrek ein mächtiger und stets siegreicher Mann sei, und meinte, dass es gut sei, die Ehrung anzunehmen, weil sonst der Friede in Gefahr wäre. Da stimmte ihr der König zu und der Knabe wurde den Boten anvertraut, die ihn zu König Heidrek brachten. Dieser sorgte trefflich für ihn und liebte ihn sehr.

Inzwischen war Sifka, die Tochter des Hunnenkönigs Humli, zu Heidrek zurückgekehrt; man hatte diesem aber geraten, er möge ihr nichts von dem anvertrauen, was er geheim halten wolle. Nun sandte einmal König Hrollaug Botschaft an König Heidrek und lud ihn zu einem Besuch ein. Heidrek folgte dieser Einladung und nahm außer einem großen Gefolge auch den Königssohn und Sifka mit auf die Reise. In Gardariki wurde er geziemend aufgenommen und glänzend bewirtet. Eines Tages ritten die beiden Könige mit großem Gefolge auf die Jagd und dabei ergab sich, dass Heidrek und sein Ziehsohn im Wald allein waren. Da verlangte Heidrek von Herlaug, er möge sich in einem Gehöft in der Nähe verbergen und erst dann hervorkommen, wenn er ihn holen lasse.

Als König Heidrek abends heimkehrte, zeigte er sich sehr unfroh, sodass
Sifka ihn fragte, was ihn bedrücke. Heidrek antwortete, es sei höchst gefährlich für ihn, darüber zu sprechen, denn sein Leben hänge daran, dass es
geheim bleibe. Da versprach sie zu schweigen und zeigte sich sehr besorgt
und liebevoll. Darauf erzählte ihr Heidrek, er habe auf Bitten Herlaugs mit
dem Tyrfingschwert Früchte von einem Baum geschlagen. Nun habe aber
das Schwert die Eigenschaft, dass es jedes Mal, wenn es gezogen werde,
einen Menschen töten müsse, und da sie beide allein gewesen seien, habe er
Herlaug mit dem Tyrfing töten müssen.

Als man am nächsten Tag beim Gelage saß, fragte die Gattin des Königs
Hrollaug Sifka, warum Heidrek so unfroh sei. Da antwortete diese, dafür
habe Heidrek reichlich Grund, denn er habe seinen Ziehsohn erschlagen.
Da sagte die Königin, das sei eine böse Nachricht, sie wollten sie nicht laut
werden lassen. Sie begab sich aber gleich darauf in ihrem Schmerz aus der
Halle hinweg. Ihr Gatte sah das, rief Sifka zu sich und fragte sie, was sie mit
der Königin gesprochen habe, dass sie sich derart gebärde. Da berichtete
ihm Sifka, was Heidrek ihr anvertraut hatte, und als der König das hörte,
befahl er sogleich Heidrek zu ergreifen und zu fesseln. Dieser aber ließ
heimlich nach Herlaug senden, und während König Hrollaug seine Mannen
zusammenrufen ließ und befahl, Heidrek an den Galgen zu hängen, kam
Herlaug herbei und bat seinen Vater, er möge doch nicht eine solche Neidingstat verüben und seinen Ziehvater töten lassen.

Heidrek wurde nun freigelassen und rüstete sich sogleich zur Heimfahrt.
Die Königin riet aber ihrem Gatten: »Lass Heidrek nicht unversöhnt ziehen, Herr, denn das schadet deiner Herkunft; biete ihm lieber Gold und Silber!« Der König tat so, aber Heidrek meinte, was Hrollaug ihm anbiete, das
habe er alles selbst. Da bot ihm der König auf den Rat seiner Gattin Land
und Leute an, aber Heidrek lehnte auch dies ab. Als die Königin das erfuhr,
sprach sie: »Biete ihm das an, was er annehmen wird – die Hand deiner
Tochter!« Der König antwortete, dass er nie daran gedacht habe, aber die
Königin solle ihren Willen haben. Er sagte zu Heidrek: »Lieber, als dass wir
in Unfrieden scheiden, will ich, dass du meine Tochter zum Weib nimmst,

und das unter den ehrenvollen Bedingungen, die du selber stellst!« Dieses
Angebot nahm Heidrek gerne an und führte Hergerd, die Tochter des Königs, in sein Reich.

Heidrek wollte Sifka nicht mehr an seinem Hof dulden, weil sie sein Geheimnis, mit dem er sie auf die Probe gestellt hatte, verraten und ihn so in
schwerste Gefahr gebracht hatte. An einem Abend, als es schon spät geworden war, ließ er sein bestes Ross satteln und brach samt Sifka auf. Als sie zu
einem Fluss kamen, wollte er sie hinübertragen. Ehe es ihm aber gelang, am
anderen Ufer Stand zu fassen, stürzte er. Dabei brach sich Sifka das Rückgrat und das war ihr Tod. König Heidrek ließ nun ein großes Festmahl
zurichten und feierte mit Hergerd Hochzeit. Ihre Tochter, die sie Hervör
nannten, wurde von einem mächtigen Mann namens Ormar erzogen. Sie
war sehr schön, und als sie heranwuchs, übte sie sich im Waffengebrauch
und wurde eine Schildjungfrau.

Der Rätselwettkampf
und König Heidreks Ende

König Heidrek herrschte nun in Frieden über sein Reich und wurde
durch seine Macht und seine Weisheit weithin bekannt. In seinem
Gefolge waren zwölf Männer, die über alle Angelegenheiten in seinem
Reich richten sollten. An einem Julabend ließ er einen Eber herbeiführen,
den er dem Gott Freyr geweiht hatte, und legte bei diesem Eber das Gelübde ab, dass niemand, und mochte er sich noch so sehr gegen ihn vergangen
haben, dem Gericht dieser Männer entzogen werden solle. Solchen Frev-
lern sollte es aber stattdessen freistehen, ihm Rätsel aufzugeben, und sie
sollten Frieden haben, wenn er diese Rätsel nicht lösen könne.

In seinem Reich wohnte ein mächtiger Mann namens Gestumblindi, der
mit König Heidrek in Unfrieden lebte. Diesen ließ Heidrek zu sich laden
und drohte ihm, wenn er nicht selbst komme, werde er ihn durch seine
Mannen holen lassen.

Nun war Gestumblindi unschlüssig, was er tun solle, denn er traute sich nicht zu, den König beim Rätselwettkampf zu besiegen, doch wusste er auch, dass er einen harten Stand haben werde, wenn er sich dem Urteil der Gerichtsmänner unterwerfen müsse. Da opferte er Odin, bat ihn um seine Hilfe und versprach ihm dafür reiche Gaben. Eines Abends nun wurde an die Tür geklopft, und als er öffnete, stand da ein Mann, der sich auch Gestumblindi nannte. Er verlangte vom Hausherren, dieser solle mit ihm die Kleider tauschen, und so geschah es auch. Der Hausherr ging daraufhin weg und verbarg sich, der Fremde aber ging ins Haus und alle meinten, in ihm ihren Hausherrn Gestumblindi zu erkennen.

Am nächsten Tag rüstete sich der vermeintliche Gestumblindi zur Begegnung mit dem König, und als er zu ihm in die Halle trat, begrüßte er ihn geziemend. Als Heidrek auf diesen Gruß schwieg, sprach er: »Herr, ich bin gekommen, weil ich mich mit Euch vergleichen will.« Da fragte ihn der König, ob er sich dem Urteil der Gerichtsmänner unterwerfen wolle; Gestumblindi entgegnete, ob es keinen anderen Ausweg gebe, und Heidrek sagte, dass er ihm Rätsel aufgeben könne. Gestumblindi schwankte und wusste nicht recht, was er wählen sollte, aber schließlich entschloss er sich doch, es mit den Rätseln zu versuchen. Er sprach:

>»Das begehrt ich,
> was ich gestern hatte;
> weißt du, was es war?
> Leute lähmt es,
> Rede hemmt es,
> zur Rede reizt es auch.
> König Heidrek,
> kannst du es raten?«

Der König antwortete: »Gut ist dein Rätsel, Gestumblindi, aber das ist die Lösung: Man reiche ihm Eier. Das lähmt vielen den Verstand, manche werden wortkarg dadurch, andere aber redselig.« Da sprach Gestumblindi:

»Von Hause ging ich,
von Hause ging mein Pfad,
ich sah Wege auf dem Weg:
Weg war unten
und Weg oben,
Weg allüberall.
König Heidrek,
kannst du es raten?«

»Gut ist dein Rätsel, Gestumblindi, und das ist die Lösung: Du gingst über
eine Brücke und unter ihr war der Flussweg, aber Vögel flogen dir über das
Haupt und Weg war zu deinen beiden Seiten.« Gestumblindi sprach:

»Welchen Trank
trank ich gestern?
Nicht war es Wasser noch Wein,
nicht Äl noch Met,
noch andre Nahrung;
doch ging ich durstlos von dort.
König Heidrek,
kannst du es raten?«

»Gut ist dein Rätsel, Gestumblindi, und das ist die Lösung: Du lagst im
Schatten, wo der Tau auf das Gras gefallen war, und du kühltest so deine
Lippen und löschtest deinen Durst.« Wieder sprach Gestumblindi:

»Wer ist der Hallende,
der harten Pfad schreitet,
den er schon gestern ging?
Nicht mild küsst er,
der zwei Münder hat
und auf Gold nur geht.

König Heidrek,
kannst du es raten?«

»Gut ist dein Rätsel, Gestumblindi, und das ist die Lösung: Es ist der Hammer des Goldschmieds. Er hallt laut, wenn er auf den harten Amboss
kommt, und das ist sein Pfad.« Darauf sagte Gestumblindi:

»Wer ist der Mächtige,
der über die Marken zieht?
Er frisst Wasser und Wald:
Wind scheut er,
doch Bewaffnete nicht,
und versehrt den Sonnenschein.
König Heidrek,
kannst du es raten?«

»Gut ist dein Rätsel, Gestumblindi, und das ist die Lösung: Es ist der Nebel;
vor ihm sieht man die See nicht, aber wenn Wind aufkommt, verschwindet
er sogleich. Die Menschen können nichts gegen ihn tun. Er verdunkelt den
Sonnenschein.« Gestumblindi fuhr fort:

»Wer ist der Mächtige,
der über manches schaltet
und halb sich zur Hel wendet?
Leute schützt er,
mit dem Land hadert er,
hat einen volltreuen Freund.
König Heidrek,
kannst du es raten?«

»Gut ist dein Rätsel, Gestumblindi, und das ist die Lösung: Es ist der Anker
an einem dicken und starken Tau. Er beherrscht manches Schiff; mit einer

Spitze fasst er die Erde und wendet sich zur Hel. Er schützt manchen Mann.« Nun sprach Gestumblindi:

> »Wer haust im Hochgebirg?
> Wer fällt in Talestiefen?
> Wer lebt ohne Atem?
> Wer schweigt in Ewigkeit nie?
> König Heidrek,
> kannst du es raten?«

»Gut ist dein Rätsel, Gestumblindi, und das ist die Lösung: Der Rabe haust immer im Hochgebirge, aber der Tau fällt stets in Talestiefen, der Fisch lebt ohne Atem, aber der tosende Wasserfall schweigt nie.« Und Gestumblindi wählte das Rätsel:

> »Deute mir das Wunder,
> das ich draußen sah
> vor Dellings Tor!
> Sein Haupt ist
> zur Hel gewandt,
> doch die Sohlen
> zum Sonnenschein.
> König Heidrek,
> kannst du es raten?«

»Gut ist dein Rätsel, Gestumblindi, und das ist die Lösung: Es ist der Lauch. Sein Haupt steckt in der Erde, seine Blätter ragen in die Luft.« Da sprach Gestumblindi:

> »Deute mir das Wunder,
> das ich draußen sah
> vor Dellings Tor!

Es hat zehn Zungen,
zwanzig Augen,
vierzig Füße,
vorwärts stapft es.
König Heidrek,
kannst du es raten?«

»Gut ist dein Rätsel, Gestumblindi, und das ist die Lösung: Du sahst eine
Sau draußen im Hof und die trug neun Ferkel.« Gestumblindi sagte:

»Viere hangen,
viere gangen,
zwei weisen den Weg,
zwei wehren den Hunden,
hinten zottelt einer,
öfters schmutzig.
König Heidrek,
kannst du es raten?«

»Gut ist dein Rätsel, Gestumblindi, und das ist die Lösung: Es ist die Kuh,
sie hat vier Füße und vier Zitzen, zwei Hörner und zwei Augen, der
Schwanz aber zottelt hintennach.« Gestumblindi fragte weiter:

»Wer sind die zwei
mit zehn Füßen,
drei Augen
und einem Schwanz?
König Heidrek,
kannst du es raten?«

»Gut ist dein Rätsel, Gestumblindi, und das ist die Lösung: Es ist Odin, der
auf Sleipnir reitet. Das Ross hat acht Füsse, aber Odin zwei, und sie haben

zusammen drei Augen, Sleipnir zwei und Odin eines.« Noch einmal sprach Gestumblindi:

> »Was sagte Odin
> ins Ohr dem Balder,
> ehe man auf den Holzstoß ihn hob?«

Da rief Heidrek: »Das weißt du allein, du übler Wicht« – denn an dieser Frage hatte er erkannt, dass Odin selbst zu ihm gekommen war und ihm die Rätsel aufgegeben hatte.

Er zückte den Tyrfing und hieb nach Odin; dieser aber verwandelte sich in einen Falken und flog zu einem Hallenfenster hinaus. Heidreks Schwert traf noch den Schwanz des Falken und seitdem hat der Falke einen gestutzten Schwanz. Odin aber sprach: »Dafür, dass du mich hast erschlagen wollen, sollen die schlechtesten Knechte deine Mörder werden.« Und damit schied er von König Heidrek.

König Heidrek hatte mehrere Knechte, die er auf seinen Wikingerzügen gefangen hatte. Sie waren von edler Abkunft und ertrugen ihre Unfreiheit mit größtem Widerwillen; es waren ihrer neun.

Eines Nachts, als König Heidrek in seiner Schlafkammer lag und nur wenige Männer bei sich hatte, verschafften sich diese Knechte Waffen und begaben sich damit zu Heidreks Behausung.

Sie erschlugen die Wachen, erbrachen die Tür und erschlugen den König und alle, die bei ihm waren. Das Tyrfingschwert und alles Gut, das im Hause war, nahmen sie an sich und flohen damit. Niemand aber wusste, wer die Untat begangen hatte und wie man den Mord rächen könnte. So nahm König Heidrek ein ruhmloses Ende.

Angantyrs Vaterrache und die Begegnung mit Hlöd

Nachdem König Heidrek von seinen Knechten getötet worden war, berief sein Sohn Angantyr ein Thing und wurde von diesem zum König über alle die Länder eingesetzt, die sein Vater beherrscht hatte. Er tat dabei das Gelübde, dass er nicht eher den Hochsitz seines Vaters einnehmen wolle, als bis er ihn gerächt habe.

Als das Thing geschlossen war, begab er sich ganz allein auf die Suche nach den Mördern König Heidreks.

Eines Abends ging er den Fluss entlang, der Gripa heißt, auf die See zu und beobachtete dort Männer beim Fischfang. Er hörte, dass sie vom Tod König Heidreks sprachen, und erkannte, dass das Schwert, mit dem sie einen eben gefangenen Fisch köpften, der Tyrfing war. Da wartete er ab, bis sie sich abends in ihrem Zelt zur Ruhe begeben hatten, und gegen Mitternacht, als sie alle eingeschlafen waren, riss er das Zelt nieder und erschlug alle neun Knechte, die seinen Vater ermordet hatten. Dann nahm er das Schwert Tyrfing an sich – denn es war das Wahrzeichen dafür, dass er seinen Vater gerächt hatte – und ritt heim.

Nun war es an der Zeit, für den toten Vater das Erbmahl zu rüsten, zu dem Angantyr alle vornehmen Männer aus seinem ganzen Reich berief, sodass eine stattliche Anzahl von Gästen zusammenkam. Davon hörte auch Hlöd, den einst die kriegsgefangene Sifka dem König Heidrek geboren hatte und der nach dem Tod der Mutter bei dem Hunnenkönig Humli, seinem Muttervater, aufgewachsen war. Er war ein kühner Held geworden, von dem ein altes Lied Kunde gibt:

> Hlöd war geboren
> im Hunnenland
> mit Schild und Schwert
> und schimmernder Brünne,
> mit ringgeschmücktem Helm
> und harter Klinge,

mit wohl gezäumtem Hengst
im heiligen Wald.

Hlöd gedachte seinen Anteil am Vatererbe zu fordern und so ritt er, begleitet
von seinem Gefolge, nach Süden, um mit seinem Bruder Angantyr
zusammenzutreffen und seinen Anspruch geltend zu machen. Als er an seinem Ziel angelangt war, hatte das Erbmahl schon begonnen und Angantyr
saß mit den Seinen beim Festgelage. Da sandte Hlöd einen Mann, den er
vor dem Königshof antraf, zu Angantyr in die Halle und trug ihm auf, dem
König zu melden, dass Hlöd mit ihm zu sprechen wünsche.
Als Angantyr die Botschaft hörte, legte er seine Brünne an, setzte den Helm
aufs Haupt, ergriff den Tyrfing und trat so vor die Tür, umdrängt von der
Schar der Gäste, da alle hören wollten, was Hlöd sagen und Angantyr ihm
antworten werde. Angantyr hieß den Bruder willkommen und lud ihn ein in
die Halle einzutreten und zum Gedächtnis des Vaters am Erbmahl teilzunehmen, das er gerüstet habe. Hlöd aber antwortete, er sei nicht gekommen,
um das Gelage mitzumachen. Er verlangte ohne alle Umschweife, Angantyr solle ihm die Hälfte des väterlichen Erbes aushändigen:

> »Die Hälfte will ich haben
> von Heidreks Erbe,
> von Pfriem und Pfeil
> und jedem Pfennig,
> von Kuh und Kalb
> und knirschender Mühle,
> von Dirne und Dienstknecht
> und deren Kind.
> Den mächtigen Wald,
> den sie Myrkvid heißen,
> das heilige Grabmal,
> das an der Heerstraße liegt,
> den strahlenden Stein

am Gestade des Danp,
die Hälfte der Heerburgen,
die Heidrek besaß,
Land und Leute
und lichte Ringe.«

Angantyr antwortete, dass er eine Teilung des Landes niemals zulassen und lieber kämpfen wolle, als dass er diese Forderung erfülle. Er wies aber trotzdem die Erbforderung des Bruders nicht einfach ab, sondern machte ihm ein wahrhaft fürstliches Angebot:

»Bersten soll, Bruder,
der blinkend
weiße Schild,
und kalter Ger
begegnen dem andern,
ehe das Terwingenland
ich teilen lasse
und dir, Humlung,
die Hälfte gebe.

Geben will ich dir
goldene Ringe,
an Geld und Gut,
was all dein Begehr:
Ich geb dir zwölfhundert Recken,
ich geb dir zwölfhundert Rosse,
ich geb dir zwölfhundert Knappen,
die den Kampfschild tragen.

Jedem Recken geb ich
reiche Geschenke,

andere, edlere,
als er irgend gewann;
eine Maid geb ich
jedem Mann zu Eigen,
jeder Maid häng ich
um den Hals ein Kleinod.

Will dich im Sitzen
mit Silber bedecken,
will dich im Gehen
mit Gold überschütten,
dass Ringe rollen
rings um dich her.«

Einen Augenblick zögerte Hlöd, ehe er Angantyr antwortete, und dieser
Augenblick des Schweigens beschwor ein furchtbares Verhängnis herauf.
Denn noch ehe er auch nur ein Wort sagen konnte, mischte sich der greise
Held Gizur in das Gespräch der beiden Brüder ein, der Mann, der einst
schon König Heidreks Ziehvater gewesen war und nun dem Gefolge An-
gantyrs angehörte. Mit beißendem Hohn sprach er:

»Das sollte genügen
dem Sohn der Magd,
einem Kind der Magd,
ob als König auch erzogen!
Da der Halbechte
auf dem Hügel saß,
als der Edeling
das Erbe nahm.«

Mit diesen Worten traf Gizur Hlöd in sein Innerstes, denn sie erinnerten ihn
daran, dass seine Mutter Sifka Heidrek als Kriegsgefangene hatte folgen

müssen und dieser sie niemals zu seiner rechtmäßigen Gattin erhoben hatte; sie warfen ihm vor, dass er tatenlos die heilige Pflicht der Vaterrache versäumt habe. Nach diesem Schimpf gab es für ihn keine Verständigung mit seinem Bruder Angantyr mehr, und grußlos wandte er sich, gefolgt von den Seinen, in heftigem Zorn zur Rückkehr in das Reich seines Muttervaters, des Hunnenkönigs Humli.

Die Hunnenschlacht und der Bruderkampf
zwischen Angantyr und Hlöd

König Humli fühlte sich durch die Beschimpfung seiner Tochter tödlich beleidigt, als ihm Hlöd berichtete, wie es ihm bei Angantyr ergangen war; doch riet er zur Geduld. Während des Winters sollten sich die Hunnen für den Feldzug rüsten, und sobald die rechte Zeit gekommen sei, wollte er ein Heer versammeln, um gegen Angantyr ins Feld zu ziehen. Als der Frühling kam, waren alle Mannen aufgeboten, die zwölfjährig und darüber waren, und um diese gewaltige Macht beritten zu machen, waren alle Rosse des Landes, von den zweijährigen an, nötig. Mit diesem Heer rückten Humli und Hlöd gegen das Grenzgebiet, einen breiten Waldstreifen, den man Myrkvid, den »Schwarzwald«, nannte, vor. Die Goten hatten aber zum Schutz ihres Reiches an der Grenze eine feste Burg erbaut, über die Angantyrs und Hlöds Halbschwester Hervör gebot; ihr stand ihr Ziehvater Ormar zur Seite.

Eines Morgens bei Sonnenaufgang stand Hervör auf den Zinnen über dem Burgtor, als sie mächtige Scharen Berittener aus dem Wald hervorbrechen sah. Die Waffen der Eindringlinge glänzten in den Strahlen der aufgehenden Sonne und Hervör erkannte, dass mächtige Hunnenscharen in das Land eingefallen waren. Sie ließ das Heerhorn blasen, um ihre Streiter zu sammeln. Dann befahl sie ihnen, sich zu waffnen, ihrem Ziehvater Ormar aber trug sie auf, den Hunnen entgegenzureiten und sie zur Schlacht herauszufordern. Dieser tat nach ihrem Wort und entbot den Hunnen die Schlacht

vor dem südlichen Burgtor. Als er wieder zurückritt, war Hervör mit ihrer
gesamten Mannschaft zur Schlacht gerüstet; alles zog den Hunnen entgegen auf das freie Feld vor der Burg und nun entspann sich ein furchtbarer
Kampf. Das Hunnenheer war aber übermächtig, auf der Seite der Goten fiel
Mann um Mann. Auch Hervör traf das Todeslos, und ihr Gefolge, das sich
um sie geschart hatte, teilte es. Sobald Ormar gesehen hatte, dass sie den
Tod gefunden hatte, floh er mit allen, die noch am Leben waren, und ritt Tag
und Nacht, bis er zu König Angantyr nach Aarheim kam. Er rief ihm zu:
»Von Süden komme ich, um dir Kunde zu bringen! Verbrannt ist das Land
und das Gotenreich vom Blut der Streiter überströmt. Deine Schwester,
Heidreks Tochter, haben die Hunnen getötet und mit ihr die Schar deiner
Krieger.« Als Angantyr das hörte, fasste er mit der Hand in seinen Bart und
sprach zuerst kein Wort. Nach geraumer Zeit aber sagte er: »Unbrüderlich
wurde dir mitgespielt, meine edle Schwester!« Dann musterte er die Mannschaft, die um ihn versammelt war.

> »Groß war meine Mannschaft,
> da wir Met tranken,
> klein ist mein Gefolge,
> da viele nottun.«

Er setzte hinzu: »Keinen Mann sehe ich in meinem Gefolge, mag ich ihm
auch Kleinode bieten, der bereit wäre, schildbewehrt zum Hunnenheer zu
reiten!« Da sprach Gizur der Alte, er verlange keinen Lohn dafür, dass er
das Hunnenheer herausfordere. Sogleich bewaffnete er sich und fragte den
König, wohin er die Feinde zum Kampf entbieten solle. Es war nämlich
Brauch, dass kein Heer das Land vor der Schlacht brandschatzte, wenn der
Landesherr ein Schlachtfeld abgesteckt und die Feinde aufgefordert hatte,
sich dort zum Kampf zu stellen. Angantyr erwiderte:

> »Entbiet sie zur Dylgja
> auf die Dunheide,

jene Walstatt
bei den Jassarbergen,
wo oft die Goten
Gerkampf erhoben
und stolz erstritten
strahlenden Sieg!«

Daraufhin ritt Gizur sogleich dem Hunnenheer entgegen. Bis auf Rufweite
ritt er heran und verkündete mit lauter Stimme den Feinden:

»Fliehn wird euer Volk,
fallen wird euer König,
sinken wird eure Fahne,
Feind ist euch Odin!
Er schrecke eure Scharen
übers Schlachtfeld hin!«

Nach dieser Verwünschung richtete er den Auftrag König Angantyrs aus
und forderte die Hunnen auf, sich auf dem Platz, den dieser bezeichnet hatte, zur Schlacht zu stellen. Als Hlöd hörte, was Gizur sprach, rief er voll
Zorn über die Verwünschung aus: »Man ergreife Gizur, den Greutungenführer, den Boten Angantyrs, der aus Aarheim hierher gekommen ist!«
Dem aber wehrte Humli und sagte, man solle den Boten, der allein gekommen sei, nicht verletzen, und so konnte Gizur ungestört den Rückweg antreten. Im Davonreiten aber rief er: »Weder die Hunnen noch ihre Hornbogen
machen uns Furcht!« Dann gab er seinem Ross die Sporen, ritt zu König
Angantyr zurück und erstattete Bericht. Angantyr aber fragte, wie groß das
Hunnenheer sei. Da sagte Gizur:

»Der Völker sind
sechs beim Feind,
in jedem Volk

fünf Tausende,
jedoch im Tausend
dreizehn Hundert,
in jedem Hundert
die Helden vierfach.«

Nun berief Angantyr alle Mannen in sein Heer, die nur die Waffen führen konnten, und es kam eine so gewaltige Macht zusammen, dass er um die Hälfte Krieger mehr hatte als die Hunnen. Damit zog er auf die Dunheide, und als dort die beiden Gegner aufeinander stießen, kämpften sie den ganzen Tag und zogen sich sodann am Abend in ihre Lager zurück. So ging es acht Tage lang und auf beiden Seiten fielen viele Krieger; die Zahl der Toten war so groß, dass niemand sie nennen konnte. Tag und Nacht stießen aber von allen Seiten Verstärkungen zum Heer Angantyrs und so hatte dieser schließlich nicht weniger Mannschaft als zu Beginn der Schlacht. Diese steigerte sich zu immer größerer Heftigkeit und die Hunnen erkannten, dass sie nur dann hoffen durften mit dem Leben davonzukommen, wenn sie siegten. Denn sie wussten wohl, dass sie von den Goten keinen Frieden erlangen konnten, auch wenn sie darum gebeten hätten. Die Goten aber feuerten einander wechselseitig zum Kampf an und schließlich begannen sie einen so heftigen Angriff, dass die Hunnen ihnen weichen mussten.

Sobald Angantyr das sah, trat er aus seiner Schildburg heraus; er schwang den Tyrfing und fällte damit Mannen und Rosse. Da brach die schützende Schildburg vor Hlöd und Humli und nun kam es zum Zweikampf zwischen Angantyr und Hlöd. In diesem Kampf fiel Hlöd und gleich darauf König Humli. Da stürzten sich die Goten auf die Hunnen, die nach dem Tod ihrer Führer die Flucht ergriffen, und unzählig war die Schar derer, die dabei den Tod fanden. Damit war die Schlacht zu Ende. Angantyr ging hinaus auf das nun ruhige Schlachtfeld und fand dort den toten Hlöd. Er sprach:

»Ich bot dir, Bruder,
bruchfreie Ringe,

an Geld und Gut
was all dein Begehr:
Erlangt hast du nun
als Lohn des Kampfes
nicht Land noch Leute
noch lichte Ringe.
Ein Fluch traf uns, Bruder;
dein Blut hab ich vergossen!
Nie wird das ausgelöscht –
Unheil schuf die Norne.«

König Angantyr herrschte noch lange als mächtiger und angesehener König über Hreidgotenland und aus seinem Geschlecht gingen später noch viele mächtige und berühmte Könige hervor. Vom Tyrfingschwert aber hat man später nie mehr etwas gehört.

FRIDTHJOF DER KÜHNE

König Beli und Thorstein

Über das Gebiet am Sognfjord in Norwegen herrschte einst König Beli. Er hatte drei Kinder, zwei Söhne namens Helgi und Halfdan und eine Tochter Ingibjörg. Ingibjörg war schön und klug und weitaus die Tüchtigste von den drei Geschwistern. Nicht weit vom Königshof stand ein dem Gott Balder geweihtes Heiligtum, Baldershag genannt. Dort war eine Friedensstätte für Menschen und Tiere, denn keinem Lebewesen durfte dort irgendein Schaden zugefügt werden. Auf der anderen Seite des Fjords, dem Königshof gegenüber, erhob sich Framnes, das Gehöft Thorsteins; es stand dem des Königs in nichts nach, und als König Beli zu altern und seine Habe sich zu mindern begann, war ihm Thorstein, der ein Drittel seines Reiches verwaltete, eine große Hilfe. Die beiden waren gute Freunde und luden einander regelmäßig zu Gast, Thorstein den König dreimal im Jahr, Beli aber seinen Freund zweimal.

Thorstein hatte einen Sohn, der Fridthjof hieß; er war der stärkste und tüchtigste Mann im ganzen Land und schon in der Jugend in allen Künsten wohl erfahren; man nannte ihn Fridthjof den Kühnen und er war bei allen Leuten so beliebt, dass sie ihm nur Gutes wünschten.

Als die Königskinder noch in zartem Alter standen, starb ihre Mutter. Da bot sich ein Freibauer namens Hilding zum Ziehvater für die Königstochter an und gab ihr eine treffliche Erziehung. Auch Fridthjof wurde bei Hilding erzogen, sodass er und Ingibjörg Pflegegeschwister waren.

Ganz im Gegensatz zu diesen beiden waren die Königssöhne wenig beliebt bei den Leuten und Helgi fiel schon in früher Jugend dadurch auf, dass er ein besonders eifriger Opferer war.

Thorstein besaß ein besonders gutes und stark gebautes Schiff, das Ellidi hieß. Es hatte fünfzehn Ruder auf jeder Bordseite, deren jedes dreizehn Ellen maß, und wenn Ellidi in See stach, dann waren für jedes Ruder zwei Mann nötig. Fridthjof aber war so stark, dass er ganz allein vorne am Bug zwei Ruder führen konnte. So war er allen anderen jungen Männern seiner Zeit weit überlegen; die Königssöhne aber sahen voll Neid auf ihn.

König Beli wurde von einer schweren Krankheit befallen. Da rief er seine Söhne zu sich und sprach: »Diese Krankheit wird mir den Tod bringen und nun bitte ich euch, dass ihr mit den Männern Freundschaft haltet, deren Freund ich immer war, besonders aber mit Thorstein und Fridthjof, denn ich kann mir nicht verhehlen, dass ihr hinter ihnen weit zurücksteht. Wenn ich aber tot bin, dann sollt ihr einen Hügel errichten und mich darin nach altem Brauch bestatten!«

Nicht lange nach König Belis Tod erkrankte auch Thorstein. Da sprach er zu Fridthjof: »Das rate ich dir, mein Sohn, dass du dich gegen die Königssöhne nachgiebig zeigst, denn so ziemt es sich ihrer Würde wegen; ich sehe voraus, dass dir das zum Nutzen gereichen wird. Mich aber lass unten an der See einhügeln, dem Grabhügel König Belis gegenüber, denn wir waren gewohnt einander über den Fjord hinüber unsere Grüße zuzurufen.« Bald darauf starb Thorstein und wurde in den Hügel gebracht. Fridthjof aber trat sein Erbe an und erhielt das ganze Vermögen des Vaters, den Landbesitz ebenso wie sein bewegliches Vermögen. Er hatte keine Geschwister, wohl aber zwei Ziehbrüder, Björn und Asmund, die sehr an ihm hingen; sie waren beide große und starke Männer.

Fridthjofs Werbung

Fridthjofs Ruhm mehrte sich ständig; es hieß, dass er den Königssöhnen in nichts nachstehe, was deren Eifersucht gegen ihn noch heftiger anfachte. Es kam noch zu keinem offenen Streit und so begaben sich Helgi und Halfdan, als die Zeit gekommen war, als Gäste zu Fridthjof nach Framnes; ihre Schwester Ingibjörg begleitete sie. Die Bewirtung war prächtig und Ingibjörg sprach lange mit Fridthjof. Von allem, was ihm sein Vater hinterlassen hatte, schätzte er zwei Dinge am höchsten: das Schiff Ellidi und einen Goldring, denn es war der kostbarste Ring in ganz Norwegen. Diesen trug Fridthjof beim Gastmahl und Ingibjörg sagte bewundernd: »Einen schönen Ring hast du da, Fridthjof!« »Das ist wohl wahr«, antwortete dieser, doch dann sprachen sie nicht weiter von dem Kleinod. Nach dem Gastmahl kehrten die Geschwister heim, aber die Feindschaft Helgis und Halfdans hatte neue Nahrung erhalten, weil sie Fridthjofs Reichtum wieder gesehen hatten.

Kurz nach dieser Begegnung zeigte sich Fridthjof missmutig und niedergeschlagen. Sein Ziehbruder Björn, der ihn besonders in Ehren hielt, fragte ihn, warum er so unfroh sei. Da gestand ihm Fridthjof, dass ihm Ingibjörg im Sinn liege und dass er um sie werben wolle. »Wenn ich auch kein König bin«, meinte er, »so ist doch mein Ansehen nicht geringer als das ihrer Brüder.« Björn ermunterte ihn dazu, sein Vorhaben auszuführen, und so begab er sich mit geziemendem Gefolge zu Helgi und Halfdan. Die Königssöhne saßen auf dem Grabhügel ihres Vaters, als er seine Werbung vorbrachte, denn es war damals Sitte bei mächtigen Männern, dass sie an dieser heiligen Stätte ihre Entscheidungen trafen. Fridthjof entbot ihnen seinen Gruß und brachte sodann seine Werbung vor. Die Brüder aber antworteten: »Unklug ist es von dir, dass du verlangst, wir sollten unsere Schwester einem Mann zur Ehe geben, der ihrer seinem Stand nach nicht würdig ist, und darum schlagen wir deine Werbung ein für alle Mal ab!« Da sprach Fridthjof: »Wenn es so steht, dann ist unsere Unterredung zu Ende. Das aber ist meine Antwort auf eure Rede: Niemals werde ich euch Gefolgschaft leisten, wenn ihr meiner auch noch so sehr bedürft!« Die Brüder sagten, dass sie das wenig kümmere, Fridthjof aber kehrte sogleich nach seinem Hof Framnes zurück. Er ließ sich nicht anmerken, was ihm widerfahren war, und zeigte sich so heiter, wie er es vorher gewesen war.

König Hring

Über Hringariki, das wie das von Belis Söhnen beherrschte Reich in Norwegen lag, herrschte König Hring. Er war ein mächtiger Heerkönig, der zu dieser Zeit schon sehr betagt war. Er sprach zu seinen Mannen: »Das habe ich gehört, dass sich die Söhne König Belis mit Fridthjof verfeindet haben, dem berühmtesten Helden in ihrem Reich. Nun will ich Boten zu ihnen senden und sie vor die Wahl stellen sich mir zu unterwerfen oder gegen mich zu kämpfen. Der Sieg ist mir gewiss, denn es fehlt ihnen ebenso an Verstand wie an einem Heer, das stark genug wäre mir Widerstand zu leisten. Dennoch wäre es für mich in meinem hohen Alter ruhmvoll, über sie den Sieg zu erringen.« Die Boten machten sich sogleich auf den Weg, und als sie an ihrem Ziel angekommen waren, sagten sie ohne Umschweife: »König Hring sendet euch Botschaft, dass ihr euch ihm unterwerfen und zinspflichtig sein oder gegen das Heer kämpfen sollt, das er gegen euch ins Feld führen wird! Helgi und Halfdan antworteten, sie wollten in ihrer Jugend nicht tun, was ihnen im Alter Schande bringen müsste, nämlich sich schmachvoll unterwerfen. Mit dieser Antwort kehrten die Bo-

ten zu König Hring zurück, der nun sein Heer aufbot. Auch Helgi und Halfdan sammelten ihre Mannschaft, erkannten aber alsbald, dass deren Zahl
viel zu gering war, und sandten Hilding mit der Aufforderung zu Fridthjof,
er solle ihnen mit all seiner Mannschaft zu Hilfe kommen.

Fridthjof saß gerade mit Björn beim Brettspiel, als Hilding eintrat, tat aber,
als höre er dessen Worte gar nicht, sondern unterhielt sich mit seinem Pfle-
gebruder unbekümmert über den Stand des Spieles. Die Worte der beiden
waren aber erfüllt von klug verhüllten Anspielungen, aus denen Hilding
entnahm, Fridthjof hoffe während der Heerfahrt Helgis und Halfdans
Ingibjörg wieder zu sehen, da der Krieg gegen Hring die beiden Könige
daran hindern werde, ihn dafür zur Verantwortung zu ziehen, dass er sich
gegen ihren Willen zu Ingibjörg begebe. Hilding riet daher den Brüdern, sie
sollten diese gut behüten, während sie in der Ferne weilten.

So mussten die Brüder sich ohne Hoffnung auf Fridthjofs Hilfe zum
Kriegszug rüsten. Die Warnung Hildings aber bewog sie dazu, dass sie
Ingibjörg nach Baldershag brachten. Sie meinten, die Heiligkeit dieser
Stätte werde Fridthjof davon abhalten, ihre Schwester aufzusuchen.

Dann zogen sie Hring entgegen nach Jadar ganz im Süden Norwegens, wo
sie mit ihrem Gegner zusammentreffen wollten. Dieser war aber von
schwerem Zorn erfüllt, denn ihm waren höhnische Redensarten der beiden
Brüder zu Ohren gekommen, die gesagt hatten, es sei eine Schande für sie,
mit einem Mann zu kämpfen, der schon so alt sei, dass er ohne Stütze nicht
einmal mehr sein Ross besteigen könne.

Fridthjof und Ingibjörg

Kaum hatten Helgi und Halfdan das Land verlassen, da legte
Fridthjof seine besten Kleider an und schmückte sich mit seinem
kostbaren Goldring. Dann begab er sich mit Björn an den Strand, bestieg
das Schiff Ellidi und stieß vom Land ab. Als Björn fragte, wohin die Reise
gehen solle, antwortete er, er wolle nach Baldershag fahren, um Ingibjörg

aufzusuchen. Björn meinte, dass er dadurch die Götter gegen sich aufbringen werde, aber Fridthjof antwortete, er wolle es dennoch wagen, denn ihm
liege an der Huld Ingibjörgs mehr als am Zorn Balders. So ruderten sie nach
Baldershag und Fridthjof suchte, begleitet von acht Gefährten, Ingibjörg in
ihrem Gemach auf. Diese saß dort umgeben von acht Mägden, die ihre Brüder ihr zur Gesellschaft gegeben hatten. Als sie Fridthjof und seine Begleiter sah, stand sie auf und fragte ihn, wie er es wagen könne, sie ohne Erlaub-
nis ihrer Brüder aufzusuchen und überdies den Zorn der Gottheit herauszufordern. Fridthjof aber gab ihr dieselbe Antwort wie früher seinem Ziehbruder und sprach, ihm liege mehr an ihrer Liebe als am Zorn der Götter. Da
sprach Ingibjörg: »Du sollst hier willkommen sein, Fridthjof, und deine
Mannen mit dir!« Sie räumte ihm den Sitz an ihrer Seite ein, ließ den besten
Wein auftragen und bewirtete ihn, so gut sie es vermochte. Beide unterhiel-
ten sich lange Zeit miteinander und schließlich kam die Rede auf Fridthjofs
Ring. Da sagte er: »Ich will dir den Ring schenken, wenn du mir versprichst
ihn keinem anderen zu geben und ihn mir zurückzusenden, wenn du ihn
nicht mehr haben willst. Bei diesem Ring aber wollen wir einander Treue
geloben!« Da gab ihm auch Ingibjörg den Ring von ihrer Hand und sie
wechselten bei diesem Ringtausch das Treuegelöbnis. Fridthjof kam nun
oft nach Baldershag und unterhielt sich mit Ingibjörg.

Helgis und Halfdans Heimkehr

Während Fridthjof und Ingibjörg zu Baldershag glückliche Tage
verbrachten, waren die feindlichen Heere zusammengetroffen.
Hrings Heeresmacht war aber der Helgis und Halfdans weit überlegen und
es fanden sich Männer, die zwischen den beiden Gegnern vermitteln wollten. König Hring sagte, er wolle unter der Bedingung auf den Kampf verzichten, dass sich die Söhne König Belis ihm unterwürfen und ihm ihre
Schwester Ingibjörg, die sie mit einem Drittel ihrer Habe als Mitgift ausstatten sollten, zur Ehe gäben. Die beiden Könige mussten sich fügen, denn

sie sahen wohl, dass ihre Macht viel zu gering war, als dass sie eine
Schlacht hätten wagen dürfen. So wurde denn der Vertrag nach dem
Wunsch König Hrings geschlossen; der Brautlauf sollte gefeiert werden,
sobald König Hring komme, um seine Verlobte aufzusuchen. Die beiden
Brüder traten daraufhin den Heimweg an und waren mit dem Ausgang ihres
Unternehmens sehr unzufrieden.

Als nun Fridthjof glaubte, dass die Rückkehr Helgis und Halfdans nahe bevorstehe, sagte er zu Ingibjörg: »Du hast mir stets geziemend Gastfreundschaft gewährt und Balder hat uns in keiner Weise fühlen lassen, dass er uns
etwa zürne. Sobald du aber gewiss bist, dass deine Brüder heimkommen, so
breite deine Linnentücher oben auf dem Dach des Disensaales aus, denn
dies Zeichen werde ich von meinem Gehöft aus am besten bemerken.«

Ingibjörg antwortete, Fridthjofs Besuche in Baldershag seien wohl unge-
wöhnlich und gegen den Brauch gewesen, aber sie wisse doch ihre Freunde
geziemend zu empfangen, wenn sie kämen. Damit trennten sie sich. Am
nächsten Morgen ging Fridthjof schon in aller Frühe hinaus ins Freie. Als er
wieder ins Haus trat, sagte er:

> »Meinen Mannen
> will ich's melden:
> Die Minnefahrten
> müssen enden;
> nicht schreiten mehr
> zum Schiff die Krieger,
> denn das Linnen
> liegt auf der Bleiche.«

Da traten die Gefolgsmänner Fridthjofs aus dem Haus und sahen, dass der
Saal der Dis ganz bedeckt war mit weißem Linnen. Björn aber sprach:
»Nun werden die Könige heimkehren und wir werden nicht mehr lange hier
in Frieden wohnen können. Es ist höchste Zeit, dass wir uns vorsehen und
die Mannschaft versammeln, deren wir bedürfen!«

Fridthjof verfuhr nach diesem Rat und eine große Schar von Kriegern kam
bei ihm zusammen.

Die Könige erfuhren alsbald von Fridthjofs Vorkehrungen und Helgi sagte:
»Wir dürfen nicht zulassen, dass Balder durch Fridthjof und seine Leute
solche Schmach erdulden muss. Wir wollen Boten nach Framnes senden
und dort erkunden lassen, welche Buße er uns anbieten will. Wenn er sie
verweigert, dann soll er das Land verlassen – denn unsere Macht ist jetzt
nicht groß genug, um gegen ihn zu kämpfen.«

Hilding überbrachte seinem Ziehsohn die Forderung der beiden Brüder,
Fridthjof solle die Orkaden–Inseln aufsuchen und dort den Zins einfordern,
der seit dem Tod König Belis nicht mehr entrichtet worden sei. Das solle
seine Buße sein, denn Helgi und Halfdan bedürften des Geldes, um die Mitgift ihrer Schwester Ingibjörg aufbringen zu können. Fridthjof, dessen
Freunde ihm rieten, er möge auf diese Forderung eingehen, antwortete:
»Um meine Freunde zu ehren wäre ich wohl bereit zum Friedensschluss.
Die Könige aber werden mir nicht die Treue halten und so will ich zur
Bedingung machen, dass mein gesamtes Eigentum Frieden haben soll,
während ich in der Ferne weile.« Das wurde ihm zugesagt und dieser Vertrag wurde von beiden Teilen durch Eide bekräftigt.

Fridthjof wählte nun achtzehn mutige Mannen aus, die ihn auf seiner See-
fahrt begleiten sollten, und rüstete sich seinen Auftrag auszuführen. Da
fragten ihn seine Mannen, ob er nicht noch vor seiner Abreise König Helgi
aufsuchen und sich mit ihm versöhnen wolle. Sie meinten auch, dass er
trachten solle Balders Zorn zu besänftigen. Fridthjof aber antwortete: »Das
Gelübde lege ich ab, dass ich niemals König Helgi um Frieden bitten werde.« Nach diesen Worten bestiegen er und seine Gefährten das Schiff Ellidi
und steuerten aus dem Sognfjord hinaus aufs hohe Meer.

Sobald Fridthjof die Reise angetreten hatte, sagte Halfdan zu seinem Bruder Helgi: »Wir zeigen am besten, dass wir die Herrn im Land sind, wenn
wir Fridthjof nun sein Verbrechen vergelten. Wir wollen seinen Hof verbrennen und ihm und seinen Mannen einen solchen Sturm senden, dass sie
nicht dagegen aufzukommen vermögen.« Helgi antwortete, dass sie so ver-

fahren wollten, und ohne Verzug brannten sie den Hof Fridthjofs nieder, alle seine Habe aber raubten sie. Nachdem dies geschehen war, sandten sie nach zwei Zauberweibern, Hamglöm und Heid genannt; sie gaben den beiden reichen Lohn und verlangten, sie sollten über Fridthjof und seine Mannen ein so furchtbares Unwetter senden, dass sie alle im Meer umkommen müssten. Die beiden waren sogleich bereit dieses Zauberwerk zu verrichten und bestiegen ihr Zaubergestell, auf dem sie ihre Zauberlieder sangen und den Zauber wirken ließen.

Der Seesturm

Sobald Fridthjof aus dem Sognfjord hinausgesegelt war, überfiel ihn ein schweres Unwetter. Ein furchtbarer Sturm ließ die Wellen mächtig anschwellen und das Schiff kämpfte schwer gegen die See, obgleich Ellidi ein vorzüglicher Segler war. Da erinnerte sich Fridthjof vergangener Tage und sprach:

> »Zu Framnes war's
> früher anders:
> Ich ruderte oft
> zu Ingibjörg;
> im kalten Seesturm
> segle ich jetzt,
> frisch eilt vorwärts
> der Flutenrenner.«

Der Sturm wuchs immer mehr an, aber Fridthjof ließ den Mut nicht sinken und meinte, nun zeige es sich, dass er gute Gefolgsmannen habe, wenn es auch freilich besser und angenehmer gewesen wäre, in Baldershag zu verweilen. Die Wellen schlugen über Bord, sodass sie alle im Wasser standen. Fridthjof aber sprach:

»Das Meer bricht herein;
der Maid bringt Kummer
bald mein Schlummer
im Schwanenhügel;
Wasser nahm über
nun Ellidi.«

Bald darauf tauchte der Schiffssteven ins Wasser, das nun wie ein Wasserfall einströmte. Aber Ellidi war seetüchtig und die Mannen an Bord tapferen Sinns. Björn sprach:

»Nicht treibt's uns, traun,
zum Trunk bei Fraun;
keine Maid zum Met
uns Männer lädt:
Meersalz ätzt
mein Auge jetzt;
der Arm wird matt,
nicht mild ist das Bad.«

Das Unwetter wuchs mit solcher Macht, dass es den Schiffsleuten schien,
Felsklippen und Wasserfälle seien ein angenehmerer Aufenthaltsort als Ellidi; der Seeschwall brach über das Schiff herein. Fridthjof sagte:

»Auf gepolsterter Bank
in Baldershag
sang ich vieles
der Fürstenmaid.
Bald ruh ich bei Ran
auf rauem Bett,
ein andrer aber
bei Ingibjörg.«

Ein furchtbare Woge zerbrach die Brustwehr und beide Segelfüße; sie riss
vier von Fridthjofs Mannen mit sich, die alle ertranken.
Da sprach Fridthjof:

>>Fort riss mir vier
Gefährten das Meer,
liebe Freunde,
die leben sollten;
doch Ran bietet
den raschen Knaben,
die sittenlose,
Sitz und Lager.<<

Das Schiff trieb mitten in der aufgewühlten See, schwere Kälte brach herein, und es war so finster durch Schneetreiben und Nebel, dass man nicht
einmal von einem Ende des Schiffes zum anderen sehen konnte. Da stieg
Fridthjof auf den Mast, und als er wieder herabkam, sagte er: >>Ich habe etwas Sonderbares gesehen; ein mächtiger Wal liegt rings um das Schiff und
ich meine, dass wir nahe an Land sind, von dem uns das Tier fern halten
will. Ich glaube, dass König Helgi nicht freundschaftlich an uns handelt; er
hat uns ein gar unfreundliches Geschenk gesandt: Ich sah zwei Weiber auf
dem Rücken des Wales sitzen und die sind es gewiss, die uns mit Zauberlie-
dern dieses Unwetter heraufbeschworen haben. Nun werden wir erproben,
wer mehr vermag – unser Schutzgeist oder dieses Zauberwerk. Ihr sollt mit
aller Macht auf die Zauberweiber zufahren, ich aber will mit meiner Keule
gegen sie kämpfen. Und zürnend fuhr er fort:

>>Zauberinnen seh ich
zwei auf der Flut,
Helgi hat sie
hierher gesandt;
mitten entzwei

muss ihnen schneiden
den Leib Ellidi,
solang sie noch schwimmt!«

Sogleich gehorchte Ellidi dieser Aufforderung, denn das gute Schiff konnte
menschliche Rede verstehen. Björn ergriff das Steuer, während Fridthjof
seine Keule ergriff und zum Vordersteven eilte:

»Wohl Ellidi!
Auf die Woge spring!
Die Zähne zerbrich
den Zauberinnen!
Kinn und Kiefer
zerkrachen sollen
und beide Beine
den bösen Hexen!«

Fridthjof schleuderte die Keule nach der einen Zauberin, Ellidis Steven
aber traf den Rücken der anderen, sodass er zerbrach. Der Wal tauchte unter
und ließ sich nicht mehr sehen. Das Wetter beruhigte sich, das Schiff aber
stieß auf Grund. Fridthjof jedoch hieß unverzagt seine Mannen das Wasser
ausschöpfen, und obgleich selbst Björn nun den Mut sinken ließ, taten alle
doch nach seinem Befehl. Fridthjof sprach:

»Tapfre dürfen
Tod nicht scheuen.
Seid alle froh,
Gefährten mein!
Trügt nicht der Traum,
so trifft es ein:
Mein Eigen wird
noch Ingibjörg.«

Sie machten das Schiff wieder flott und näherten sich schon dem Land, als ein schwerer Platzregen losbrach. Sogleich fasste Fridthjof auf dem Vorderschiff zwei Ruder zugleich und ruderte mit aller Kraft.

Da klarte es auf und sie sahen, dass sie zur Orkadeninsel Effja gekommen waren. Sie legten nun an, doch waren Fridthjofs Gefolgsmannen so erschöpft, dass sie von ihm und seinen Ziehbrüdern an Land getragen werden mussten. Fridthjof sprach:

>>Acht Freunde trug ich
zur Feuerstatt,
Schiffer, geschwächt
von Schaum und Gischt;
zum Sande kam
mein Segel nun;
des Meeres Macht
sich mild nicht wies!<<

Fridthjof und Angantyr

Über die Insel Effja herrschte Jarl Angantyr. Als Fridthjof auf Ellidi an die Insel herankam, saß er gerade mit seinen Mannen in der Halle beim frohen Gelage. Es war seine Gewohnheit, einen Mann draußen an der Dachluke Ausschau halten zu lassen. Als Fridthjof ans Land kam, hielt gerade ein Mann namens Hallvard Wache; dieser beobachtete die Fahrt Fridthjofs und der Seinen und sprach:

>>Sechs seh ich schöpfen
und sieben rudern,
Schiffer, geschwächt
von Schaum und Gischt;
ein Streitkühner

am Steven sitzt,
Fridthjof, der kräftig
vorwärts rudert.«

Nach diesen Worten trank er das Horn aus, das man ihm hinausgereicht hatte, warf es durch die Luke in das Trinkgemach und sagte zu der Frau, deren Aufgabe es war, den Männern die Trinkgefäße zu reichen:

»Heb vom Boden
das Horn nun auf,
Leichtschreitende!
Geleert hab ich's.
Männer seh ich,
seesturmmatte,
dem Hafen nahen,
die Hilfe brauchen.«

Bei diesen Worten horchte der Jarl auf und fragte Hallvard, was er draußen sehe. Da sagte Hallvard: »Männer sind hier an Land gekommen, die schwer erschöpft sind. Ich meine, dass es tüchtige Leute sind, aber einer von ihnen ist so kräftig, dass er die anderen an Land trägt.« Da sagte der Jarl: »Geht ihnen entgegen, und wenn das Fridthjof, der Sohn meines Freundes Thorstein, ist, so nehmt ihn geziemend auf.« Unter den Zechern war auch ein Wiking namens Aki; der sagte, er wolle nun erproben, ob es wahr sei, dass Fridthjof das Gelübde getan habe, er wolle niemanden zuerst um Frieden bitten. Er ging nun zusammen mit neun Männern Fridthjof entgegen und forderte ihn zum Kampf heraus. Da sprach Fridthjof:

»Nicht sollt ihr uns
überwinden,
unbeherzte
Eilandsmannen!

Ehe ich euch
angeh um Frieden,
fecht ich einer
mit allen zehn.«

Da kam aber Hallvard hinzu und sagte, der Jarl heiße sie alle willkommen
und wolle, dass niemand die Fremden angreife.
Diese Worte nahm Fridthjof wohl auf und sagte, so zieme es sich für beide
Teile. Sie begaben sich sodann zum Jarl, der Fridthjof gut empfing. Sie blieben nun den Winter über bei Angantyr und wurden von ihm während ihres
Aufenthalts reichlich bewirtet. Der Jarl erkundigte sich oft über ihre See-
fahrt und da sprach Björn einmal:

»Wir schöpften –
doch über kam
eiskalte See –
eifrig an Bord
achtzehn Tage;
ein Heldenstück war's
beherzter Mannen,
als wir fuhren
auf Fridthjofs Schiff.«

Der Jarl sagte, dass sich König Helgi schwer an Fridthjof vergangen habe
und dass es eine arge Untat sei, einen Mann durch Zauberei aus dem Weg zu
schaffen. »Ich weiß«, setzte er hinzu, »dass du zu mir entsandt wurdest,
Fridthjof, um den Zins einzufordern. Aber König Helgi soll von mir keinen
Zins empfangen; du dagegen kannst von mir so viel an Vermögen erhalten,
wie du willst, und du kannst das nun Zins nennen oder anders.« Fridthjof
antwortete darauf, dass er das Geld annehmen wolle.

Ingibjörgs Vermählung und Fridthjofs Heimkehr

Während Fridthjof in der Ferne weilte, feierte König Hring in Sogn Hochzeit mit Ingibjörg. Es ging dabei prächtig her; als der König aber den Ring an der Hand Ingibjörgs sah, fragte er sie, woher sie ihn habe. Sie antwortete, das sei ein Erbe von ihrem Vater her. Da sprach König Hring: »Das ist ein Geschenk Fridthjofs und du sollst den Ring nicht länger tragen, denn in meinem Reich wird es dir nicht an Gold mangeln.« Da gab Ingibjörg den Ring der Gattin König Helgis und bat sie, ihn Fridthjof zu geben, sobald er von seiner Fahrt zurückgekehrt sei.

Als das Hochzeitsfest beendet war, reiste König Hring mit Ingibjörg wieder in sein Reich.

Der Winter war vergangen und der Frühling gekommen, da rüstete Fridthjof zur Heimreise. Er und Jarl Angantyr nahmen freundlich voneinander Abschied und Hallvard, der einst die Ankunft Fridthjofs beobachtet hatte, fuhr mit ihm.

Als aber Fridthjof nach Framnes kam, sah er, dass sein Hof niedergebrannt war, und er sprach: »Schwarz gebrannt ist meine Heimstatt und nicht Freunde waren es, die hier gehaust haben!« Voll Gram fuhr er fort:

>»Früher tranken
>zu Framnes wir,
>kühne Männer,
>mit meinem Vater.
>Verheert seh ich jetzt
>den Hof vom Feuer;
>ahnden muss ich's
>an den Edlingen!«

Fridthjofs Rache und Friedlosigkeit

Fridthjof hielt Rat mit seinen Freunden, was er nun am besten tun solle, und da sie ihm die Entscheidung anheim stellten, sagte er, dass er sich zunächst des Zinses entledigen wolle, den er von Jarl Angantyr gebracht habe. Sie ruderten nun über den Fjord hinüber zum Königshof und erfuhren, dass die Könige in Baldershag beim Disenopfer waren. Da begab er sich, von Björn begleitet, dorthin, doch sagte er vorher Hallvard und Asmund, sie sollten alle Schiffe zerstören, ob sie nun groß oder klein seien, die sie in der Nähe ausfindig machen könnten. Er setzte hinzu:

> »Allein steig ich
> vom Strand hinauf,
> brauch kein Geleit
> zum Disensaal.
> Werfet Feuer
> in der Fürsten Hof,
> kehr ich abends
> zu euch nicht heim!«

Während Björn draußen zurückblieb, betrat Fridthjof das Heiligtum. Die Könige saßen gerade beim Festgelage, die Frauen aber salbten am Feuer die Götterbilder und trockneten sie mit Tüchern ab. Fridthjof trat vor König Helgi und sprach: »Nun wirst du den Zins von Jarl Angantyr haben wollen!« Damit hob er den Beutel mit dem Geld empor und warf ihn Helgi ins Gesicht, sodass diesem zwei Zähne ausgeschlagen wurden und er von seinem Hochsitz herab in Ohnmacht fiel. Dazu sprach er:

> »Da hast du den Schoß,
> Heldenkönig,
> vorn in den Zähnen;
> zufrieden sei nun!

> Silber des Beutels
> (den) Boden bedeckt,
> das wir, Björn und ich,
> beide holten.«

Als Fridthjof hinauseilen wollte, sah er seinen Ring an der Hand von König Helgis Weib, die gerade dabei war das Bild Balders am Feuer zu trocknen. Da riss er ihr sein Eigentum vom Finger und dabei fiel das Bildnis ins Feuer. Als das die Gattin König Halfdans sah, griff sie danach und dabei glitt das Götterbild, das sie selbst eben getrocknet hatte, ebenfalls ins Feuer. Durch das Fett der Salbe aber loderte das Feuer hoch auf und ergriff das Dach, sodass bald der ganze Bau in Flammen stand. Fridthjof aber eilte, den Ring in der Hand, ins Freie zu Björn und gemeinsam stürzten sie zu ihrem Schiff. Zwar ließ König Helgi alsbald das Heerhorn blasen, um seine Mannen zur Verfolgung aufzurufen, und er selbst versuchte Fridthjof einzuholen. Er rief, der Mann habe sein Leben verwirkt, der nicht einmal eine Friedensstätte wie Balders Heiligtum verschone, und befahl seinen Mannen Fridthjof und seine Gefährten zu töten. Am Strand sahen sie jedoch, dass alle ihre Schiffe unbrauchbar gemacht worden waren, und da Fridthjof und Björn bereits vom Land abgestoßen hatten, mussten sie mit der Verfolgung innehalten. König Helgi wollte fast bersten vor Zorn. Er spannte seinen Bogen und legte einen Pfeil auf die Sehne, um nach Fridthjof zu schießen, doch überspannte er in seiner Wut den Bogen so sehr, dass dieser zerbrach. Als Fridthjof das sah, packte er zwei von den Rudern Ellidis und gebrauchte sie mit solcher Kraft, dass beide barsten. Da rief er:

> »Ich küsste die junge,
> die Königsmaid,
> Belis Tochter,
> in Baldershag.
> So mögen die Ruder
> in meiner Hand

> beide brechen
> wie der Bogen Helgis.«

Fridthjof sagte seinen Mannen, dass sie nun nicht länger mehr im Land bleiben könnten. »Ich weiß«, sprach er, »dass man mich nunmehr ›Wolf im Heiligtum‹ nennen wird.« Sie zogen nun den Sommer über auf Wikingfahrt aus, und als es Herbst wurde, suchten sie die Orkaden und Jarl Angantyr auf, der sie gut aufnahm und dessen Gäste sie den Winter hindurch blieben. Als aber Fridthjof Norwegen verlassen hatte, berief König Helgi eine Volksversammlung und ließ Fridthjof aus seinem Land verbannen. Alle seine Besitzungen und sein Gut zog er ein. Halfdan setzte sich auf Framnes, der Erbstätte Fridthjofs, fest und ließ den niedergebrannten Hof wieder aufbauen, während König Helgi weiterhin den Königshof bewohnte, den König Beli seinen Söhnen vererbt hatte.

Fridthjof bei König Hring

Auf seinen Wikingfahrten wandte sich Fridthjof gegen Übeltäter und Räuber; Bauern und Kauffahrer dagegen ließ er unbehelligt. Man nannte ihn nun aufs Neue Fridthjof den Kühnen. Drei Jahre lang fuhr er so zur See, dann aber wandte er sich eines Tages nach Osten und landete zu Vik. Er sagte seinen Gefährten, er wolle nun an Land gehen. Sie sollten weiterhin ihre Kriegsfahrten unternehmen, er aber sei dessen überdrüssig geworden und wolle König Hring in Hringariki aufsuchen. Im nächsten Sommer wolle er dann wieder mit ihnen zusammentreffen. Björn warnte ihn vor diesem Unternehmen und schlug vor, sie sollten lieber ihre Heimat aufsuchen und die Könige Helgi und Halfdan zur Vergeltung für ihre Übeltaten töten. Fridthjof wollte indes davon nichts wissen und sagte, er bleibe bei seinem Entschluss, Hring und Ingibjörg aufzusuchen. Er machte sich also auf den Weg, und bevor er an den Hof König Hrings kam, zog er einen großen, zottigen Mantel über seine Kleider. Er führte in jeder Hand einen

Stab, um sich darauf zu stützen, und trug eine Maske vor seinem Antlitz. Er
stellte sich, als sei er ein uralter Mann, und gab sich als Salzbrenner aus. Mit
sinkendem Tag betrat er die Halle König Hrings, gab sich aber sehr küm-
merlich und bescheiden und blieb weit hinten stehen. Er streifte die Kapuze
des Mantels über den Kopf und wartete. Da sagte König Hring zur Königin:
»Ein Mann ist in die Halle gekommen.« Ingibjörg jedoch entgegnete, dass
das eben keine große Neuigkeit sei. Der König ließ sich aber nicht beirren
und sandte einen Diener zu dem Ankömmling, der ihn nach Namen und
Herkunft befragen sollte. Der Bursche eilte seinen Auftrag auszuführen
und fragte den Fremden: »Wie heißt du, Mann? Wo weiltest du heute Nacht
und welcher Herkunft bist du?« Da antwortete dieser: »Thjof (Dieb) heiße
ich, bei Ulf (Wolf) weilte ich heute Nacht und zu Anger (Not) wurde ich
aufgezogen.« Der Bursche kehrte zu König Hring zurück und meldete ihm,
was der Mann im Mantel geantwortet hatte, Hring aber sagte: »Du hast die
Antwort gut verstanden, Bursche! Ich kenne den Gau, der Anger (Not)
heißt, und es mag wohl sein, dass es den Männern dort nicht behaglich
dünkt. Mir scheint das ein kluger Mann zu sein, der viel zu bedeuten hat.«
Die Königin meinte, dass es sinnlos sei, sich um jeden hergelaufenen Menschen in solchem Maß zu kümmern. Der König ließ sich aber nicht abhalten
und befahl den Fremden zu ihm zu führen. Der Fremde kam gebückt herbei
und grüßte mit demütiger Stimme. Der König fragte: »Wie heißest du, du
großer Mann?« Der Fremde im Mantel antwortete:

>   »Da hieß ich Frieddieb,
>   als ich fuhr mit Wikingen,
>   doch Heerdieb,
>   als ich Harm den Frauen schuf,
>   Speerdieb, als ich Spieße schleuderte,
>   Kampfdieb,
>   als ich Kriegsscharen angriff,
>   Holmdieb,
>   als ich heerte auf Eilanden,

Waldieb,
als ich das Wehrvolk führte.
Dann gesellte ich mich
zu Salzbrennern,
hilfsbedürftig,
bis her ich kam.«

Die Königin forderte den Fremden auf, entweder anderswo Gastfreundschaft zu suchen oder sich in den Raum zu begeben, wo sich die anderen
Gäste aufhielten. Der König wollte davon jedoch nichts wissen und meinte,
er sei alt genug sich um seine Gäste zu kümmern. »Zieh nun deinen Mantel
aus und setze dich an meine Seite!«, forderte er den Gast auf, und obgleich
die Königin es töricht nannte, sich derart mit Bettlern abzugeben, bestand
König Hring auf seinem Willen. Der Fremde warf nun den Mantel ab und es
zeigte sich, dass er darunter einen dunkelblauen Rock anhatte. Er hatte einen breiten Gürtel mit einem prallen Geldbeutel daran und war mit einem
Schwert umgürtet, auf dem Kopf aber hatte er eine Lederhaube. Ein wert-
voller Goldring glänzte an seiner Hand. Da forderte Hring die Königin auf,
dem Gast einen guten Mantel zu geben, worauf diese sagte, ihr liege wenig
an Thjof, aber Hring habe zu bestimmen, was geschehen solle. Nun erhielt
der Gast einen schönen Mantel und musste sich an der Seite des Königs auf
den Hochsitz setzen. Als die Königin aber den Ring an der Hand des Fremden erblickte, wurde sie blutrot und wollte nicht mit ihm sprechen. Der König aber war in froher Stimmung und sagte: »Einen guten Ring trägst du an
deiner Hand und lange musst du für ihn Salz gebrannt haben.« Der Fremde
antwortete darauf, dieser Ring sei sein gesamtes Vatererbe. Der Gast blieb
nun den Winter über und alle Männer hielten ihn in Ehren. Er war freigiebig
und wusste mit allen Leuten gut umzugehen. Die Königin sprach wenig mit
Thjof, König Hring dagegen war stets freundlich zu ihm.
Eines Tages sollten der König und die Königin mit großem Gefolge zu einem Gastmahl fahren. Der König fragte Thjof, ob er mitfahren oder lieber
zu Hause bleiben wolle, und dieser antwortete, er wolle lieber fahren, was

König Hring sehr willkommen war. Der Weg führte über das Eis eines Sees; Fridthjof warnte und meinte, dem Eis sei nicht zu trauen. Der König lobte ihn für seine Fürsorge, befahl aber trotzdem die Fahrt über das Eis zu wagen. Bald darauf barst das Eis. Fridthjof sprang sogleich hinzu und packte den Wagen samt seinen Insassen – denn der König und die Königin saßen darin – und dem Ross, das davor gespannt war, sodass alle vor dem Untergang errettet wurden. Da sagte König Hring: »Das hast du gut gemacht, Thjof, und ich glaube nicht, dass Fridthjof der Kühne, wenn er hier gewesen wäre, uns besser hätte retten können als du.«

Die Bewährung

So verging der Winter und mit dem Frühling begann alles zu grünen und zu blühen. Da sagte der König eines Tages zu seiner Gefolgschaft, sie wollten zur Kurzweil auf die Jagd gehen. Er zog mit großer Begleitung hinaus in den Wald und es fügte sich so, dass König Hring mit Fridthjof fern von allen anderen allein im Wald war. Da sagte der König, er sei müde und wolle sich zum Schlaf niederlegen. Fridthjof riet ihm davon ab und meinte, Hring solle sich zu Hause ausruhen, doch blieb dieser bei seinem Vorhaben, legte sich auf den Erdboden und begann alsbald fest zu schlafen. Fridthjof ließ sich bei ihm nieder; mit einem Mal zog er sein Schwert aus der Scheide und warf es weit von sich.

Gleich darauf richtete sich der König auf und sagte: »Dir ist jetzt wohl vieles in den Sinn gekommen, Fridthjof, und nun hast du den rechten Ausweg gefunden. Du sollst bei mir hoch in Ehren gehalten werden; ich erkannte dich gleich am ersten Abend, als du in meine Halle tratest, und nun sollst du nicht so bald von mir scheiden, denn ich habe noch wichtige Anliegen an dich.« Fridthjof antwortete, er könne nicht mehr lange bleiben, wie gut ihn auch König Hring aufgenommen habe, denn die Zeit sei nahe, die er für die Zusammenkunft mit seinem Gefolge vereinbart habe. Die beiden ritten nun gemeinsam heim und abends wurde in der Halle allen kundgetan, dass es

Fridthjof der Kühne war, der den ganzen Winter über bei König Hring geweilt hatte.

Bald darauf klopfte es eines Morgens in aller Frühe an die Tür des Schlafsaales, in dem der König und die Königin sowie die Gefolgsmannen ruhten. Auf die Frage des Königs, wer draußen sei, nannte sich Fridthjof und sagte, er sei nun gerüstet zur Abreise. Da wurde ihm die Tür geöffnet, er trat ein, dankte für die gute Aufnahme und wünschte dem König Heil für die Zukunft. Er sagte, er werde stets Ingibjörgs gedenken. Mit diesen Worten reichte er ihr seinen Ring und bat sie, sie möge ihn behalten. Der König lächelte und sagte, dass Ingibjörg besseren Dank für die Beherbergung empfange als er, obgleich er gewiss freundlicher gegen Fridthjof gewesen sei als sie. Er befahl, dass sogleich ein Abschiedsmahl für Fridthjof bereitet werde, und daran musste auch Ingibjörg teilnehmen. Als das Mahl eine Zeit lang gedauert hatte, sagte König Hring: »Ich wollte, dass du hier bliebest, Fridthjof, denn meine Söhne stehen noch im Kindesalter, ich aber bin alt und kann das Reich nicht mehr verteidigen.« Fridthjof aber sagte, er müsse nun Abschied nehmen:

> »Lebe, König,
> lang und heil,
> edelster Fürst
> unter Ymirs Schädel!
>
> Bewache wohl
> Weib und Lande!
> Ewig meid ich
> nun Ingibjörg.«

Hring antwortete:

> »Fahr von hinnen,
> Fridthjof, nicht so,

trefflicher Held,
trüben Sinnes!

Deine Gaben
vergelten will ich,
reicher als du,
Recke, es ahnst.

Ich geb dir die Frau,
Fridthjof, du Kühner;
alle Habe
nimm hin mit ihr!«

Da fiel ihm Fridthjof in die Rede und sprach:

»Deine Gaben
begehr ich nicht eher,
als bis du, König,
an Krankheit starbst.«

Da sagte Hring, er sei krank und wisse, dass er nur noch kurze Frist zu leben
habe. »Du bist der beste von allen Männern in Norwegen«, sagte er, »und
ich will dir den Königstitel geben, denn sonst werden dir Ingibjörgs Brüder
die Ehre nicht gönnen und nicht so wie ich bereit sein, dir Ingibjörg zu vermählen.« Da endlich erklärte sich Fridthjof bereit, Hrings Wunsch zu erfüllen und das Reich zu beschirmen, doch wollte er keine höhere als die Jarls-
würde annehmen. Da wurde nun mit Handschlag bekräftigt, dass Fridthjof
so lange die Herrschaft führen solle, bis Hrings Söhne selbst dazu imstande
seien, das Reich zu lenken.
König Hring war nur kurze Zeit bettlägerig, bevor er starb; sein Tod rief im
ganzen Reich tiefe Trauer hervor. Ein mächtiger Grabhügel wurde über ihm
aufgeworfen, in den ihm so, wie er es gewünscht hatte, reiche Habe mitge-

geben wurde. Als das alles geschehen war, bereitete Fridthjof ein reiches Gastmahl und nun wurde beides zugleich gefeiert, das Erbmahl und die Hochzeit Fridthjofs mit Ingibjörg. Dazu stellten sich auch alle Mannen Fridthjofs ein.

Der Sieg über Helgi und Halfdan

Ingibjörgs Brüder erhielten bald die Kunde, dass Fridthjof die Herrschaft über Hringariki angetreten und sich mit ihrer Schwester vermählt hatte. Da sagte Helgi zu seinem Bruder Halfdan, dass es unerhört und allzu verwegen sei, dass der Sohn eines Hersen eine Königstochter zu heiraten wage. Sie sammelten ein großes Heer und zogen damit nach Hringariki, denn sie gedachten Fridthjof zu töten und sich das gesamte Reich zu unterwerfen. Als Fridthjof davon erfuhr, versammelte auch er seine Mannschaft und sagte zu Ingibjörg: »Nun ist unser Reich wieder von Krieg bedroht, und wie immer es auch abläuft – ich kann nicht darauf Rücksicht nehmen, dass meine Gegner deine Brüder sind.«

Ingibjörg meinte, es sei nun dahin gekommen, dass sie ihm die Entscheidung überlassen müsse. Fridthjofs Heer zog nun den Feinden entgegen; auch Björn, der in der Ferne geweilt hatte, kam herbei, um seinem Ziehbruder Gefolgschaft zu leisten.

In der Schlacht kämpfte Fridthjof so wie immer allen voran in der vordersten Reihe. Er geriet mit Helgi zusammen und versetzte diesem den Todesstreich. Da ließ er den Friedensschild hochheben und die Schlacht kam zum Stillstand.

Fridthjof sagte nun zu Halfdan: »Zwei Möglichkeiten hast du zur Hand – die eine, dass du dich mir unterwirfst, die andere, dass du von mir so wie dein Bruder den Tod erleidest.« Da wählte Halfdan die Unterwerfung und Fridthjof wurde nun auch Herr über das Land am Sognfjord. Halfdan wurde dort als Herse eingesetzt und musste Fridthjof Zins zahlen, während dieser über Hringariki gebot.

Später übernahm Fridthjof selbst die Herrschaft am Sognfjord, Hringariki aber überließ er Hrings Söhnen, sobald sie so weit herangewachsen waren, dass sie selbst ihr Reich verwalten konnten.

Fridthjof und Ingibjörg hatten zwei Söhne, die zur Freude ihrer Eltern zu tapferen Männern wurden. So hart der Held auch sein und seines Weibes Glück hatte erkämpfen müssen, so hatte er doch seinen Mut und seine Kraft in arger Not, seinen edlen Sinn aber in der harten Probe bewährt, die er an König Hrings Hof hatte bestehen müssen. Nun war er als König zur höchsten Würde emporgestiegen und für immer mit Ingibjörg vereinigt, für die er alles gegeben hatte. Im Vertrauen auf seine Söhne, die sein Erbe treu bewahren würden, konnte er froh in die Zukunft schauen.

WESEN UND QUELLEN DER NORDISCHEN GÖTTER- UND HELDENSAGE

DIE GÖTTER UND IHRE WELT

Unser Wissen von der nordgermanischen Göttersage schöpfen wir vor allem aus der reichhaltigen altnordischen Literatur, aber auch aus lateinisch geschriebenen mittelalterlichen Quellen wie besonders aus der sagenhaften Vorgeschichte, die der Mönch Saxo – mit dem Beinamen »Grammaticus« – in neun Büchern seinem umfangreichen Werk über die Geschichte Dänemarks vorangestellt hat.

Von den in altnordischer Sprache vorhandenen Quellen sind die wichtigsten die Götterlieder, die einen Teil der so genannten »älteren Edda« oder »Liederedda« bilden.

Von diesen Dichtungen wurden für die Darstellung besonders herangezogen: Die »Völuspa« (»Der Seherin Gesicht«), die den Ablauf eines Weltenjahres vom Entstehen der Welt bis zu ihrem Untergang und bis zum Werden einer neuen Welt umfasst, die »Thrymskvida« (»Thrymlied«), die vom Raub und der Heimholung des Hammers Mjölnir berichtet, die »Hymiskvida« (»Hymirlied«), die davon erzählt, wie Thor den großen Braukessel gewinnt, »Baldrs draumar« oder »Vegtamskvida« (»Balders Träume«, »Vegtamslied«), der Bericht von Odins Besuch bei der toten, von ihm zum Reden gezwungenen Seherin, von der er die Balder drohenden Gefahren erkunden will, und die »Skirnismal« (»Skirnirlied«), die von der Werbung um die Riesentochter Gerd erzählen.

Die wichtigsten Prosaquellen stammen von dem Isländer Snorri Sturluson (1179–1241), von dem wir eine umfangreiche Geschichte der norwegischen Könige und als weiteres wichtiges Werk die drei Schriften zusammenfassende »Edda« – gewöhnlich als »jüngere« oder »Prosaedda« bezeichnet – besitzen. So wie Saxo Grammaticus hat auch Snorri seinem Geschichtswerk eine im Wesentlichen sagenhafte Vorgeschichte, die »Ynglingasaga« vorangestellt, in der wichtige Angaben über die Göttersage enthalten sind. Hauptquelle für die nordische Göttersage aber ist die »Edda«, bei deren Abfassung Snorri die schon genannte Liedersammlung, aber auch andere, uns nicht erhaltene Quellen benutzt hat. Seinem Werk entstammen im Wesentlichen die hier dargestellten Göttersagen, soweit sie nicht den schon angeführten Dichtungen entnommen sind.

Die Frage, ob der Inhalt der einzelnen Göttersagen aus einheimischer, also nord- oder gemeingermanischer Überlieferung stammt oder in früherer oder späterer Zeit eingewandertes Kulturgut ist, lässt sich nicht bei allen Sagen mit Sicherheit beantworten. Das gilt schon von den Sagen, in denen vom Werden der Welt und ihrer Bewohner berichtet wird. Seinem Wesen nach hängt das in seiner Wortbedeutung nicht mit Sicherheit bestimmbare »Ginungagap« mit dem griechischen »Chaos« eng zusammen, sprachlich aber besteht zwischen den beiden Ausdrücken kein Zusammenhang und die beiden gegensätzlichen Pole – hier Eiseskälte, dort eine alles vernichtende Hitze –, von denen der erste Anstoß zur Bildung der Welt und der sie be- wohnenden Lebewesen ausgeht, haben kaum ein wirklich vergleichbares Gegenstück; es scheint, dass am Werden dieses Berichtes bereits philoso- phische Überlegungen mitgewirkt haben.

Das Urwesen Ymir dagegen, aus dem die Welt geschaffen wird, hat sehr alte Gegenstücke in Indien und im alten Iran, woher wir gleichartige Über- lieferungen kennen; sein Name hängt wohl mit dem des ebenfalls indisch und iranisch bezeugten Urzeitkönigs Yama zusammen. Audhumla, die Ernährerin der ersten Lebewesen, entstammt ebenfalls alter und weit ver- breiteter Überlieferung, denn sowohl die altpersische als auch die irische Sage kennen derartige Wesen, die auch im Volksmärchen eine wichtige Rolle spielen. Das Ertrinken der Riesen in der Flut von Ymirs die ganze Er- de überströmendem Blut hat sein Gegenstück in dem schon aus Vorderasien bezeugten, unter anderem aus der Bibel und aus altgriechischen Stoffen bekannten und in vielen Fassungen verbreiteten Flutbericht. Darin wird berichtet, dass ein einziges Menschenpaar den allgemeinen Untergang überlebt und zu Stammeltern eines neuen Geschlechtes wird. Weit verbrei- tet sind auch die Sagen, wonach drei Gefährten aus einem Baum ein menschliches Wesen schaffen und beleben; diese Sagen heben sich deutlich von einer anderen, sehr früh in Vorderasien belegten Gruppe ab, wonach die Menschen so wie in der Bibel und in der griechischen Sage von Prometheus aus Erde oder Lehm gebildet werden. Wohl zum ältesten Bestand der Sage gehören die Schicksalsfrauen, die im Norden Nornen, bei den Griechen Moiren, bei den Römern Parzen heißen und auch für die Kelten bezeugt sind. Eigenartig ist ihre Beziehung zum Weltenbaum, dessen Bestand mit dem der Welt auf das Engste verbunden ist. Auch die Sagen vom Weltenbaum sind weit verbreitet; während er bei den Nordgermanen als Spender aller Fruchtbarkeit gilt, stammt von ihm nach den Vorstellungen anderer Völker ein wunderbarer Trank, dessen Genuss unsterblich macht. Er heißt bei den Nordgermanen »Maßbaum«, was bedeutet, dass er den Aufbau der gesamten Welt versinnbildlicht. Ähnlich heißt es im alten Indien, dass die Welt aus einem Baum gezimmert ist.

Die Zustände nach der Weltenschöpfung und beim Wiedererstehen der Welt nach deren Untergang sind durch Reichtum, allgemeinen Frieden und üppiges Gedeihen in der Natur gekennzeichnet. Wir sprechen vom »goldenen Zeitalter«. Die Wurzeln dieser Sagen reichen sehr weit zurück und die Erklärung für sie liegt in der vorderasiatischen Gestirnreligion, in der die Planeten als Gottheiten aufgefasst werden. Die Planetengötter gelten teils als wohlwollend und freundlich, teils als missgünstig und lösen einander in der Herrschaft über die Welt ab. Daraus erklärt es sich, dass die Zustände auf dieser, dem Wesen des jeweils herrschenden Planetengottes gemäß, wechseln. Haben alle Gottheiten der Reihe nach geherrscht, so beginnt die Reihenfolge von neuem, wodurch verständlich wird, dass nach dem Ablauf eines »Weltenjahres« das goldene Zeitalter wiederkehrt.

Solange die Welt besteht, wird ihr Geschick durch zwei gegensätzliche Mächte bestimmt. Auf der einen Seite stehen die Götter, von denen die Einrichtung der Welt und ihre Ordnung stammt, während auf der anderen Seite unversöhnliche Feinde sie zu vernichten suchen. Diese Feinde sind ganz allgemein die Riesen, in der Sage als Thursen oder Joten bezeichnet, doch werden außerdem einige Gestalten noch besonders dadurch gekennzeichnet, dass sie durch Fesselung eine bestimmte Zeit hindurch unschädlich gemacht sind. Alle diese Gestalten haben auch außerhalb der germanischen Sage ihre Entsprechungen. Wie die iranische Sage von der Schlange

Dahaka zeigt, war auch die Midgardschlange ursprünglich gefesselt; dem gebundenen Loki stehen der gefesselte Weltenfeind Amiran und in der griechischen Sage Prometheus gegenüber; auch für den gefesselten Fenriswolf gibt es Gegenstücke. Alle hierher gehörigen Überlieferungen haben den Zug gemeinsam, dass die Gefesselten frei werden, wenn die Zeit erfüllt und das Weltenende herangekommen ist. Wie schon bisher bei vielen Einzelzügen, so deutet auch die Vorstellung vom großen Weltenbrand auf enge Beziehungen zwischen der nordgermanischen und der iranischen Überlieferung hin, da von dieser die zahlreichen Sagen vom Weltenbrand ausgegangen sind. In christlichem Gewand ist der Weltenbrand auch auf deutschem Boden bezeugt, denn die altbayrische Dichtung »Muspilli« stellt dasselbe Geschehen dar.

In den einzelnen Sagen, die in der Zeit zwischen der Schaffung und dem Untergang der Welt spielen, steht der Gegensatz zwischen den Asen und den Riesen im Mittelpunkt, wobei es fast durchweg um den Besitz eines besonders kostbaren Gutes geht. Manche dieser Sagen haben bei anderen Völkern Parallelen. So gehört die Sage von Suttungs Met in den Bereich der verzweigten Überlieferung vom Kampf um den Unsterblichkeitstrank oder »Rauschtrank«. Schon der Name Kvasir deutet auf diese Zusammenhänge hin, denn er ist von Kvas abgeleitet, der slavischen Bezeichnung für ein vergorenes, alkoholhaltiges Getränk. Wie Odin als Adler den Dichtermet entführt, raubt bei den Indern der Adler Garuda den Somatrank und im Iran gibt es eine ähnliche Sage, die den Kampf um den Homatrunk darstellt. Auch der Raub Iduns und ihrer Lebensäpfel ist eine Parallele zu den Sagen vom Unsterblichkeitstrank.

Im Gegensatz hierzu hat der Auszug Thors zur Gewinnung des Braukessels eine nah verwandte Sage im keltischen Bereich; nach einer irischen Sage holt der Held Cuchulinn aus dem »Schattenreich«, dem Totenreich, einen wunderbaren, Reichtum und Fülle spendenden Kessel. In einem ähnlichen Zusammenhang steht die Geschichte von dem Riesen, der sich den Hammer Mjölnir verschafft, den Thor jedoch wieder zurückgewinnt. Die Verkleidung Thors als Freyja und die Schilderung seiner maßlosen Esslust –

eine spätere Dichtung, die denselben Gegenstand behandelt, übertreibt diesen Zug noch mehr – lassen allerdings erkennen, dass diese Überlieferung,
die zweifellos alte Grundlagen hat, bereits auf später Stufe steht und zum
Teil schon entstellende Züge enthält. Solche Züge weist auch die Erzählung
von den Erlebnissen Thors und seiner Gefährten beim Utgard-Loki auf, ein
Zeichen dafür, dass die Sage, die ihr zugrunde liegt, bereits eine lange Ge-
schichte hinter sich hat.
Die Erzählung hat ihren eigentlichen Sinn verloren, da die Wettkämpfe, die
Thor und seine Gefährten bestehen mussten, nun stark mit märchenhaften
Zügen durchsetzt sind. Anders geht es beim Riesen Geirröd zu, der Thor zu
sich gelockt hat, um ihn zu verderben, aber ebenso wie seine verräterischen
Töchter dabei sein Leben einbüßt. Der Wettkampf besteht in diesem Fall
darin, dass die Gegner glühende Eisen gegeneinander schleudern. Dass die
Böcke Thors geschlachtet und wieder belebt werden, einer davon aber wegen eines zerbrochenen Knochens hinkt, entspricht einer Überlieferung,
die mit dem griechischen Helden Pelops verbunden ist und häufig in der
Volkssage auftritt, wo das »Nachtvolk« Rinder schlachtet und verzehrt,
dann aber wieder belebt (Mudrak, Das große Buch der Volkssagen Nr. 244
und Nr. 283).
Eigenartig ist die Überlieferung von dem Riesen Mökkurkalfi, der Hrungnir bei seinem Kampf gegen Thor helfen soll. Er ist aus Lehm gefertigt und
wird durch das Einsetzen eines Herzens belebt.
Wir erkennen hier den in Einzelheiten abgeänderten Ausläufer einer im
ägyptisch-vorderasiatischen Raum entstandenen Sage, von der sich auch
sonst Anzeichen auf nordgermanischem und deutschem Boden finden und
die darin besteht, dass der Mensch sich ein Wesen schafft, das übernatür-
liche Kräfte besitzt und seine Befehle ausführt. Unter anderem gehört die
Sage vom »Golem«, die auch in der deutschen Literatur ihren Niederschlag
gefunden hat (Achim von Arnim, Isabella von Ägypten; Gustav Meyrink,
Der Golem), in diesen Zusammenhang.
Besondere Bedeutung kommt der Sage vom Tod Balders zu. Balder, der
nach dem von allen belebten und unbelebten Wesen geleisteten Eid unver-

letzlich sein soll, fällt dem unscheinbaren Mistelzweig zum Opfer, weil dieser zu unbedeutend erschien, als dass man auch von ihm den Schwur verlangt hätte. Wesentlich ist ferner, dass zwar der blinde Höd den verhängnisvollen Schuss tut, dass das Geschoss in Wahrheit aber von Loki gelenkt wird, und schließlich, dass alle Wesen den Tod Balders beweinen sollen, um seine Wiederkehr zu ermöglichen.

In ähnlicher Weise muss sich in der persischen Sage Rostahm einen Zweig von einer in weiter Ferne wachsenden Tamariske verschaffen, um damit Isfendijar töten zu können. In der griechischen Sage lenkt Apollon das Geschoss, das Paris gegen den nur an einer Stelle, der Ferse, verwundbaren Achill entsendet, und in der keltischen Sage veranlasst Aillil seinen blinden Bruder Lugaid, Fergus mit seinem Geschoss zu erlegen. Die allgemeine Klage um den Tod Balders hat ihr Gegenstück in der Totenklage um den aus Kleinasien stammenden, aber auch in Griechenland wohl bekannten Adonis, dessen Name ebenso wie der Balders »Herr« bedeutet.

Wohl bekannt sind auch die Reisen ins Jenseits, die unternommen werden, um einen Verstorbenen wieder in diese Welt zurückzuführen. Am bekanntesten ist die Jenseitsreise der vorderasiatischen Göttin Ischtar, die den toten Tammuz in die Welt der Lebenden zurückholen will, überdies die Reise Orpheus', der Eurydike wiedergewinnen will, sowie die des Herakles, der den in der Unterwelt gefangenen Theseus befreit.

Wenn in manchen Sagen die Ähnlichkeit mit den Überlieferungen anderer Völker darauf zurückzuführen ist, dass diese Sagen zum Teil schon früh eingewandert sind – hierher haben wir vor allem die Sagen vom gefesselten Weltenfeind und vom Weltenbrand und auch wenigstens einzelne Teile der Sage von Balder zu stellen –, so liegt in anderen Fällen aller Wahrscheinlichkeit nach eine alte Kulturgemeinschaft vor. Dies gilt vor allem für den Raub des hinter den Schlagfelsen verborgenen Dichtermets; gerade diese Überlieferung ist in so vielen und so selbständigen Fassungen verbreitet, dass kaum von einer Einwanderung gesprochen werden kann.

DIE HELDENSAGEN

Beowulf

Die Quelle für unsere Sage ist eine um 730 entstandene, in einer Handschrift des 10. Jahrhunderts überlieferte, von einem unbekannten Dichter in altenglischer Sprache abgefasste Dichtung. Diese Dichtung ist mit ihren fast 3200 Langversen das älteste Heldenepos in einer germanischen Sprache. Ihr Verfasser war bereits Christ, was aus vielen Stellen der Dichtung erkennbar ist, doch sind daneben die alten, einheimischen Vorstellungen weitgehend erhalten. Die Sage selbst ist nicht in England, sondern in Skandinavien entstanden, was nicht bloß aus den Schauplätzen der Handlung und den Namen der Völker, sondern auch aus auf skandinavischem Boden erhaltenen Zeugnissen für sie hervorgeht.

Der Name des Helden bedeutet »Bienenwolf«, was eine Umschreibung für »Bär«, aber auch für einen Vogel sein kann und ursprünglich wohl nur ein Beiname des Helden war, dessen wirklicher Name uns nicht genannt wird. Das Epos beschränkt sich nicht auf die Darstellung von Beowulfs Taten und Schicksalen, sondern enthält auch wichtige Angaben über andere Heldensagen, die aber nicht alle mit dem Hauptgegenstand der Dichtung zusammenhängen und daher zum Teil an anderer Stelle wiedergegeben werden, wie etwa die über die Herkunft des Geschlechts der Skjöldunge. Unsere Darstellung beschränkt sich hier auf folgende Überlieferungen. 1. Hredel und seine Söhne, 2. die Kämpfe zwischen Gauten und Schweden, 3. den Dänenkönig Hrodgar, seine Bedrängnis durch Grendel und die durch Beowulf gebrachte Hilfe, 4. die Taten Beowulfs auf seinen Kriegszügen und in seiner Heimat.

Sehr alte Überlieferung enthält die Erzählung vom Tod Herebealds durch den unglücklichen Fehlschuss seines Bruders Hädkyn. Die Namen der Brüder erinnern an Höd und Balder, wobei wichtig ist, dass Balder durch Höd fällt. Ganz ähnlich fällt nach dem Bericht Herodots 1, 34 – 45, der Sohn des Königs Kroisos durch einen Fehlschuss des Adrastos, und da der Bericht

Herodots eine mit der Baldersage verwandte Überlieferung enthält, bestehen hier sehr alte und weit reichende Zusammenhänge.

Die Kämpfe zwischen Gauten und Schweden sind auch auf skandinavischem Boden überliefert, allerdings mit gewissen Änderungen. Der Name
Ongentheow lautet altnordisch Angantyr, Hrodgar ist altnordisch Hroar,
Eadgils Adils, Onela Ali; Ali wird allerdings in den altnordischen Quellen,
in denen berichtet wird, dass er erfolglos gegen den Schwedenkönig Adils
gekämpft habe, als Norweger bezeichnet.

Die Beowulfsage im engeren Sinn ist gekennzeichnet durch den Kampf des
Helden gegen Grendel und dessen Mutter sowie durch den Drachenkampf,
den er am Ende eines langen, ruhmreichen Lebens um seines Volkes willen
besteht. Der Bericht über seinen Schwimmwettkampf hat dagegen geringe-
re Bedeutung.

Auch geschichtliche Züge sind mit Beowulf verbunden, denn der Zug nach
Friesland, bei dem König Hygelak fällt, während sich Beowulf nach erfolg-
reichem Kampf gegen eine große Übermacht rettet, ist für die Zeit um 520
geschichtlich durch mehrere Quellen, vor allem durch Gregor von Tours
(Kirchengeschichte der Franken II, 3) einwandfrei beglaubigt.

Der Kampf gegen Grendel und dessen Mutter ist aus einer Überlieferung
erwachsen, deren Aufbau auch in der iranischen Heldensage bezeugt ist
und die in engem Zusammenhang mit einem sehr alten Märchentypus, dem
»Dreibrüdermärchen«, auch »Bärensohnmärchen« genannt, steht. Auch
der Zug, dass Grendel die Halle des Königs Hrodgar darum überfällt, weil
ihm der frohe Lärm der Zecher dort lästig ist, hat seine Wurzel in der Volksüberlieferung: Die Volkssage berichtet, dass den »Unterirdischen« die
menschlichen Wohnstätten lästig fallen, die über ihren eigenen Behausungen errichtet werden, und dass sie daher versuchen die Menschen im Guten
oder Bösen loszuwerden (Mudrak, Das große Buch der Volkssagen Nr. 91).
Dass Beowulf schließlich den Drachen besiegt, dabei aber selbst sein Leben einbüßt, hat mehrere Gegenstücke in alter Überlieferung; so tötet Thor
beim großen Endkampf die Midgardschlange, findet dabei aber auch selbst
den Tod. In anderen Fassungen haben beide Gegner Tiergestalt; so tötet ein

auf besondere Weise herangezogener Stier ein furchtbares, sonst unüberwindliches Untier, kommt aber auch selber um (Mudrak, Das große Buch der Volkssagen Nr. 86 und Nr. 289). Ein wichtiger Zug besteht ferner darin, dass Grendels Mutter nur mit dem Schwert getötet werden kann, das Beowulf in ihrer eigenen Behausung vorfindet. Auch hier bestehen enge Beziehungen zur Märchenüberlieferung.

Es wurde schon gesagt, dass der »Beowulf« zwar schon christliche Züge aufweist, aber doch auch noch eng mit der einheimischen Vorstellungswelt verbunden ist. Dass Beowulf an einer für die Seefahrer weithin sichtbaren Stelle bestattet werden will, hat sein Gegenstück bei Ivar ohne Knochen (in der Sage von Ragnar Lodbrok), der ebenso an weithin sichtbarer Stelle bestattet werden will, weil er glaubt, so noch im Tod sein Land beschützen zu können. Die Mahnung Wiglafs an Beowulfs Gefolgschaftsleute, sie sollten an ihr Beowulf gegebenes Gelöbnis denken und ihm die Gaben vergelten, die sie in besseren Tagen von ihm erhalten haben, entspricht den Worten Bjarkis und Hjaltis beim Untergang ihres Gefolgsherren Hrolf Kraki – auch sie wollen dem König durch ihre Treue bis in den Tod die von ihm erhaltenen Gaben lohnen.

Wenn schließlich zwölf Edle den über Beowulf errichteten Hügel umreiten und dabei ein Lied zum Preis des Toten singen, so hat das ein Gegenstück in der Totenfeier für den Hunnenkönig Attila, von der der Geschichtsschreiber Jordanes nach dem Bericht des Priscus erzählt. Der Tote ist in einem auf freiem Feld stehenden Zelt verwahrt; dieses umreiten hunnische Reiter und stimmen dabei das Totenlied an. Es handelt sich hierbei nicht um eine hunnische, sondern um eine germanische Sitte, denn die Kulturverhältnisse am Hof des Hunnenkönigs waren stark von den Goten beeinflusst. Sitten ähnlicher Art werden auch von den anderen Völkern indogermanischer Herkunft überliefert, so von den Griechen des homerischen Zeitalters.

Die Dichtung von Beowulf ist wiederholt ins Deutsche übersetzt worden. Brauchbar sind davon die auch mit Anmerkungen versehene Übersetzung von Hugo Gering und die neuere von Felix Genzmer, denen auch die im Text wiedergegebenen Proben entnommen sind.

Die Sagen von den Skjöldungen

Über das Geschlecht der Skjöldunge gibt es keine geschichtlich beglaubigte Nachricht; die Zeit, in der es geherrscht haben soll, liegt noch außerhalb der durch geschichtlich brauchbare Quellen erschlossenen Zeiträume. Wir können demnach aus den vorhandenen Überlieferungen nur die als sagenhaft sicher erkennbaren Züge ausscheiden, ohne über den verbleibenden Rest Gewissheit zu erlangen. Schonen und Seeland hatten offenbar für das damalige Reich größere Bedeutung als Jütland: In Schonen landet als Kind Skjöld, der Ahnherr des Geschlechtes, und in Hleidra auf Seeland (neu Leire) stand die Königsburg Hrolf Krakis. Schonen, altenglisch Scedeland, der südlichste Teil Schwedens, gehörte einst zu Dänemark und dorthin war auch aus unbekannter Ferne Skjöld auf ruderlosem Schiff als kleines Kind gekommen. Der Held kommt also ebenso wie der »Schwanritter« aus einer »anderen Welt«, in die er zurückkehrt, wenn er seine Aufgabe erfüllt hat. Nach anderer Überlieferung heißt das Kind Sceaf, das heißt Schaube (Garbe), und ist nicht von Waffen umgeben, sondern ruht auf einer Strohgarbe. Wie bis nach Indien reichende Gegenstücke zeigen, gehört jedoch die Überlieferung von dem neugeborenen, von Waffen umgebenen Kind in unseren Zusammenhang. Die »Schaube« stammt aus der Volkssage, die von einem auf dem Feld aufgefundenen Kind berichtet, das ein fruchtbares Jahr bedeutet (Brüder Grimm, Deutsche Sagen Nr. 14, Das schwere Kind).

In der Sage vom »Friedens-Frodi« erkennen wir die uralte Sage vom goldenen Zeitalter und dessen Herrscher wieder. Diese aus dem alten Vorderasien stammende und bei den Mittelmeervölkern wohl bekannte Sage ist auch in den skandinavischen Ländern und in England bekannt geworden. Ein Gegenstück zur Sage vom Friedens-Frodi als dem Herrn des goldenen Zeitalters ist der Bericht des englischen Kirchengeschichtsschreibers Beda über das Friedenszeitalter in England zur Zeit König Eadwins. Damals hätte, so heißt es, eine Frau mit einem neugeborenen Kind über die ganze Insel von Meer zu Meer wandern können, ohne dass jemand sie im Mindesten geschädigt hätte. Frodi ist vom Glück begünstigt und führt eine gute Herrschaft, bis der Reichtum seine Goldgier wachruft, sodass er mit grausamer Härte die Mägde Fenja und Menja zwingt, ohne Rast die Glücksmühle zu drehen. Dass der glückliche Herrscher böse wird, entstammt einer sehr alten Sagenüberlieferung. So kennt auch das alte Persien Yama als Herrn eines paradiesischen Zeitalters. Er gibt aber dem Bösen in seinem Herzen Raum und die Folge davon ist, dass er aus seinem Reich vertrieben wird und dass ihm durch seinen Feind ein furchtbares Ende bereitet wird. Das »Mühlenlied«, eine Hauptquelle für unsere Sage, lässt die Glücksmühle zugleich mit Frodi untergehen. Die spätere Sage hat das geändert und berichtet, dass König Mysing, der Frodis Herrschaft ein Ende machte, die Mühle erbeutet habe, die nicht bloß Gold, sondern alles mahlen konnte, was ihr Herr sich wünschte. Mysing brachte die Mühle auf sein Schiff und ließ sie Salz mahlen. Davon wurde das Schiff überlastet und sank. An dieser Stelle ist seither ein Meeresstrudel; von dem Salz der Mühle aber ist das Meerwasser salzig geworden.

Diese Sage steht unter dem Einfluss einer Überlieferung, die wir aus dem Märchen »Der süße Brei« (Brüder Grimm Nr. 103) kennen. Wenn man zu dem Töpfchen, das ein armes Mädchen als Geschenk erhalten hat, sagt: »Töpfchen koche!«, so kocht es süßen Brei. Da aber die Mutter des Mädchens vergessen hat, wie es das Töpfchen dazu bringen kann, nicht mehr weiterzukochen, entsteht eine solche Überfülle an Brei, dass Haus und Stadt davon erfüllt werden. Erst als das Mädchen kommt und dem Töpfchen befiehlt mit dem Kochen aufzuhören, hat es damit ein Ende.

Im Laufe der Zeit rankte die Sage immer neue Triebe um die Gestalt Frodis, des Friedenskönigs und Herrn eines goldenen Zeitalters, an den man mit Sehnsucht zurückdachte. Nicht die Unersättlichkeit des Herrschers, sondern die Umtriebe arger Friedensstörer haben nach diesen Überlieferungen Frodis Ende herbeigeführt. Er war, wie man erzählte, schon hochbetagt, als eine alte, zauberkundige Frau ihren Sohn dazu anstiftete, die von Frodi öffentlich ausgestellte Goldkette an sich zu nehmen. Als der König von diesem Frevel erfuhr, brach er sogleich auf, um zur Strafe das Haus der

Übeltäter zerstören zu lassen. Da verwandelte sich die Alte in eine Seekuh, ihre Söhne aber in Seekälber. Verwundert über diesen Anblick verließ Frodi seinen Wagen, den er wegen seines hohen Alters benützt hatte, um die noch nie gesehenen Tiere näher zu betrachten. Da stürzte sich die Seekuh auf ihn und durchbohrte ihn mit ihren Hörnern. Zwar musste die Zauberin sogleich ihr Verbrechen büßen, denn die Gefolgsmannen Frodis erschlugen die Seekuh auf der Stelle. Als diese tot niedersank, erblickten sie voll Erstaunen statt des Tieres den Leichnam der Alten, denn zugleich mit deren Leben hatte auch ihre Verwandlungsgewalt ein Ende genommen.

Wieder andere sagen, König Frodi habe einmal auf der Jagd einen Hirsch verfolgt. Plötzlich habe dieser den König angegriffen, der vom Geweih des Hirsches durchbohrt worden sei, ehe er noch an Gegenwehr oder Schutz habe denken können. Frodis Tod war ein schwerer Schlag für sein Land und für den Frieden, der die Grundlage des allgemeinen Wohlstandes gewesen war; hatte doch allein Frodis Ansehen jeden Abfallversuch und jeden Angriff auf das Land verhindert. Nun musste man fürchten, dass schwere Zeiten hereinbrächen. Daher verheimlichte man seinen Tod und brachte ihn so, als ob er noch am Leben wäre, in sein Haus zurück. Diese Täuschung war jedoch nur für kurze Zeit möglich und Frodi wurde mit königlichen Ehren in Seeland bestattet; dort, im schönsten Gebiet seines Reiches, zu ruhen war sein letzter Wunsch gewesen.

Quelle für die Sage von Skjöld ist die Dichtung von Beowulf, für die vom Friedens-Frodi das »Mühlenlied« (»Grottasöng«), das in der Edda Snorri Sturlusons erhalten ist.

Es gab noch eine umfangreichere Prosadarstellung, deren Gegenstand das Skjöldungengeschlecht war. Sie ging aber verloren; nur ein kurzer Auszug ist erhalten und unter dem Namen »Skjöldungasaga« bekannt.

Das Schicksal Ingjalds, Vikars und Starkads wird in mehreren Quellen dargestellt. Der Vater König Vikars führt in einer dieser Quellen, der Halfssaga, den Namen Alrek, doch musste in unserer Darstellung zur Vermeidung von Irrtümern der Name Harald eingesetzt werden. Der Tod Vikars, den Odin mit Hilfe Starkads herbeiführt, erinnert an die Sage vom Tod

Balders: Der Rohrstab, der zum Speer wird, entspricht dem Mistelzweig, durch den Balder den Tod findet. Von der Aufreizung Ingjalds durch einen »alten Speerkrieger« (»aesc-wiga«, wörtlich »Eschenkrieger«, weil die Speere aus Eschenholz gefertigt waren), der dem Starkad unserer Darstellung entspricht, berichtet die Dichtung von Beowulf. Unmittelbare Quelle für unsere Darstellung ist eine von Saxo Grammaticus ins Lateinische übersetzte Dichtung. Von Saxo stammt auch der Bericht über Starkads Eingreifen in das Schicksal der Königstochter Helga.

Einige altertümliche Züge bezeugen die Verwurzelung der einzelnen Sagen in der einheimischen Vorstellungswelt. Wenn Odin Geirhild seinen Speichel zur Bierbereitung gibt und diese dadurch über ihre Nebenbuhlerin siegt, so stimmt das damit überein, dass Asen und Wanen gemeinsam aus ihrem Speichel den Kvasir schufen. Wenn einem Kämpfer versprochen wird, man wolle ihn mit Gold umhüllen, so gibt es auch hierfür alte Gegenstücke. So verspricht in der Sage von Walther Starkhand Attila dem, der den entflohenen Walther zurückbringe, er wolle ihn mit Gold umhüllen, und der Riese Hreidmar verlangt von den Asen, sie müssten den Otternbalg, den sie seinem in Ottergestalt getöteten Sohn Ott abgezogen haben, mit Gold hüllen und füllen. Auch für den Rechtsbrauch ist diese Sitte bezeugt (Mudrak, Deutsche Heldensagen S. 271).

Die Sage von der Ermordung Halfdans durch seinen Bruder Frodi gehört zu den ältesten und verbreitetsten Überlieferungen, die wir kennen; in anderen Spielformen lässt der König den Gatten seiner Tochter, also seinen Schwiegersohn, töten. Hauptgestalten dieser Sagen sind außer dem mörderischen König dessen Ratgeber sowie seine Neffen – in der zweiten Spielform seine Enkel. Dass die beiden Neffen sich wahnsinnig stellen, um der Verfolgung durch den Onkel zu entgehen, ist ebenfalls ein alter Zug der Sage. Ähnliche Verhältnisse liegen auch in der Amlethsage vor.

Quellen für diese Sage sind die Saga von Hrolf Kraki (Hrolfs saga Kraka) und Saxo Grammaticus. Das gilt auch für den Bericht über König Hrolf Kraki, seine Abstammung, seine tapferen Gefolgsmannen, seinen Untergang durch den Verrat, den Schwester und Schwager üben, und schließlich die für ihn genommene Rache. Der letzte Kampf Hrolfs und seiner besten Helden, Bödvar Bjarki und Hjalti, war außerdem Gegenstand einer Dichtung, die in der lateinischen Umdichtung des Saxo Grammaticus so gut erhalten ist, dass sie wieder in ihrer ursprünglichen Form hergestellt werden konnte. Diese Dichtung sollte vor allem zeigen, dass die Gefolgsmannen Hrolfs ihrem König die Treue noch über seinen Tod hinaus bewahren.

Teile der Sage finden sich auch in der Edda des Snorri Sturluson und in der »Heimskringla« desselben Verfassers. Die Darstellung dort weicht allerdings von der in den anderen Quellen ab. Danach ist Yrsa zuerst mit König Adils, dem Eadgils des »Beowulf«, verheiratet und wird von Helgi geraubt.

Die Sagen von den Siklingen

Im Mittelpunkt der Siklingen-Sagen steht das Liebespaar Hagbard und Signy mit seinem tragischen Schicksal – ein Vorwurf, der sonst nicht Gegenstand der Heldensage ist. Unsere Hauptquelle ist die Darstellung bei Saxo, doch zeugt eine Anzahl von Balladen von der Beliebtheit des Stoffes. Bei Saxo bildet den Eingang zu den Siklingensagen das Schicksal Alfhilds, von der zwei Schlangen jeden Freier fern halten; wer beim Kampf gegen sie versagt, muss sterben. Diese Freierprobe, die auch in anderer Form belegt ist – so in der Sage von Ragnar Lodbrok –, gehört zur uralten Überlieferung von der »Jungfrau im Turm», von der ihr Vater jeden Freier fern hält, weil er sich niemals von ihr trennen will. Alfhilds Geschick wiederholt sich mit gewissen Änderungen in dem ihrer Tochter Gudrid; der Hauptunterschied besteht darin, dass Gudrid selbst und nicht ihr Vater die Freier abzuschrecken sucht.

Hagbard und Signy sind, was bei Saxo noch durchklingt, schicksalhaft füreinander bestimmt. Das Eifersuchtsmotiv überschattet den alter und verbreiteter Überlieferung angehörigen Zug, dass ein böser Ratgeber die Sippen des Paares zu unversöhnlicher Feindschaft entzweit und schließlich das tragische Ende herbeiführt. Die Verkleidung Hagbards hat eine Reihe von Gegenstücken, zu denen die deutsche Sage von Hugdietrich, dem Vater Wolfdietrichs, gehört. Es lässt sich jedoch eine Fassung erschließen, in der die Verkleidung fehlte. Verschiedene Züge schlagen eine Brücke zur persischen Sage von Bijen und Menije, wo der Held ebenfalls beim Zusammensein mit Menije entdeckt und gefangen wird. Auch er soll auf das Anstiften eines bösen Ratgebers am Galgen sterben, wird aber im Gegensatz zu Hagbard gerettet.

Ein bezeichnender Zug ist der »wandernde Wald«, der dem König den nahen Untergang ankündigt. Aimoinus, Mönch im Kloster Fleury, berichtet davon in seiner Schrift »De gestis Francorum« III, 82 aus der Frühgeschichte des Frankenreiches (danach Brüder Grimm, Deutsche Sagen Nr. 434). Besonders bekannt ist er aus dem »Macbeth« von Shakespeare geworden. Der Sinn des Zuges ist der, dass jemandem volle Sicherheit verbürgt ist – es sei denn, dass selbst die Natur ihr Wesen ändert.

König Harald Kampfzahn

Für die Sagen von Harald Kampfzahn und von seinen Vorfahren stehen uns außer der Darstellung bei Saxo Grammaticus auch Quellen in altnordischer Sprache zur Verfügung, so die »Asmundarsaga kappabana« und das »Sögubrot of nokkrum fornkonungum i Dana ok Svia veldi«.

Hildibrand, der im Kampf vom eigenen Halbbruder unerkannt getötet wird, ist der Hildebrand der deutschen Heldensage, Dietrich von Berns Waffenmeister, von dem das bruchstückhafte althochdeutsche Hildebrandslied berichtet. Die Überlieferung vom Bruderkampf gehört ausschließlich der nordischen Sage an, die Hildibrand in eine völlig andere Umwelt versetzt hat. Dagegen hat die nordische Sage den im Hildebrandslied fehlenden Abschluss des Kampfes gegen den eigenen Sohn erhalten; die im Text wiedergegebenen Verse bewahren also alte deutsche Überlieferung, während das, was sonst über den Tod des Sohnes von der Hand des Vaters überliefert ist, wertlos ist.

Wertvolle Überlieferung enthält die Sage von Harald Kampfzahn. Seinen Eltern nach Anrufung Odins geschenkt, ist dieser der Beschützer des Königs bis in sein hohes Alter. Das Verhältnis zwischen dem Gott und Harald wird auch dadurch gekennzeichnet, dass Harald alle Feinde, die von seiner Hand fallen, Odin weiht – sie sollen die Schar der Einherjer in Walhall vermehren. Auf sehr alte Vorstellungen geht die Rolle des Gottes als Zwietrachtstifter zurück; sie gleicht der Gizurs in der Sage von Angantyr und Hlöd; Gizur ist auch ein Beiname Odins.

Die vorherige Vereinbarung des Schlachtfeldes, das durch Abstecken mit Haselzweigen gekennzeichnet wird, ist alte germanische Sitte, die bei den Kimbern, den Goten und als nordgermanischer Brauch belegt ist.

Sobald König Harald gefallen ist, hat jede Feindschaft ein Ende, der siegreiche Feind erweist dem Toten jede gebührende Ehre und ist davon überzeugt, dass der gefallene Gegner nach Walhall eingeht.

Zwiespältig ist auch Starkads Wesen, dessen Lebensende im Zusammenhang mit seiner letzten Untat, dem Mord an Ali, steht. Alis Augen sind so scharf wie die Sigurds, an den sich der Mörder ebenfalls nicht heranwagt, bevor er eingeschlafen ist. Bezeichnend ist die Reue Starkads, der er dadurch Ausdruck gibt, dass er sich unmittelbar nach seiner Tat gegen die Verschwörer wendet, in deren Auftrag er gehandelt hat. Auch hierfür gibt es ein Gegenstück in der deutschen Sage: Iring hat auf Anstiften König Dieterichs seinen Herrn Irminfried ermordet, aber dann wendet er sich gegen den Anstifter und tötet ihn (Brüder Grimm, Deutsche Sagen Nr. 551).

Die Sage von Ragnar Lodbrok

Als Fortsetzung der Völsungasaga berichtet die Saga von Ragnar Lodbrok von dem Schicksal und den Taten des Helden. Die zweite Hauptquelle ist wieder Saxo Grammaticus, der ebenso wie die Saga ganz nach seiner sonstigen Gepflogenheit Ragnar Lodbrok seiner Abstammung nach in das dänische Herrscherhaus eingliedert: Ragnar ist der Sohn Sigurd

Hrings, des Neffen von König Harald Kampfzahn. Ragnar und seine Söhne sind nicht bloß Gestalten der Sage; ähnlich wie sich in den Geschicken Hygelaks geschichtliche Tatsachen spiegeln (siehe Bemerkungen zur Sage von Beowulf), bilden hier Wikingerzüge des 9. Jahrhunderts den Hintergrund. Die wesentlichen Züge der Sage entstammen nicht der Geschichte, sondern der jenseits davon stehenden Überlieferung. Dabei spielen Wanderzüge aus dem Osten eine bedeutende Rolle.

Hierher gehört schon die Geschichte von Ragnars erster Gattin Thora Hirsch. Eine persische Sage erzählt von der Tochter Hefthdads, die ebenfalls ein gewaltiges Untier aufgezogen habe, das dann von Ardeschir durch List getötet worden sei. Der Lindwurm schlüpft nach anderen Fassungen aus einem Ei, was ein Gegenstück in der deutschen Sage von Ortnid hat. Von dem Lindwurm, unter dem sich der Schatz von selbst vermehrt, wird Thora ebenso bewacht wie Alfhild und in beiden Fällen wird dem Besieger des Untieres die Hand der Jungfrau versprochen. Nach dem Osten weist auch die Art, wie Ragnar sich gegen den Wurm sichert. Ein russisches Märchen enthält einen gleichartigen Zug (»Nikita der Gerber«); in anderen Überlieferungen tritt an die Stelle der gepichten Kleidung ein Eispanzer.

Einer sehr weit verzweigten Überlieferung gehört es an, dass die sterbende Thora ihrem Gatten das Versprechen abnimmt nur eine Frau zu heiraten, der ihr Kleid passe. Das Märchen »Allerleirau« (Grimms Märchen Nr. 65) kennt ähnliche Züge.

Von Aslaug berichtet die Ragnarsage, dass sie die Tochter Sigurds und Brunhilds gewesen sei. Sie knüpft dabei an die Angabe der Völsungasaga an, dass sich Sigurd mit Brünhild vermählt habe, als er sie auf dem Hindenberg aus dem Schlaf weckte, in den Odin sie einst versetzt hatte. Alle diese Angaben bedeuten schwere Entstellungen des ursprünglichen Inhalts der Sage (dieser ist dargestellt in den Deutschen Heldensagen S. 66 ff.), weshalb in unserer Wiedergabe die Namen von Aslaugs Eltern getilgt wurden. Die Aufgaben, die Ragnar Lodbrok Kraka-Aslaug stellt, finden sich in zahlreichen Erzählungen von der »klugen Bauerntochter«, von denen auch die Grimmschen Märchen (Nr. 94) eine Fassung enthalten.

Sehr häufig tritt in der Heldensage das Motiv der wissenden Vögeln auf, die dem Helden oder der Heldin ihr Wissen verraten. Hierher gehören der wissende Vogel der Helgisage und die Spechtmeisen, die in der Nibelungensage Sigurd die Anschläge Regins verraten und ihm von der auf dem Hindenberg schlafenden Brünhild Kunde geben. Im Märchen vom »Treuen Johannes« verkünden Vögel dem Diener die Gefahren, die seinem Herrn drohen, und im Märchen »Vom Bauernsohn, der König ward« (Mudrak, Das goldene Märchenbuch S. 225 ff.) verraten drei Vögel dem Helden Geheimnisse, deren Kenntnis er sein Glück verdankt.

Auch die dämonische Kuh Sibilja, die von Ivar ohne Knochen besiegt wird, stammt aus dem Osten. Aus indischer Überlieferung kennen wir eine solche Kuh namens Cabali, deren umgestalteter Name in dem der Kuh Sibilja weiterlebt.

Östlicher Herkunft ist auch der Bericht vom Tod Eireks auf den Lanzenspitzen seiner Feinde; eine ganz ähnliche Erzählung bietet schon Herodot in seinem Bericht von den Boten, die an den in einer unterirdischen Behausung lebenden Zalmoxis gesandt und in ganz ähnlicher Weise wie Eirek getötet werden, um so die Reise zu Zalmoxis antreten zu können.

Eine alte Wandersage ist die Erzählung von der Gründung Londons. Ein bekanntes Gegenstück ist die Sage von der Gründung Karthagos.

In manchen Angaben spiegeln sich die Verhältnisse des wirklichen Lebens. Der Bauernhof bestand – besonders auf der Insel Island – aus einer ganzen Anzahl von Einzelgebäuden; eines davon diente als Schlafhaus, das nur die Betträume enthielt. Das Heer wurde dadurch aufgeboten, dass der Heerpfeil von Hof zu Hof gesandt wurde. Das war das Zeichen dafür, dass sich die waffenfähige Mannschaft binnen einer bestimmten Frist an ihren Sammelplätzen einzufinden hatte.

Die Sage von Amleth

Die Sage von Amleth ist nur bei Saxo Grammaticus überliefert, doch zeigen nah verwandte Volksüberlieferungen ihre Beziehungen zu dieser. Ausgangspunkt der Sage ist die Überlieferung von den feindlichen Brüdern, vom Mord an dem besseren der beiden und von der Verfolgung des Neffen durch den brudermörderischen Onkel. Ein besonderes Merkmal ist, dass der Verfolgte sich wahnsinnig stellt, um sich zu schützen. Wie weit die Zusammenhänge reichen und wie alt die Sage ist, zeigen verwandte Überlieferungen wie die von Kai Chosru in Persien und von Brutus in Rom; bezeichnend ist, dass Brutus »Der Tor« bedeutet.

Einen ähnlichen Stoff haben wir schon in den Sagen von den Skjöldungen kennen gelernt. Dort gilt die Verfolgung des Onkels zwei Brüdern, Hroar und Helgi (siehe die Bemerkungen zu den Skjöldungensagen). Es gibt aber noch nähere Beziehungen zwischen den Sagen vom Sippenzwist im Haus der Skjöldunge und von Amleth. So wie Regin dem Gefolge des Brudermörders angehört, aber dennoch dem verfolgten Neffen beisteht, hat auch Amleth einen Freund am Hof Fengos, und so wie Hroar und Helgi sich verstellen, tut dies auch Amleth.

Ein sehr alter und weit verbreiteter Sagenzug ist der Todesbrief, mit dem Amleth nach England gesandt wird. Während in unserer Sage Amleth selbst den Brief entdeckt und ändert, geschieht dies in anderen Fassungen von anderer Hand; so ändert in der Sage von Kaiser Heinrich III. der Wirt, bei dem der ahnungslose Held übernachtet, den Brief ab (Brüder Grimm, Deutsche Sagen Nr. 486). In einer anderen Spielform unterbleibt die Änderung und der ursprüngliche Auftrag wird erfüllt, so in der biblischen Erzählung von Urias (2. Sam. 11, 14 ff.) und in der schon von Homer berichteten Sage von Bellerophon (Ilias VI, Vers 155–195), wo der Held allerdings dem Schicksal, das ihm durch die Erteilung lebensgefährlicher Aufträge bereitet werden soll, durch seine Tapferkeit entgeht.

Manche Einzelzüge finden sich in räumlich und zeitlich weit entfernten Sagen in ähnlicher Form; so enthält die Sage von Kai Chosru ebenso scheinbar törichte, in Wahrheit aber scharfsinnige Antworten auf die dem Helden gestellten Fragen und in der Sage von Brutus findet sich der Zug vom Gold im ausgehöhlten Stock.

Unabhängig vom Inhalt der einzelnen Sagen kehren bestimmte Züge wieder, die das sittliche Wesen des Helden kennzeichnen. Hierher gehören die von Horwendill dem besiegten Koll erwiesenen Ehren, die an das Verhalten Sigurd Hrings gegen den toten Harald Kampfzahn erinnern.

Die Sage von Amleth ist durch Shakespeares Drama »Hamlet« weltberühmt geworden. Der Dichter schöpfte die Kenntnis des Stoffes allerdings nicht aus der Darstellung Saxos, sondern aus mittelbaren englischen und französischen Quellen.

Die Sage von Offa

König Offa, der bei Saxo Grammaticus Uffo heißt, kennen wir aus verschiedenen Quellen. Außer Saxo berichtet von ihm der dänische Geschichtsschreiber Sven Aggesön, überdies aber wird er in mehreren altenglischen Quellen genannt.

Saxo hat Offa zu einem Dänen gemacht, in Wahrheit aber gehört er dem Volk der Angeln an und damit weist unsere Sage in die Zeit zurück, in der noch die Angeln im Land nördlich der Eider wohnten.

Das Verhalten Offas, der sein wahres Wesen erst zeigt, als dringende Not es gebietet, hat viele Gegenstücke; so gehört auch Beowulf hierher, vor allem aber Helgi, der Sohn Hjörvards, der so wie Offa nicht eher spricht, als bis der für sein Leben entscheidende Wendepunkt gekommen ist.

Der gemeinsame Kampf Ketos und Vigos erinnert an den Kampf Witeges und Heimes gegen Alphart in der Dietrichsage. Dass die beiden Brüder den Fall des Königs Adils sogleich bekannt machen, hat wesentliche Bedeutung für die Beurteilung ihrer Tat. Es war ein wichtiger Rechtsgrundsatz, dass der Tod eines Mannes im Kampf sogleich kundgemacht werden musste, falls es keine Kampfzeugen gab. Unterblieb die Kundmachung und wurde versucht die Tat zu verheimlichen, so galt diese als ehrenrührige Neidingstat, als Mord.

Ein alter Sagenzug wird deutlich, wenn Offa mit Rüstung und Schwert des Vaters in den Kampf zieht. Der Sinn besteht darin, dass der Sohn das Ebenbild des Vaters und gerade dadurch zu den Taten befähigt ist, die seinen Ruhm begründen. So wie der wahre Held bis zu seiner Erprobung ein unscheinbares Wesen zeigt, ist auch die Waffe, deren Besitz den Sieg verbürgt, scheinbar schwach und infolge ihres Alters unbrauchbar. Erst im Kampf zeigt sie ihren wahren Wert.

Die Sage von König Jörmunrek

So wie Saxo den Angeln Offa zu einem Dänen gemacht hat, hat er auch den Gotenkönig Ermanerich zu einem Dänen werden lassen. Von der Jugendgeschichte des Königs berichtet ausschließlich er selbst; dagegen wird der Rachezug der Brüder Svanhilds in einer eddischen Dichtung, der »Hamdismal«, berichtet. Einen letzten Nachklang der »Hamdismal« erkennen wir in der niederdeutschen Dichtung »König Ermenrichs Tod«. Eine wichtige Prosadarstellung der Sage bietet die Snorri-Edda.

Im Mittelpunkt der Jugendgeschichte steht die Flucht aus der Gefangenschaft. Solche Fluchtsagen sind auch sonst bekannt, so vor allem aus der Sage von Walther Starkhand und Hildegund.

Eine andere Fluchtgeschichte, die des mit Hilfe des Küchenjungen Leo aus der Gefangenschaft entflohenen Attalus, hat Grillparzer nach dem Bericht Gregors von Tours, »Historia Francorum« III, 15 (danach Brüder Grimm, Deutsche Sagen Nr. 432), in seinem Lustspiel »Weh dem, der lügt« als Grundlage verwendet.

Bestimmte Einzelheiten wie die ins Bett Jörmunreks gelegte Puppe und sein angeblicher Wahnsinn sowie die Angabe, dass er belle wie ein Hund, sind als Reste einer Überlieferung erkennbar, die mit der von Hroar und Helgi sowie mit der von Amleth verwandt ist.

Was von Jörmunrek und seinem Verhalten als Herrscher berichtet wird, zeigt ihn bereits als den Verwandtenfeind, als den ihn die deutsche Heldensage (Mudrak, Deutsche Heldensagen S. 181 ff. und 261 f.) kennt. Der tückische Ratgeber Bikki entspricht dem Sibeche der deutschen Sage, die hingerichteten Neffen erinnern an die Harlunge, die ebenfalls am Galgen enden. Dagegen ist Dietrich von Bern, der Theoderich der Geschichte, noch nicht mit Jörmunrek in Beziehung gesetzt. Der Zorn des Königs richtet sich gegen den von Bikki verleumdeten eigenen Sohn, der am Galgen sterben muss. Der von Randver dem Vater als Symbol für die Ausrottung seiner eigenen Familie übersandte gerupfte Vogel hat östliche Gegenstücke; so wird dem Perserkönig Kambyses, der seinen eigenen Bruder hatte töten lassen, als Symbol für sein unüberlegtes Handeln ein entblätterter Lattich gesandt. Aus der Geschichte ist Ermanerich (gotisch Airmanareiks, sprich: Ermanariks) dadurch bekannt, dass sein Reich am Schwarzen Meer im Jahre 375 durch die Hunnen vernichtet wurde. Während der Geschichtsschreiber Ammianus Marcellinus berichtet, Ermanerich habe sich selbst getötet, berichtet Jordanes, der König habe eine Frau namens Sunilda durch Pferde töten lassen. Die Brüder Sunildas, Sarus und Ammius, hätten ihn aus Rache dafür verwundet. Infolge dieser Wunde und der mit dem Hunneneinfall verbundenen Sorgen sei Ermanerich im 110. Lebensjahr gestorben. Jordanes mischt bereits geschichtliche mit sagenhaften Zügen. In den Namen Sunilda, Sarus und Ammius erkennen wir die der Sagengestalten Svanhild, Sörli und Hamdir wieder.

Die Sage von Helgi, dem Sohn Hjörvards

D ie Sage von Helgi, dem Sohn Hjörvards, kennen wir aus einer Dichtung der großen, als Edda bezeichneten Liedersammlung, der »Helgakvida Hjörvarzsonar«. Diese setzt mit einem aus uralter Überlieferung stammenden Zug ein: Ein Vogel gibt dem Gefolgsmann des Königs Hjörvard Kunde von der Frau, um die sodann geworben wird. Die Heldensage kennt den Vogel, der hier als »frodhugadr«, als »weise« bezeichnet wird, auch sonst in dieser Bedeutung. So geben Spechtmeisen in der nordischen Fassung der Nibelungensage Sigurd nach dessen Drachenkampf Kunde von der auf dem Hindenberg schlummernden Brünhild (Mudrak, Deutsche Heldensagen S. 65). Hierher gehört es, dass in einer Reihe von anderen Überlieferungen, zu denen auch die Tristansage in der von Gottfried von Straßburg verwendeten Fassung gehört, der Vogel aus fernen Landen ein Haar der goldhaarigen Königstochter bringt; dieses Haar ist sodann die Ursache für die Werbung um die Königstochter.

Der Vogel ist auch sonst das um die Zukunft wissende Wesen: Nach der Ermordung Sigurds sagt ein Rabe den Mördern ihren Untergang durch den Hunnenkönig Atli voraus. Auch die Sage von Ragnar Lodbrok kennt solche Vögel (siehe die Bemerkungen dort).

Alt und eigenartig ist auch der Zug, dass Helgi in seiner Kindes- und ersten Jugendzeit nicht spricht, sondern immer schweigt. Er ist nicht etwa stumm, seine Schweigsamkeit beruht vielmehr – ebenso wie bei Offa – ausschließlich auf seinem eigenen Willen. So bleibt er auch namenlos, bis er endlich mit der für ihn bestimmten Frau zusammentrifft.

Das Grab der Vorfahren galt als heilige Stätte, was mit der altgermanischen Ahnenverehrung in engstem Zusammenhang steht. Eine Islandsaga berichtet von einem solchen Ahnengrab, »Helgafell«, Heiligenberg genannt, dass man sich die von dieser Erde abgeschiedenen Gesippen im Innern des Berges fortdauernd dachte. Die Heiligkeit des Grabes ist der Grund dafür, dass man dort bedeutsame Entschlüsse fasst; so ist es kein Zufall, dass die Begegnung zwischen Helgi und der Walküre dort stattfindet. Diese spricht den bisher Namenlosen mit dem Namen Helgi an, und dass dieser nun zum Namen auch ein Geschenk fordert und erhält – durch die Kunde von dem Siegschwert, die sie ihm gibt, aber auch dadurch, dass sie seine Werbung günstig aufnimmt –, hat seine Grundlage in der alten Sitte, mit der Namengebung ein Geschenk zu verbinden.

Die Sitte am Julabend ein Gelübde zu tun, das unter allen Umständen erfüllt werden muss, ist aus dem germanischen Norden auch sonst bezeugt. Hier ist die tragische Verwicklung dadurch begründet, dass Hedin durch eine auf geheimnisvolle Weise bewirkte Willensbeeinflussung, die von der durch ihn zurückgewiesenen übermenschlichen Gestalt ausgeht, die Braut des Bruders für sich zu erwerben gelobt. Dieses Gelübde zeigt den ursprünglichen Gang des weiteren Geschehens an, denn es musste zum Kampf zwischen den beiden Brüdern führen. Dabei fand Helgi den Tod, was in unserer Dichtung noch erhalten ist. Um den Bruderkampf zu vermeiden, stellt die Dichtung mit einer wenig glücklichen Neuerung allerdings Helgi einem anderen Gegner gegenüber, der ihn im Zweikampf tötet.

Die Sage von Helgi Hundingsbani

Von Helgi dem »Hundingstöter« berichten zwei Dichtungen der Liederedda, die als »Helgakvida Hundingsbani I« und als »Helgakvida Hundingsbani II« bezeichnet werden. Die feierliche Darstellung der Schicksalsbestimmung bei der Geburt des Helden stammt aus der erstgenannten Dichtung, deren Abschluss der Sieg Helgis über den von Sigrun zurückgewiesenen Freier Hödbrodd bildet. So endet die Dichtung, die jüngere von den beiden, mit dem Sieg Helgis, der ihn in den Besitz Sigruns setzt und damit den Höhepunkt seiner Heldenlaufbahn bedeutet. Von den Nöten, die der Held in stiller Jugendzeit zu überstehen hat, meldet sie nichts. Die ältere Dichtung, in die größere Prosapartien eingeflochten sind, beginnt mit einer Darstellung der Verwandschaftsverhältnisse und mit der Kundfahrt Helgis an den Hof König Hundings. Die Worte, die Helgi bei seiner Rückkehr Häming ausrichten lässt, bergen ein Wortspiel. Der Eigenname Hamal, den Helgi sich beilegte, bedeutet Hammel, sodass also Wolf und Hammel einander gegenübergestellt werden, das Raubtier dem friedlichen Haustier. Solche Vergleiche sind auch sonst wohl bekannt, wie die Redensart vom »Wolf im Schafspelz« zeigt.

Besondere Bedeutung kommt der Darstellung vom Tod Helgis zu. Sein eigener Schwager tötet ihn, weil er an ihm seinen Vater zu rächen hat. Die

Tat bedarf aber einer besonderen Waffe – offenbar könnte Helgi mit keiner anderen als mit dem Speer Odins getötet werden. Darauf deutet auch der Name Helgi hin, der den Sinn »Der Unverletzliche« hat.

Was der Name der Stätte zu bedeuten hat, an der Dag die Rachetat vollbringt, zeigt uns eine Nachricht des römischen Schriftstellers Tacitus in seiner Schrift »Germania«. In Kapitel 39 dieser Schrift wird von einem heiligen Hain der Semnonen berichtet, der nur in Fesseln betreten werde. Auf eine gleichartige Sitte deutet der Name Fjötrlundr, »Fesselhain«, hin.

Als Sigrun von der Tat ihres Bruders hört, spricht sie eine furchtbare Verwünschung gegen ihn aus; gegen die bestehende Ordnung stellt sie die Liebe zu ihrem Gatten über die Zusammengehörigkeit der Sippe. Im Gegensatz dazu rächt in der nordischen Fassung der Nibelungensage Gudrun den Tod ihrer Brüder, die den Mord an ihrem ersten Gatten Sigurd zu verantworten haben, an Atli (Mudrak, Deutsche Heldensagen S. 86 f.; S. 259 f.).

So groß ist die Trauer Sigruns um Helgi, dass der Tote noch einmal zu ihr zurückkehren kann: In Helgis Grabhügel treffen die beiden Gatten zusammen. In einer weit verbreiteten Sage, die nach einer diesen Stoff darstellenden Ballade von G. A. Bürger die »Lenorensage« genannt wird, bewirken die dauernden Klagen der Braut eines im Krieg Gefallenen oder auf andere Weise ums Leben Gekommenen, dass dieser sie aufsucht und sie mit sich in sein Grab nimmt, wobei sie meist ihr Leben einbüßt. Man hat die Sage von Helgis Wiederkehr mit diesem Geschehen verglichen, doch weicht sie davon nicht unerheblich ab.

Noch ein anderer Zug unserer Sage findet sich auch in der Volksüberlieferung. Helgi sagt, dass ihm die Tränen Sigruns auf die Brust fallen. Ebenso sieht in vielen Volkserzählungen die Mutter ihr verstorbenes Kind im Zug der Toten. Während alle anderen fröhlich sind, ist das Kleid ihres Kindes von den Tränen der Mutter ganz durchnässt oder dieses kann mit den anderen nicht Schritt halten, weil es einen schweren Krug mitschleppen muss, in dem alle Tränen der Mutter gesammelt sind.

Für das Verhältnis der beiden Gatten zueinander ist wesentlich, dass die Walküre Helgi schon geliebt hat, bevor die beiden einander von Angesicht gesehen haben – sie sind von Anbeginn füreinander bestimmt. Wichtig ist ferner, dass die Walküre den Helden in der Schlacht beschützt. Noch die mittelalterliche Dichtung »Peter von Staufenberg« enthält diesen Zug. Die zum Schluss der Erzählung angedeutete Überlieferung von Helgi dem Haddingenkämpfer und Kara bewahrt das altertümliche Motiv, dass Kara Helgi dadurch beschützt, dass sie in Vogelgestalt über ihm dahinfliegt. Dabei wird sie allerdings von Helgi ungewollt verletzt, als er mit dem Schwert ausholt, was den Untergang beider zur Folge hat. Von diesem Paar berichtete eine uns verlorene Dichtung.

Sowohl von Helgi, dem Sohn Hjörvards, und von Svava als auch von Helgi dem Hundingstöter und von Sigrun wird ausdrücklich bekundet, dass sie wieder geboren worden seien. Diese Vorstellung ist offensichtlich alt. Nach einer Angabe des römischen Historikers Appianus hatten die Germanen des Ariovist, also die Sveven, die Hoffnung auf Wiedergeburt, sodass sie den Tod gering achteten. In der nordgermanischen Überlieferung ist der Glaube an eine Wiedergeburt durch eine Reihe von Zeugnissen belegt. Allgemein verbreitet war der Glaube, dass der Großvater im Enkel wieder geboren werde, weshalb man auch gerne dem Enkel den Namen des Großvaters gab. Das Wort »Enkel« bedeutet der »kleine Ahn«, das heißt, der als Kind wieder geborene Großvater.

Das Schwert Tyrfing und seine Herren

Die Hauptquelle unserer Sage ist die »Hervararsaga ok Heidreks konungs«, die formal und inhaltlich einer wesentlich späteren Schicht angehört als die bisher besprochenen Sagen. Es finden sich in ihr jedoch auch noch Überlieferungen und Vorstellungen, die auf alte Grundlagen zurückgehen. In der Saga wird außer von König Heidrek und seinen Vorfahren auch noch vom Bruderkampf zwischen den Halbbrüdern Angantyr und Hlöd berichtet, mit dem die große, für die Goten siegreiche Hunnenschlacht unmittelbar verbunden ist. Der Grundgedanke des Aufbaues beruht auf dem über das Schwert Tyrfing und dessen Herrn verhängten Fluch, dessen Folgen bis zum Fall Hlöds von der Hand seines Bruders Angantyr reichen. Wir haben damit ein Gegenstück zu dem Fluch vor uns, der in der Nibelungensage auf dem von Sigurd erworbenen Hort ruht.

Den Eingang der Erzählung bildet der Zug vom »weisenden Tier«, da ein Hirsch König Svafrlami zu den Zwergen führt, die eben aus ihrer Wohnung im Berg herausgetreten sind und nunmehr gezwungen werden den Tyrfing zu schmieden. Sie tun dies wohl, verhängen aber über die Waffe einen furchtbaren Fluch, der nicht bloß König Svafrlami, sondern auch alle späteren Herren des Tyrfing trifft.

Alte Sitte sind die Gelübde am Julabend; solche Gelübde werden in unserer Sage an zwei Stellen genannt. Sie binden den, der sie tut, unbedingt, es gibt keine Lösung von ihnen, sodass es nur die Wahl gibt sie zu erfüllen oder zu sterben.

Alte Züge sind auch die in die Zukunft weisenden, oft Unheil kündenden Träume. Sie finden sich in der Islandsaga häufig, sind aber nicht auf sie beschränkt. So gehört der Traum Kriemhilds, der auf ihre Verbindung mit Sigfrid und auf dessen frühen Tod hinweist, schon der deutschen Sage an.

Dass die auf ihre Unüberwindlichkeit pochenden Berserker gegen den Willen des Vaters ein Mädchen zur Ehe fordern, wie dies Hjörvard tut, ist ein in der Sage häufiger Zug und ebenso, dass ein Held sich bereit erklärt gegen den auch dem Mädchen unerwünschten Freier zu kämpfen. Hjalmar findet in unserer Sage in dem berühmten Örvar-Odd, der selbst Hauptgestalt einer nach ihm benannten Sage ist, einen Helfer, doch besteht er den Hauptkampf selbst. Wohl bringt ihm der Tyrfing dabei den Tod, aber auch Angantyr fällt. Wenn es heißt, dass die Gegner einander nach Walhall weisen, so geht das darauf zurück, dass der tote Krieger als Einherjer in die Schar Odins eingeht: Beide wünschen also einander den Tod.

Begießen mit Wasser ist eine im germanischen Norden wiederholt belegte Sitte. Sie entspricht nicht der christlichen Taufe, sondern ist als Reinigungshandlung im symbolischen Sinn gemeint (Lustration). Ob sie auf christlichen Einfluss zurückgeht, ist nicht sicher.

Gudmund von Gläsisvellir ist der Herr über paradiesische Gefilde, in denen es kein Altern, keine Krankheit und keinen Tod gibt. Solche Vorstellungen sind weit verbreitet; schon die altpersische Überlieferung berichtet von König Yama, dass es in seinem Reich weder Kälte noch Hitze, weder Krankheit noch Tod gibt, und auch die keltische sowie die mittelalterliche deutsche Dichtung kennen ähnliche Vorstellungen. Besonderen Wert haben die Rätsel, die in den Wettkampf zwischen König Heidrek und dem in der Gestalt Gestumblindis auftretenden Odin eingegliedert sind. Manche von ihnen sind auch der deutschen Volksüberlieferung wohl bekannt, so besonders das Rätsel von der Kuh.

Die Frage, die Heidrek nicht beantworten kann, findet sich auch in der eddischen Dichtung vom Wettkampf zwischen Odin und Vafthrudnir. Da es sich um ein keinem Dritten bekanntes Geheimnis handelt, muss Heidrek ebenso unterliegen wie Vafthrudnir. Als Heidrek erkennt, dass er hintergangen worden ist, übermannt ihn die Wut und er lässt sich verleiten nach dem in Vogelgestalt fliehenden Gott zu schlagen. Dass der Vogel dabei die Schwanzfedern einbüßt, ist ein in mannigfaltigen Formen weithin verbreiteter Zug. Heidrek hat nunmehr Odins Zorn auf sich geladen und die Vergeltung folgt auf dem Fuß. Als Knechte verwendete Kriegsgefangene ermorden Heidrek und bringen den Tyrfing an sich.

In die Saga sind Auftritte von hoher dichterischer Kraft und Schönheit eingegliedert, so besonders der Besuch Hervörs auf Samsey, wo sie vom toten Vater die Herausgabe des Tyrfings fordert, den sie als Erbin beansprucht. Neben solchen auf hohes Alter zurückgehenden Zügen – die »Haliaruna«, die Totenbeschwörerin, ist uns auch aus gotischer Überlieferung bekannt – gibt es auch verhältnismäßig junges, aus dem Osten stammendes Wandergut wie die Probe, auf die König Heidrek Sifka stellt. Auch die mittelalterliche lateinische Literatur kennt Erzählungen, in denen jemand eine Übeltat vortäuscht und sodann das »Geheimnis« seiner Gattin anvertraut, um ihre Verschwiegenheit und Treue auf die Probe zu stellen. In der nordgermanischen Literatur, die auch sonst gelegentlich verwandte Züge aufgenommen hat, ist diese Episode ein Fremdkörper.

Die Hauptquelle für die Sage von Angantyr und Hlöd ist, wie schon ausgeführt, die Hervararsaga, doch findet sich ein Bericht über die große Hunnenschlacht, in der es gelingt, den Ansturm der Hunnen abzuschlagen, auch bei Saxo Grammaticus. Ursache für das Ringen der Völker ist der Erbstreit der beiden Halbbrüder Angantyr und Hlöd. Hlöd ist als Held besonderer Art gekennzeichnet: Er ist mit seinen Waffen zur Welt gekommen, wofür es bis nach dem alten Indien reichende Parallelüberlieferungen gibt. Das entgegenkommende Verhalten Angantyrs hätte den Streit fast beendet, hätte sich nicht Gizur eingemischt. Seine höhnenden Worte sind darauf berechnet, die Lage zu verschärfen, und wirklich bricht Hlöd die Verhandlung mit Angantyr ab.

Die Darstellung der Schlacht selbst ist die älteste Schicht der Hervararsaga. Die Gegner der Hunnen sind die Goten und die in der Saga genannten Namen Greutungen und Terwingen (dieser Name ist allerdings in der Quelle entstellt und beruht auf einer gut begründeten Wiederherstellung) sind alte Bezeichnungen für die Ost- und Westgoten. Die weiteren in der Saga genannten Namen weisen als Schlachtort auf die Gebiete an der oberen Weichsel, doch ergeben sich gewisse Schwierigkeiten, die Überlieferung von einem siegreichen Kampf der Goten gegen die Hunnen in dieser Gegend mit den uns bekannten geschichtlichen Tatsachen in Beziehung zu setzen. Vieles in der Saga hat ein sehr altertümliches Gepräge, so die Ladung des Gegners an einen bestimmten Kampfplatz, die Lage der von Hervör verteidigten Grenzburg an einem großen Wald; die Grenzgebiete, die Marken, sollten vor feindlichen Überfällen schützen und stellten daher einen breiten, von Wäldern und unfruchtbaren Ländereien erfüllten Gürtel dar. Altertümlich ist auch die Formel, mit der Gizur auf die Gegner den Zorn Odins herabwünscht und ihnen den Tod des Königs und eine Niederlage vorhersagt. So sind besonders die in der Saga enthaltenen Verse kostbare Überlieferung aus der germanischen Heldenzeit.

Die Sage von Fridthjof dem Kühnen

Die Fridthjofsaga, die Quelle unserer Sage, gehört einer späten Schicht der isländischen Literatur an. Ihr Schauplatz ist Norwegen, ihre Beliebtheit auf deutschem Boden verdankt sie der Verdichtung Tegnérs, die auch ins Deutsche übersetzt wurde und dadurch den Stoff in Deutschland bekannt gemacht hat. Die Saga und besonders die zahlreichen in sie aufgenommenen Strophen atmen jedoch einen wesentlich ursprünglicheren Geist als Tegnérs Nachdichtung, weshalb die Darstellung ausschließlich der Saga folgt und die Strophen aus ihr in der Übertragung von Felix Genzmer wiedergegeben sind.

Allerdings ist der Anteil der echten Sage am Aufbau der Handlung gering. Die für die alte Heldensage kennzeichnende Härte, besonders auch des den Helden treffenden Schicksals, hat bereits einer weicheren Stimmung weichen müssen, was ganz besonders in der Darstellung vom Aufenthalt Fridthjofs am Hof König Hrings erkennbar ist. So endet die Erzählung auch nicht tragisch, sondern mit der durch die treue Ausdauer Fridthjofs ermöglichten Vereinigung des durch den Hochmut und die Eifersucht von Ingibjörgs Brüdern lange Zeit getrennten Paares. Da die Söhne König Belis sich Fridthjof nicht gewachsen wissen, greifen sie zum Zauber, um den Helden zu vernichten. So kann sich Fridthjofs Heldentum nicht im Kampf gegen ebenbürtige Gegner, sondern nur in der Unerschrockenheit und Ausdauer bewähren, die er bei seiner gefährlichen Seereise bekundet, während er an Hrings Hof mit dem König an Edelmut wetteifert. Ingibjörgs Brüder haben keinen einzigen versöhnlichen Zug aufzuweisen; sie sind heimtückisch und wortbrüchig, überdies aber so feige, dass sie sich weder gegen Fridthjof noch gegen Hring in einen Kampf einzulassen wagen. Ihrem Schicksal entgehen sie schließlich trotzdem nicht.

An manchen Stellen erinnert sich die Saga noch der alten, ursprünglichen Verhältnisse. Im Kampf gegen die Zauberweiber und die durch diese heraufbeschworenen Gefahren vertraut Fridthjof auf seinen Schutzgeist, seine »hamingja«. Sein Vorgehen im Heiligtum Balders ist ein arger Frevel, der Friedlosigkeit zur Folge hat; der Friedensbrecher heißt »Wolf im Heiligtum«; der Ausdruck ist formelhaft (vargr i veum) und gehört der Rechtssprache an. Er wird auf den vogelfreien Friedensbrecher angewendet. Formelhaft ist auch die Frage, die beim Eintritt in Hrings Halle an den verkleideten Fridthjof gerichtet wird: »Wo warst du in der Nacht?« Aus einer Handschrift des 14. Jahrhunderts kennen wir ein Rätsellied, das mit den Versen beginnt: »Willekome, varender man! Wa laege du hinaht?« (Willkommen, fahrender Mann! Wo lagst du heute Nacht?)

Die Angaben über das Verfahren mit den Götterbildern sind dagegen mit großer Vorsicht aufzufassen. Im Allgemeinen sind Götterbilder bei den Germanen unbekannt und mehrere Funde, die als Götterbilder angesprochen werden, sind erst ihrer Bedeutung nach zu klären.

In manchen Fällen weisen die gesamten Umstände auf Einfuhr aus dem Südosten. In unserer Saga heißt es auch, dass die Götterbilder am Feuer »gebäht« wurden, doch ist nicht mit Sicherheit feststellbar, was damit gemeint ist. Im Übrigen steht alles, was in dieser Beziehung gesagt wird, bereits auf später Stufe. Der Verfasser der Saga hatte kaum mehr Einblick in die wirklichen Verhältnisse.

NACHWORT

Das vorliegende Buch gibt einen Überblick über die mythologischen Erzählungen der Nordgermanen, nicht aber über die germanische Religion, deren Darstellung einen anders gearteten Stoff zum Gegenstand hätte. Es enthält außerdem den Hauptbestand der nordgermanischen Heldensage und ist damit eine wesentliche Ergänzung zu meinen im selben Verlag erschienenen »Deutschen Heldensagen«.

Die beiden Bände halten sich unmittelbar an die Quellen. Sie enthalten somit den Gesamtbestand der germanischen Heldensage und ermöglichen die Einsicht in ein ererbtes Kulturgut von höchstem Wert. Um die künstlerische Bedeutung der alten Heldendichtung erkennen zu lassen, wurden Proben aus ihr aufgenommen. Die Übertragung stammt meist von Felix Genzmer, der dem Geist der Originale, besonders auch in der rhythmischen Gestaltung, am nächsten kommt.

Von den Quellen der deutschen Heldensage unterscheiden sich die nordischen unter anderem dadurch, dass in der Volkssprache abgefasste, aber auch lateinisch geschriebene Prosa einen recht erheblichen Teil von ihnen ausmacht. Dennoch ist die stabreimende Heldendichtung die älteste Ausdrucksform auch der nordgermanischen Heldensage. Auch für diese Dichtung und ihre Lebensbedingungen gilt das, was darüber in kurzer Zusammenfassung in den »Deutschen Heldensagen« gesagt ist. Die vorbildliche Bedeutung der in der Heldendichtung gültigen Haltung und deren unmittelbare Beziehung zum Leben lässt sich am besten daraus erkennen, dass vor der Schlacht von Stiklestad (1030), in der König Olaf der Heilige fiel, der Skalde Thormod die Dichtung vom Untergang Hrolf Krakis und seiner treuen Gefolgsmannen Bjarki und Hjalti als eine Mahnung für das Verhalten von Olafs Mannen in der Schlacht vortrug. Im Unterschied zum deutschen Mittelalter hat sich in Island, der Hauptpflegestätte der nordischen Heldendichtung, ebenso wenig wie anderswo im Bereich der Nordgermanen eine Heldenepik entwickelt – der »Beowulf« bietet zwar nordische Heldensage, ist aber als Dichtung eine altenglische Schöpfung. Die Stelle der großen Epen vertreten die umfangreichen Prosadarstellungen. Dazu kommt, dass die Geschichtsschreiber ihrem Werk eine sagenhafte Vorgeschichte vorausgehen lassen. So hat Snorri Sturluson seiner Geschichte der norwegischen Könige als sagenhafte Vorgeschichte die Schicksale der Ynglinge vorangestellt, die ihren Namen von ihrem Stammvater Yngvi-Freyr haben und demnach göttlicher Herkunft sind.

Besonders umfangreich ist die sagenhafte Vorgeschichte Dänemarks in dem Geschichtswerk des Saxo Grammaticus ausgefallen; sie umfasst volle neun Bücher, die sich zum Teil mit Gottheiten wie Odin und Balder, zum überwiegenden Teil aber mit Gestalten der Heldensage befassen, wobei auch Helden nichtdänischer Herkunft einbezogen werden. Zu den zahlreichen Quellen Saxos gehören Heldendichtungen, die nur in der lateinischen Übertragung des dänischen Mönches erhalten geblieben sind. Manche von ihnen lassen ihr Urbild noch deutlich erkennen wie etwa die Verse, in denen von Starkads erfolgreicher Mahnung an Ingjald die Rede ist, sich seiner Pflicht zu erinnern und den Tod seines Vaters zu rächen.

Wo Licht ist, fehlt auch der Schatten nicht und die nordische Heldensage zeigt uns neben untadeligen Helden wie Beowulf auch Gestalten wie Starkad, dessen Heldentum durch arge Übeltaten verdunkelt wird. Die letzte Grundlage für eine solche Zwiespältigkeit, die auch an einer Gottheit wie Odin sichtbar wird, ist eine uralte und weit verzweigte Überlieferung, der auch der im Alter böse werdende Herrscher und der zunächst treue, sodann ungetreue Ratgeber angehören. Von solchen Gegenbildern aber hebt sich das Bild des wahren Helden wirksam ab und zeigt ihn in seiner vollen Größe: Nicht Kämpfertum allein macht den Helden aus, denn nur der verdient diesen Ehrennamen, bei dem sich Mut und Kraft mit sittlichen Werten, mit Ausdauer, Treue und dem Eintreten für das einmal als recht Erkannte vereinen.

Prof. Dr. Edmund Mudrak

NAMEN- UND SACHVERZEICHNIS

Die den Stichwörtern beigesetzten Zahlen beziehen sich auf die einzelnen Sagen:

In den nordischen Namen ist v als w zu lesen. Um von dem gewohnten Schriftbild nicht allzu sehr abzuweichen, werden Namen und Bezeichnungen wie Walhall, Walküre, Wiking in dieser allgemein üblichen Schreibung geboten.

Abkürzungen: *an.* = altnordisch; *ae.* = altenglisch; *ahd.* = althochdeutsch; *as.* = altsächsisch; *mhd.* = mittelhochdeutsch; *nhd.* = neuhochdeutsch

Aarheim (12) Sitz König Angantyrs, des Sohnes Heidreks.

Adils (3, 8) Schwedenkönig, Gatte Yrsas; Feind König Helgis und Hrolf Krakis. Stirbt im Kampf gegen Keto und Vigo, die an ihm ihren Vater Frowin rächen.

Ägir (1) ein Meerriese, bei dem die Asen ein großes Trinkgelage abhalten, zu dem der Braukessel des Riesen Hymir herbeigeschafft wird.

Äl (12) aus Hirse, Gerste, Weizen oder Hafer bereitetes Bier.

Äsa (5) Gattin Alis des Kühnen.

Äschere (2) ein Däne und Ratgeber König Hrodgars. Grendels Mutter raubt ihn aus der Halle Heorot.

Agnar (6) Sohn Ragnar Lodbroks und Thoras.

Aki (6) Bauer auf dem Gehöft Spangarheide in Norwegen, Ziehvater Aslaugs.

Aki (13) ein Wiking, der Fridthjof bei dessen Ankunft auf der Insel Effja zum Kampf herausfordert.

Alben (1) *an.* alfar, Einzahl alfr; überirdische Wesen, die in mehrere Gruppen (Lichtalfen, Schwarzalfen) gegliedert sind.

Alf (4) Sohn König Sigars von Dänemark, Werber um Alfhild.

Alf (10) Sohn König Hrodmars. Er fordert Helgi, den Sohn Hjörvards, zum Zwei-kampf heraus und tötet ihn.

Alfhild (4) Tochter König Sivards aus Schweden.

Alger (4) einer der Söhne König Sigars.

Ali der Kühne (5, 9) Herr auf Schonen; wird vom Gefolgsmann Starkad ermordet.

Alof (10) Tochter des Jarls Franmar.

Amleth (7) Sohn Horwendills. Um den Mord seines Vaters an Fengo rächen zu können und selbst dessen Nachstellungen zu entgehen, stellt er sich wahnsinnig. Sein Name bedeutet der Tor.

Angantyr (12) ein Wiking, Sohn Arngrims und Eyfuras.

Angantyr (12) Sohn Höfunds und Hervörs, Bruder Heidreks.

Angantyr (12) Sohn König Heidreks von Helga, der Tochter König Haralds von Hreid-gotenland; sein Halbbruder ist Hlöd.

Angantyr (13) Jarl, der auf der Orkadeninsel Effja herrscht.

Angrboda (1) eine Riesin, die mit Loki den Fenriswolf, die Midgardschlange und die Hel zeugt.

Arngrim (12) ein Wiking, der König Svafrlami im Kampf tötet.

Asen (1) Göttergeschlecht, dem Odin und dessen Verwandte angehören.

Asen-Thor (1) siehe Thor.

Asgard (1) Wohnsitz der Asen.

Ask (3) Hof in Hördaland, wo Starkad nach dem Tod König Haralds lebt und von Vikar wieder entdeckt wird.

Askr (1) Name des ersten Mannes; er wird von Odin, Vili und Ve aus einem Baum-stamm geschaffen und Stammvater des Menschengeschlechtes.

Aslaug (6) vollwaise Königstochter; zweite Gattin Ragnar Lodbroks.

Asmund (3) Norwegerkönig, der von Fridleif im Kampf besiegt wird.

Asmund (5) Herr zu Vik in Norwegen. König Harald Kampfzahn unterstützt ihn beim Kampf gegen dessen Schwester.

Asmund (13) einer von Fridthjofs Ziehbrüdern.

Atli (9) Hunnenkönig; früherer Gemahl Gudruns.

Atli (10) Sohn Imunds, Gefolgsmann des Königs Hjörvard.

Audhumla (1) die Kuh, von deren Milch sich Ymir nährt.

Balder (1, 12, 13) einer der Asen. Auf Anstiften Lokis tötet ihn sein Bruder, der blinde Höd, mit einem in einen Speer verwandelten Mistelzweig. Hermod versucht ver-geblich ihn aus dem Reich der Hel wieder zu den Asen zurückzuholen.

Baldershag (13) Heiligtum des Gottes Balder am Sognfjord.

Barri (12) einer der zwölf Söhne Arngrims und Eyfuras.

Baugi (1) ein Riese, Bruder Suttungs.

Beanstan (2) Vater Brekas.

Beigad (3) Bruder Svipdags; er steht diesem im Kampf gegen die Berserker bei.

Beli (13) König über das Gebiet am Sognfjord, Vater Ingibjörgs, Helgis und Halfdans.

Beowulf (2) Angehöriger des gautischen Königshauses, später König über die Gauten. Er besiegt den Unhold Grendel und dessen Mutter und findet den Tod im siegreichen Kampf gegen einen Drachen. Geschichtliche Hintergründe hat der von ihm berichtete Kampf in Friesland, bei dem König Hygelak den Tod findet.

Bergelmir (1) ein Reifriese, der allein samt seinem Weib der großen Flut entkommt, die alle anderen Angehörigen seines Stammes vernichtet.

Berserker (3, 12) »Mann im Bärenkleid«. Krieger von besonderer Stärke, der in einen ekstatischen Zustand besinnungsloser Zerstörungswut geraten kann, wobei sich seine Kraft vervielfacht.

Bifröst (1) Brücke, die nach Asgard führt. Sie wird von Heimdall bewacht und bricht beim großen Kampf zwischen den Asen und den Weltenfeinden zusammen.

Bikki (9) Ratgeber Jörmunreks, der diesem, an dem er den Tod seiner Brüder rächen will, absichtlich falsche Ratschläge erteilt.

Bilvis (4) treuer Ratgeber König Sigars, Bruder des böse gesinnten Bölvis.

Bjartmar (12) ein Jarl, dessen Tochter Tofa Angantyrs Gattin wird.

Björn (6) Sohn Ragnar Lodbroks und Aslaugs.

Björn (13) Ziehbruder und treuer Gefährte Fridthjofs.

Blind der Bösewicht (11) an. Blindr inn bölvisi; Ratgeber König Hundings, der vergeblich Helgi Hundingsbani bei dessen Ziehvater Hagal aufzuspüren versucht.

Böcke Thors (1) ziehen den Wagen des Gottes. Thor schlachtet sie und belebt sie wieder, doch lahmt einer der Böcke, weil ein Schenkelknochen zerbrochen ist.

Bödvar Bjarki (3) einer der tapfersten Gefolgsmannen König Hrolf Krakis.

Bölverk (1) Name, den sich Odin beilegt, als er auszieht den Dichtermet zu gewinnen.

Bölvis (4) heimtückischer, blinder Ratgeber König Sigars, Bruder des treuen Bilvis.

Börk (4, 5) Freund und Kampfgefährte Alfs, Gatte der Drott, Vater Halfdans. Er fällt im Kampf gegen den Wiking Rötho.

Bolm (12) Hof König Arngrims.

Borghild (11) erste Gattin Sigmunds, Mutter Helgi Hundingsbanis.

Bracke (1) Spürhund, Jagdhund.

Bragalund (11) »Hain Bragis«. So nennt Helgi Hundingsbani der Walküre Sigrun in dunkler Rede den Ort der Schlacht mit König Hunding.

Bragi (11) Sohn König Högnis, Bruder Dags und Sigruns.

Bralund (11) Burg Sigmunds, in der Helgi Hundingsbani geboren wird.

Brami (12) eine der zwölf Söhne Arngrims und Eyfuras.

Brautlauf (6) Brauttanz; wurde dann auf die Hochzeit überhaupt angewendet.

Bravellir (5) Gebiet in Ostgötland, Schauplatz der großen Schlacht zwischen König Harald Kampfzahn und König Sigurd Hring.

Breka (2) junger Held aus vornehmem norwegischen Geschlecht, der mit Beowulf um die Wette schwimmt.

Brisingamen (1) der Halsschmuck Freyjas. Loki raubt ihn, verliert ihn aber wieder im Kampf gegen Heimdall.

Brokk (1) ein Zwerg, Bruder des kunstreichen Schmiedes Sindri.

Bruni (5) vertrauter Bote des Königs Harald Kampfzahn. Nach seinem Tod nimmt Odin dessen Gestalt an und entzweit den König mit seinem Neffen Sigurd Hring.

Budli (9) Sohn Omunds, Bruder Sivards, Onkel König Jörmunreks; er führt bis zur Befreiung Jörmunreks die Herrschaft.

Bui (12) einer der zwölf Söhne Arngrims und Eyfuras.

Bur (1) Vater Odins und seiner Brüder.

Buri (1) Vater der Bur.

Byleipt (1) wird wiederholt als Bruder Lokis genannt.

Dag (11) Bruder Bragis und Sigruns; er tötet Helgi Hundingsbani.

Danp (12) der Dnjepr.

Delling (12) Abkömmling des Dallr, d. i. des »Glänzenden«; elbisches Wesen.

Dichtermet (1) Trank aus Kvasirs Blut, den Odin aus dem Besitz Suttungs raubt.

Disensaal (12, 13) Heiligtum der Dis. Dis ist ein alter Name für die Schicksalsfrau.

Draupnir (1) ein goldener Ring, Sindris Werk, von dem in jeder neunten Nacht acht gleiche Ringe entstehen.

Drifa (3) Tochter Hrolf Krakis, Gattin Bödvar Bjarkis.

Drott (5) Tochter Rögnvalds, durch Zwang Gattin des Schweden Gunnar; danach wird sie die Gattin Börks, der Gunnar tötet. Ihr Sohn von Gunnar ist Hildibrand, aus ihrer Ehe mit Börk stammt Halfdan, der Vater Harald Kampfzahns.

Dulin (12) ein Zwerg, der zusammen mit Dvalin das Schwert Tyrfing schmiedet.

Dunheide (12) Schlachtfeld, auf dem die von Angantyr geführten Goten gegen die unter der Führung Humlis und Hlöds stehenden Hunnen kämpfen.

Dvalin (12) ein Zwerg, der zusammen mit Dulin das Schwert Tyrfing schmiedet.

Dylgja (12) ein Fluss im östlichen Mitteleuropa, an dem die Dunheide, das Schlachtfeld bei der Auseinandersetzung zwischen Goten und Hunnen, liegt.

Eadgils (2) *an.* Adils; Sohn Ohtheres, Bruder Eanmunds; wird nach seinem Onkel Onela, den er besiegt und tötet, König in Schweden.

Eanmund (2) Sohn Ohtheres, kämpft gegen seinen Onkel Onela und wird vom Gautenkönig Heardred unterstützt. Er fällt im Kampf gegen Onela.

Ecgtheow (2) Schwiegersohn des Gautenkönigs Hredel, Vater Beowulfs.

Effja (13) Name der Orkadeninsel, über die Jarl Angantyr herrscht. Von ihm soll Fridthjof im Auftrag der Brüder Helgi und Halfdan den Zins fordern.

Eider (8) Südlicher Grenzfluss Dänemarks, wo Offa gegen die Sachsen kämpft.

Einherjer (1) die im Kampf gefallenen Krieger, die Gefolgsmänner Odins, die beim Weltenende unter Odins Führung zum Kampf gegen die Weltenfeinde ausziehen.

Eirek (6) Sohn Ragnar Lodbroks und Thoras.

Elivagar (1) Mehrzahl; die von Hvergelmir ausgehenden Ströme.

Eljudnir (1) »Mühe und Plage«, Name von Hels Behausung.

Ella (6) König von England. Im Kampf gegen ihn büßt Ragnar Lodbrok sein Leben ein.

Elli (1) angeblich Pflegemutter des Utgart-Loki, mit der sich Thor im Ringen misst; in Wahrheit das Alter.

Ellidi (13) das von Thorstein erbaute und an seinen Sohn Fridthjof vererbte Schiff, auf dem die gefährliche Fahrt zu Jarl Angantyr angetreten wird.

Embla (1) Name der ersten Frau; Embla wird von Odin, Vili und Ve aus einem Baumstamm geschaffen und ist die Stammmutter des Menschengeschlechtes.

Emse (12) gleichbedeutend mit Ameise.

Eofor (2) ein Gaute, der gegen Ongentheow kämpft; Bruder Wulfs, Sohn Wonreds, Schwiegersohn Hygelaks.

Erp (9) Sohn König Jonakers. Er wird von seinen Halbbrüdern Hamdir und Sörli auf dem gemeinsam angetretenen Rachezug gegen König Jörmunrek erschlagen.

Eyfura (12) Tochter König Svafrlamis, Gattin von Arngrim, Mutter Angantyrs.

Eystein (4) bei Saxo »Ostenus« genannt; Sohn König Sivards, Bruder Alfhilds.

Eystein (6) König in Schweden, Freund und später Gegner Ragnar Lodbroks.

Fengo (7) Sohn Gerwendills, ermordet seinen Bruder Horwendill und heiratet dessen Witwe. Er trachtet auch Amleth, dem Sohn Horwendills, nach dem Leben, fällt aber dessen Rache zum Opfer.

Fenja (3) eine der beiden kriegsgefangenen schicksalsmächtigen Frauen, die für König Frodi die Glücksmühle drehen müssen und seinen Untergang heraufbeschwören.

Fenrir oder Fenriswolf (1) wolfsgestaltiger Nachkomme Lokis. Beim Weltenende wird er von seinen Fesseln befreit und kämpft gegen die Asen. Er tötet Odin und wird von Vidar erlegt.

Fesselhain (11) *an.* Fjötrlundr; heilige Stätte, wo Dag seinen Schwager Helgi tötet. Von einem Hain, den man nur gefesselt betreten durfte (lucus, quem nemo nisi ligatus ingreditur), berichtet Tacitus in Kapitel 39 seiner »Germania« als von einem Heiligtum des dem Stammesverband der Sueven zugehörigen Volkes der Semnonen.

Fjalar (1) einer der beiden Zwerge, die zuerst Kvasir und später den Riesen Gilling und dessen Weib ermorden.

Fjörgynn (1) Vater von Odins Gattin Frigg (Frija). Es gibt bei den germanischen Völkern keine Überlieferung über sein Wesen. Sein Name ist mit dem des litauischen Gottes Perkunas verwandt, der als Donnergott bezeichnet wird.

Folko (8) einer von Ketos Mannen; er bringt König Varmund vom Angriff des Schwedenkönigs Adils Kunde.

Framnes (13) Stätte, auf der sich der Hof Thorsteins, des Vaters Fridthjofs, erhebt.

Franmar (10) Jarl König Svafnirs, Ziehvater von dessen Tochter Sigrlinn.

Freki (1) einer der beiden Wölfe, die Odin stets begleiten.

Freygerd (3) Tochter des Norwegerkönigs Asmund, Gattin Fridleifs.

Freyja (1, 3) Göttin aus dem Geschlecht der Wanen, Schwester des Gottes Freyr, Tochter Njörds. Ihr Name bedeutet Herrin und ist mit dem *mhd.* frouwe, *nhd.* Frau verwandt. Gelegentlich wird sie einfach den Asen zugerechnet wie in der Sage vom Riesenbaumeister.

Freyr (1, 3, 12) einer der Wanen, der nach dem Wanenkrieg von den Asen aufgenommen wird. Er ist Njörds Sohn und Freyjas Bruder. Sein Name bedeutet Herr.

Fridleif (3) Sohn Skjölds und nach ihm König über Dänemark.

Fridleif (3) Sohn des Friedens-Frodi.

Fridthjof (13) genannt der Kühne, Sohn Thorsteins.

Frigg (1) Tochter Fjörgynns, Gattin Odins.

Frodi (3) der erste König dieses Namens, Sohn Fridleifs, Enkel Skjölds. Er ist der Herr des »goldenen Zeitalters«. Sein Name ist mit dem des Helden Fruote aus der Sage von Gudrun verwandt und bedeutet der Weise.

Frodi (3) Enkel des Friedens-Frodi, Sohn Fridleifs. Er wird von den Sachsen getötet.

Frodi (3) Bruder König Halfdans, den er ermordet.

Frowin (8) Herzog in Schleswig, Schwiegervater Offas.

Fylgja (3) siehe Schutzwesen.

Fyrisfluss (3) auf dem Fyrisfluss in Schweden fahren die Schiffe Hrolf Krakis bis in die Nähe von König Adils' Hof.

Galar (1) einer der beiden Zwerge, die den weisen Kvasir und den Riesen Gilling und dessen Weib ermorden.

Gardariki (12) Königreich an der Ostsee.

Garm (1) ein hundeartiges Ungeheuer, das in der großen Schlacht beim Weltenbrand den Asen Tyr tötet.

Gaut (9) König in Schweden; wird von Jörmunrek besiegt.

Gauten (2) ein in Südschweden, im heutigen Götland, sesshafter germanischer Volksstamm, dessen Name mit dem der Goten verwandt ist. Die Gauten verschmolzen später mit den Schweden zu einem einheitlichen Volk.

Geirhild (3) Mutter König Vikars. Sie hat ihr Kind schon vor der Geburt unwissentlich Odin zu Eigen gegeben. Ihr Gatte ist König Harald von Hördaland.

Geirröd (1) ein Riese, der Thor betrügerisch zu sich einlädt, um ihn zu töten, dabei aber samt seinen Töchtern den Untergang findet.

Geirrödsgard (1) das Gehöft des Riesen Geirröd.

Geirthjof (3) Name eines von König Vikar im Kampf getöteten Gegners.

Geirthrud (7) Tochter König Hröreks, Gattin Horwendills und später Fengos; Mutter Amleths.

Gerd (1) Tochter des Riesen Gymir. Um sie wirbt Freyr durch seinen Diener Skirnir.

Geri (1) einer der beiden Wölfe, die Odin stets begleiten.

Gerwendill (7) Statthalter in Jütland, Vater Horwendills und Fengos.

Gestumblindi (12) vornehmer Mann im Reich König Heidreks. In seiner Gestalt misst sich Odin mit König Heidrek im Rätselwettkampf.

Gilling (1) ein Riese, der von den Zwergen Fjalar und Galar ermordet wird.

Ginungagap (1) »gähnende Kluft«; Ginungagap liegt in der Mitte zwischen Nebelheim im Norden und Muspellheim im Süden.

Gizur (12) ein Gote, Ziehvater König Heidreks, danach im Gefolge von dessen Sohn Angantyr. Er führt die Bezeichnung Greutungenführer (siehe dort).

Gjallarhorn (1) das Horn Heimdalls, das dieser bläst, sobald die Weltenfeinde zum Angriff herannahen.

Gjalp (1) eine der beiden Töchter des Riesen Geirröd, die bei einem heimtückischen Anschlag auf Thor ums Leben kommen.

Gjöll (1) Fluss im Totenreich. Über die Gjöll-Brücke müssen alle hinweg, die ins Reich der Hel ziehen.

Gläsisvellir (12) Land der Unsterblichkeit und der Freude, wo es weder Alter noch Krankheit oder Tod gibt.

Goldmähne (1) das Ross des Riesen Hrungnir.

Golf (1) eine die Halle in ihrer Längsrichtung durchziehende Vertiefung; dort brennt das Feuer, das die Halle im Winter erwärmt.

Granmar (11) Vater Hödbrodds.

Greip (1) eine der beiden Töchter des Riesen Geirröd, die bei einem heimtückischen Anschlag auf Thor ums Leben kommen.

Grendel (2) ein Unhold, der im Moor lebt und König Hrodgards Mannen raubt.

Greutungenführer (12) Beiname Gizurs. Greutunge ist ein Name für die Ostgoten.

Grid (1) eine Thor wohlgesinnte Riesin, die ihm für die Reise nach Geirrödsgard Rat und Hilfe bietet.

Gridarvöl (1) »Stab der Grid«. Grid leiht ihn Thor für seine Reise nach Geirrödsgard.

Grima (6) Weib des Bauern Aki, Ziehmutter Aslaugs.

Gripa (12) ein Fluss, bei dem Angantyr die Mörder seines Vaters Heidrek findet.

Grjotunagard (1) das Gebiet an der Grenze zwischen Asen und Riesen. Dort findet der Zweikampf zwischen Thor und Hrungnir statt.

Grotti (3) Name der Wunschmühle, die alles mahlt, was ihr Herr verlangt.

Gudmund (12) König und Beherrscher von Gläsisvellir.

Gudmund (11) Sohn Granmars, Bruder Hödbrodds.

Gudrid (4, 5) Tochter Alfs und Alfhilds.

Gudrun (9) Gattin Sigurds, des Drachentöters, später die des Hunnenkönigs Atli, dann Gemahlin König Jonakers; Mutter von Svanhild, Hamdir und Sörli.

Gullinhjalti (3) Schwert des Königs Hrolf Kraki, das er Hött-Hjalti schenkt.

Gullveig (1) ein Zauberweib aus dem Geschlecht der Wanen. Die Asen versuchen vergeblich sie zu töten, da sie immer neu zum Leben ersteht. Das Vorgehen der Asen gegen sie war einer der Gründe für den Kampf zwischen Asen und Wanen.

Gungnir (1) der von Ivaldis Söhnen gefertigte Speer Odins.

Gunnar (5) ein Schwede, der Rögnwald von Norwegen besiegt.

Gunnlöd (1) Tochter des Riesen Suttung, aus deren Verwahrung Odin den Dichtermet gewinnt.

Gunno (9) Ziehbruder Jörmunreks; er gerät mit diesem in die Gefangenschaft des Slavenkönigs Ismar und flieht zusammen mit ihm.

Gymir (1) ein Riese, Vater Gerds.

Haddinge (12) Name der Zwillinge und jüngsten Kinder Arngrims und Eyfuras.

Hädkyn (2) Sohn des Gautenkönigs Hredel. Er tötet durch einen unglücklichen Bogenschuss seinen Bruder Herebeald.

Häming (11) Sohn König Hundings.

Hagal (11) Ziehvater Helgi Hundingsbanis.

Hagbard (4) Sohn Hamunds, Geliebter Signys, der Tochter König Sigars. Er wird von Sigar zum Tod verurteilt und gehenkt.

Haki (4) Sohn des Unterkönigs Hamund, Bruder Hagbards.

Haki der Stolze (4) Namensvetter und Kampfgefährte Hakis.

Haldan (3) Schwedenkönig, bei dem Starkad Dienste nimmt.

Halfdan (3) Sohn Olafs, Enkel Ingjalds; sein Bruder Frodi ermordet ihn. Seine Nachkommen sind Hroar, Helgi und Signy.

Halfdan (4, 5) Sohn Börks, Werber um Gudrid und später ihr Gatte, Vater Harald Kampfzahns. Er tötet seinen Bruder Hildibrand, ohne von der Verwandtschaft mit seinem Gegner etwas zu wissen.

Halfdan (13) Sohn König Belis, Bruder Helgis und der Ingibjörg.

Hallvard (13) einer von den Mannen des Orkadenjarls Angantyr. Er soll nach Fremden Ausschau halten und entdeckt zuerst das herannahende Schiff Ellidi.

Ham (3) Name, unter dem sich Halfdans Sohn Helgi bei seinem Schwager, Jarl Sävil, verbirgt.

Hama (3) ein Sachse, der von Starkad im Kampf getötet wird. Der Zweikampf entscheidet über das Schicksal des ganzen Volkes der Sachsen.

Hamal (11) Sohn Hagals, Ziehbruder Helgi Hundingsbanis.

Hamdir (9) Sohn Gudruns und König Jonakers, Bruder Sörlis, Halbbruder Svanhilds und Erps.

Hamglöm (13) ein Zauberweib, das zusammen mit der Zauberin Heid Fridthjof und dessen Mannen samt ihrem Schiff vernichten soll.

Hamund (4) Unterkönig, Vater Hagbards; auch einer seiner Söhne heißt Hamund.

Hanef (3) Sachsenkönig, Gefährte Svertings, Feind der Dänen und Frodis.

Harald (3) König in Hördaland, bei dem Starkad erzogen wird.

Harald (4, 5, 6) mit dem Beinamen »Kampfzahn«, der letzte Nachkomme aus dem Geschlecht der Siklinge; mit ihm endet die jüngste Skjöldungenreihe. Er findet in der Bravallschlacht den Tod.

Harald Schönhaar (6) Sohn Ragnhilds, der Enkelin Ragnar Lodbroks. Sein Werk war die Errichtung eines Gesamtreiches in dem früher in viele selbstständige Kleinstaaten geteilten Norwegen.

Harald (12) König der Hreidgoten, Vater Helgas, der Gattin König Heidreks.

Heardred (2) König Hygelaks Sohn und Nachfolger. Er fällt im Kampf gegen Onela.

Hedin (10) Halbbruder Helgis, des Sohnes Hjörvards.

Heerpfeil (6) Um die wehrfähige Mannschaft zur Heeresfolge aufzurufen, wird in den einzelnen Landesgebieten der Heerpfeil umhergesandt.

Heid (3) die Völva, die König Frodi den Aufenthalt Helgis und Hroars enthüllen soll.

Heid (5) von König Sigurd Hring als Herrscherin über Dänemark eingesetzt.

Heid (13) ein Zauberweib, das zusammen mit der Zauberin Hamglöm Fridthjof und dessen Mannen samt ihrem Schiff versenken soll.

Heidelachs (6) Umschreibung (Kenning) für Schlange.

Heidrek (12) Sohn Höfunds und Hervörs, Bruder Angantyrs.

Heidrun (1) Ziege auf dem Dach Walhalls; nährt sich von den Blättern des Baumes Lärad. Aus ihren Zitzen kommt der Met, den die Einherjer in Walhall trinken.

Heimdall (1) einer der Asen. Er behütet die Brücke Bifröst, die nach Walhall führt.

Heimir (6) Pflegevater Aslaugs.

Hel (1, 3) Herrin des Totenreiches, das ebenso wie sie selbst Hel heißt. Sie ist die Tochter Lokis. Sprachliche Verbindung zu halja, *mhd.* helle, *nhd.* Hölle.

Helga (3) die Schwester König Ingjalds. Als sie eine ihrer unwürdige Verbindung eingehen will, ruft ihr Starkad das Gebot der Ehre ins Bewusstsein zurück.

Helga (12) Tochter König Haralds, Gattin Heidreks.

Helgi (3) ein Norweger, der König Ingjalds Schwester Helga freit.

Helgi (3) Sohn König Halfdans, Bruder Hroars. Er findet den Tod durch einen heimtückischen Anschlag des Schwedenkönigs Adils.

Helgi (10) Sohn Hjörvards und Sigrlinns (*deutsch* Siglind). Nach eddischer Überlieferung in Norwegen geboren, doch ist seine Heimat in Dänemark zu suchen.

Helgi Hundingsbani (11) "Hundingstöter«, weil er König Hunding besiegte.

Helgi (13) Sohn König Belis, Bruder Halfdans und der Ingibjörg.

Helvin (4) Sohn Hamunds, Bruder Hagbards.

Heorot (2) die von König Hrodgar (*an.* Hroar) erbaute Halle, in die der Unhold Grendel und nach seiner Tötung dessen Mutter eindringen.

Herebeald (2) Sohn König Hredels; stirbt durch die Hand seines Bruders Hädkyn.

Hergerd (12) Tochter König Hrollaugs von Gardariki, Gattin König Heidreks, Mutter Hervörs.

Herlaug (12) Sohn König Hrollaugs von Gardariki, Ziehsohn Heidreks.

Herleif (5) ein Krieger, der im Auftrag des Königs Harald Kampfzahn mit Sigurd Hring die Ebene Bravellir als Kampfplatz vereinbart.

Hermod (1) ein Ase, der versucht Balder aus dem Reich der Hel heimzuholen. Er ist Balders Bruder.

Herraud (6) ein Jarl in Gautland, Vater Thoras.

Herse (13) Titel für Männer, die an der Spitze der Landgaue stehen.

Herthjof (3) von Hördaland überfällt und tötet Harald von Hördaland, den Vater Vikars und Ziehvater Starkads.

Hervard (12) einer der zwölf Söhne Arngrims und Eyfuras.

Hervard (12) von Hervör während ihrer Kriegszüge angenommener Name.

Hervör (12) Tochter Angantyrs und Tofas; sie holt das Schwert Tyrfing aus dem Grab ihres im Kampf gegen Hjalmar auf der Insel Samsey gefallenen Vaters Angantyr.

Hervör (12) Tochter König Heidreks und Hergerds. Sie fällt im Kampf gegen den Hunnenkönig Humli und ihren Halbbruder Hlöd.

Hildibrand (5, 6) Sohn des Gunnar und der Drott. Er fällt von der Hand seines Halbbruders Halfdan.

Hildigisl (4) ein von Signy, der Verlobten Hagbards, abgewiesener Freier.

Hilding (13) Ziehvater der Königstochter Ingibjörg und Fridthjofs.

Hjalmar (12) »der Tapfere«, Gefolgsmann König Yngvis von Schweden, kämpft gegen Angantyr um die Königstochter Ingibjörg.

Hjalti (3) neben Bödvar Bjarki der tapferste Gefolgsmann Hrolf Krakis. Sein ursprünglicher Name lautet Hött.

Hjarn (3) Dänenkönig, der von Fridleif getötet wird.

Hjördis (11) Gattin Sigmunds, Mutter Sigurds.

Hjörvard (3) Gatte von König Helgis Tochter Skuld, Schwager Hrolf Krakis, den er verräterisch überfällt.

Hjörvard (10) Gatte Sigrlinns, Vater Helgis.

Hjörvard (12) einer der zwölf Söhne Arngrims und Eyfuras.

Hleidargard (3) die Residenz der Dänenkönige zu Hleidra.

Hleidra (3) Sitz der Dänenkönige.

Hlesey (11) die von Helgi Hundingsbani bei seinem Zusammentreffen mit Sigrun als Reiseziel genannte Insel.

Hlidskjalf (l) Odins Wohnsitz. Von seinem Hochsitz in Hlidskjalf aus sieht Odin alles, was in der ganzen Welt geschieht.

Hlöd (12) Sohn König Heidreks und Sifkas, Halbbruder Angantyrs.

Hnitbjörg (l) »Schlagfelsen«, der Ort, wo Suttung den Dichtermet aufbewahrt hatte.

Ho (3) Hundename, mit dem Halfdans Sohn Helgi gerufen wird, um ihn vor den Nachstellungen seines Onkels Frodi zu schützen.

Höd (l) ein Ase, der als Balders blinder Bruder bezeichnet wird. Er tötet diesen mit einem Mistelzweig, den ihm Loki gegeben hatte.

Höd (5) Sohn eines dänischen Edlen, der den Helden Starkad tötet.

Hödbrodd (11) Sohn Granmars; er soll gegen Sigruns Willen ihr Gatte werden.

Höfund (12) Sohn Gudmunds von Gläsisvellir, Gatte Hervörs.

Högni (11) Vater der Walküre Sigrun. Da er seine Tochter gegen deren Willen mit Hödbrodd vermählen will, kämpft er gegen Helgi Hundingsbani und fällt.

Hönir (l) einer der Asen, der von diesen an die Wanen vergeiselt wird. Sein Begleiter ist der weise Mimir.

Hördaland (3) Land der Haruden, Herrschaftsgebiet in Norwegen in der Nähe des heutigen Hardanger und Bergen.

Hött (3) Deckname für Odin, der sich unerkannt bei Geirhild einfindet und durch eine List sich ihren Sohn Vikar verpfänden lässt.

Hött (3) ein Bauernsohn, der am Hof Hrolf Krakis dem allgemeinen Gespött preisgegeben ist. Bödvar Bjarki nimmt sich seiner an und macht aus einem Feigling einen der tapfersten Gefolgsmänner Hrolfs. Als solcher führt er den Namen Hjalti.

Hopp (3) Hundename, mit dem Halfdans Sohn Hroar gerufen wird, um ihn vor den Nachstellungen seines Onkels Frodi zu schützen.

Horwendill (7) Sohn Gerwendills, Statthalter in Jütland, Vater Amleths.

Hrani (3) Deckname, unter dem sich Halfdans Sohn Hroar bei seinem Schwager, Jarl Sävil, verbirgt.

Hrani (12) einer der zwölf Söhne Arngrims und Eyfuras.

Hredel (2) Gautenkönig. Seine Söhne sind Herebeald, Hädkyn und Hygelak. Sein Enkel ist Beowulf.

Hreidgoten (12) an der Weichsel ansässige Goten.

Hring (13) ein mächtiger König, der gegen König Belis Söhne Helgi und Halfdan zu Feld zieht und sie zwingt ihm ihre Schwester Ingibjörg zur Gattin zu geben.

Hringariki (13) das von König Hring beherrschte Reich in Norwegen. Hringariki ist das Land nördlich von Vik (»Bucht«).

Hroar (3) Sohn König Halfdans, Bruder Helgis.

Hrodgar (2) König von Dänemark. Er erbaute die Halle Heorot.

Hrodmar (10) ein König, der vergeblich um König Svafnirs Tochter Sigrlinn wirbt und dann deren Vater tötet. Sein Sohn ist Alf, der Helgi, den Sohn Hjörvards, im Zweikampf tötet.

Hrörek (7) dänischer König, der Gerwendill und Horwendill zu Statthaltern in Jütland bestellt.

Hrolf Kraki (3) Sohn König Helgis und der Yrsa; einer der berühmtesten Herrscher aus dem Haus der Skjöldunge. Er fällt auf Anstiften seiner Schwester Skuld durch Verrat seines Schwagers Hjörvard.

Hrollaug (12) König von Gardariki, Vater Herlaugs.

Hrossharsgrani (3) Deckname für Odin.

Hrungnir (1) ein Riese, den Thor im Zweikampf tötet.

Hrunting (2) das Schwert, das Beowulf von Unferd vor dem Kampf gegen Grendels Mutter erhält, das aber gegen sie den Dienst versagt.

Hugi (1) Gefolgsmann des Utgard-Loki, der mit Thjalfi um die Wette läuft. Da er aber in Wahrheit der »Gedanke« ist, ist seine Schnelligkeit unübertrefflich.

Hugin (1) einer der beiden Raben, die Odin täglich Kunde von allen Vorgängen in der Welt bringen.

Humli (12) Hunnenkönig, Vater Sifkas. Der Sohn Heidreks und Sifkas ist Hlöd.

Humlung (12) »Abkömmling Humlis«; so wird Humlis Enkel Hlöd genannt.

Hunding (11) Feind König Sigmunds. Er stellt dessen Sohn Helgi nach und tötet später König Sigmund, wird aber von Helgi, der zur Vaterrache auszieht, erschlagen. Helgi erhält nach dieser Tat den Beinamen »Töter Hundings«.

Hvergelmir (1) Quelle in Nebelheim, deren Wasser nach Ginungagap fließt.

Hvitserk (3) Bruder und Helfer Svipdags.

Hvitserk (6) Sohn Ragnar Lodbroks und Aslaugs.

Hvyting (5) kostbares Schwert aus dem Besitz Rögnvalds.

Hygd (2) Gattin des Gautenkönigs Hygelak.

Hygelak (2) Sohn des Gautenkönigs Hredel. Er wird nach dem Tod seines Vaters und seines Bruders Hädkyn König der Gauten.

Hymir (1) ein Riese, aus dessen Besitz Thor und Tyr den großen Braukessel für das Gelage der Asen bei Ägir gewinnen.

Hyrrokin (1) eine Riesin; sie allein ist stark genug, das Schiff mit dem toten Balder ins Meer zu stoßen.

Idafeld (1) *an.* Idavöllr, Idavellir; Gefilde der Seligkeit, wo die Asen während des »goldenen Zeitalters« hausen.

Idun (1) eine Asin. Sie besitzt Äpfel, nach deren Genuss die Asen nicht altern.

Imund (10) Vater Atlis, eines Gefolgsmannes König Hjörvards.

Ingeld (5) Sohn eines Schwedenkönigs; raubt die Schwester des Königs Harald Kampfzahn, versöhnt sich aber später mit ihm. Sein Sohn ist Sigurd Hring, Haralds Neffe.

Ingibjörg (6) Tochter des schwedischen Königs Eystein.

Ingibjörg (12) Tochter des Schwedenkönigs Yngvi.

Ingibjörg (13) Tochter des Königs Beli; zuerst Gattin König Hrings und nach dessen Tod die ihres Jugendgeliebten Fridthjof.

Ingjald (3, 5) Sohn Frodis, der sich zuerst mit den Söhnen des Sachsen Sverting trotz seiner gegen diese bestehenden Rachepflicht versöhnen will, diese aber auf die Mahnung Starkads hin tötet.

Ingo (5) Sohn eines Schwedenkönigs; greift König Harald Kampfzahn an, wird aber von diesem, den Odin die Schlachtordnung »Eberkeil« gelehrt hat, besiegt.

Ismar (9) Slavenkönig, in dessen Gefangenschaft Jörmunrek und Gunno geraten.

Ivaldi (1) seine Söhne fertigen für Loki den Speer Gungnir, das Schiff Skidbladnir und Sifs goldenes Haar.

Ivar (6) mit dem Beinamen »ohne Knochen«, Sohn Ragnar Lodbroks und Aslaugs.

Jadar (13) im südlichen Norwegen. Dort trifft das Heer der Brüder Helgi und Halfdan mit dem König Hrings zusammen.

Jarl (3, 12, 13) *engl.* Earl, königlicher Statthalter.

Jassarberge (12) Name für das Mährische Gesenke, dessen Name aus dem slavischen Namen Jesenice volksetymologisch umgedeutet ist. Jesenice ist Übersetzung des alten Namens Askiburgion (»Ebereschengebirge«).

Jörd (1) »Erde«, Name von Thors Mutter.

Jörmunrek (9) nordische Form des gotischen Königsnamens Airmanareiks (sprich: Ermanariks), in der deutschen Heldensage Ermenrich genannt. Es handelt sich um den Beherrscher des mächtigen Gotenreiches am Schwarzen Meer, das 375 unter dem Ansturm der Hunnen zusammenbrach.

Jonaker (9) ein König, der Gudrun, die ehemalige Gattin Sigurds und nachmals des Hunnenkönigs Atli, bei sich aufnimmt.

Jütland (3, 5, 7) eines der Hauptgebiete Dänemarks.

Julabend (3, 12) das Julfest wurde in der Mitte des Winters gefeiert. Auf Befehl des christlich erzogenen Norwegerkönigs Hakon des Guten wurde es verlegt und zusammen mit dem christlichen Weihnachtsfest gefeiert. Die Julzeit galt als höchste Festzeit; mit ihr waren zahlreiche Überlieferungen und Bräuche verbunden.

Keto (8) Sohn Frowins, Schwager Offas.

Koll (3) Gefolgsmann des König Harald von Hördaland.

Koll (7) ein Norwegerkönig, der von Horwendill im Zweikampf besiegt wird.

Kraka (6) der Name, unter dem Aslaug beim Bauern Aki lebt.

Kvasir (1) ein Wesen von höchster Weisheit, geschaffen aus dem Speichel der Asen und Wanen. Der Name »Kvas« bezeichnet ein vergorenes Getränk aus Beeren.

Lärad (1) der Baum, dessen Wipfel über das Dach Walhalls hinausragt und von dessen Blättern sich die Ziege Heidrun nährt.

Leipt (11) einer der Ströme, die ins Reich der Hel fließen.

Logi (1) Gefolgsmann des Utgard-Loki, der sich mit Loki im Wettessen misst. Er wird in der Erzählung als das »Lauffeuer« aufgefasst.

Loki (1) einer der Asen, Spender bald guten, öfter aber bösen Rates. Er ist der Vater der Hel, der Midgardschlange und des Fenriswolfes. Er verschuldet Balders Tod und wird schließlich von den Asen gefangen genommen und gefesselt. Nach seiner Befreiung kämpft er aufseiten der Weltenfeinde gegen die Asen.

Lundunaborg (6) »London«, die von Ivar ohne Knochen erbaute Burg.

Lysing (5) ein kostbares Schwert aus dem Besitz Rögnvalds von Norwegen.

Meintat (1, 8) Bezeichnung für ein ehrenrühriges Vergehen. Ehrenrührig sind Verstöße gegen die Rechtsordnung besonders, wenn sie heimlich begangen werden.

Menglöd (1) »Die Schmuckfrohe«, Beiname Freyjas.

Menja (3) eine der beiden kriegsgefangenen Frauen, die die Mühle Grotti drehen.

Midgard (1) gemeingermanischer Ausdruck für die den Menschen angewiesenen Wohnsitze.

Midgardschlange (1) Nachkomme Lokis; von Odin ins Meer geschleudert, wo sie bis zum Weltenende verbleibt. An der großen Endschlacht nimmt auch sie teil; sie wird von Thor getötet, der bei diesem Kampf ebenfalls sein Leben einbüßt.

Mimir (1) Begleiter Hönirs zu den Wanen, die ihn enthaupten. Sein vor Verwesung geschütztes Haupt tut Odin die Zukunft kund.

Mjölnir (1) der Hammer Thors, der stets sein Ziel trifft und nach jedem Wurf in die Hand des Werfers zurückkehrt. Der Riese Thrym bringt den Hammer in seinen Besitz, Thor aber holt ihn zurück.

Modgud (1) die Hüterin der Gjöll-Brücke.

Mökkurkalfi (1) der Lehmriese, der Hrungnir beim Kampf gegen Thor beistehen soll.

Munarheim (10) Wohnsitz des Königs Svafnir.

Munarvag (12) Hafen auf der Insel Samsey.

Munin (1) einer der beiden Raben, die Odin Kunde vom Weltgeschehen bringen.

Muspell (1) das heiße Gebiet südlich von Hvergelmir, das Surt bewacht. Das Wort, das auch *as.* als mutspelli und *ahd.* als muspilli überliefert ist, hat auf deutschem Boden die Bedeutung »Weltuntergang durch Feuer«.

Myrkvid (12) »Schwarzwald«, der Grenzwald zwischen dem Reich König Angantyrs und dem der Hunnen.

Mysing (3) der König, dessen Heer der Herrschaft König Frodis ein Ende macht.

Naglfar (1) das aus den unbeschnittenen Nägeln der Toten gefertigte Schiff, auf dem einst die Weltenfeinde zum Kampf gegen die Asen ausziehen.

Nanna (1) Balders Gattin, die aus Schmerz bei seiner Bestattung stirbt.

Narfi (1) einer der beiden Söhne Lokis von Signy.

Nebelheim (1) *an.* Niflheimr; der Bereich, in dem die Quelle Hvergelmir liegt.

Neidingstat (1, 3) Neiding heißt, wer gegen einen anderen unehrenhaft handelt (vgl. Meintat).

Nidhögg (1) drachenartiges Ungeheuer, das an den Wurzeln des Weltenbaumes nagt.

Njörd (1, 3) einer der Wanen; wird von den Asen aufgenommen und einer der Ihrigen. Er wird Skadis Gatte.

Noatun (1) Wohnsitz Njörds.

Norder (1) einer der vier Zwerge, die das Himmelsgewölbe tragen.

Nordri (3) König von England, zu dem sich Hroar begibt.

Nornen (l) Name für die Schicksalsfrauen. Sie wohnen am Weltenbaum.

Odd (12) auch Örvar-Odd, d. h. »Pfeil-Odd«, genannt; Gefährte Hjalmars beim Kampf gegen Angantyr und dessen Brüder auf der Insel Samsey.

Ödhrörir (1) der Kessel, in dem der Dichtermet bereitet wird.

Odin (1, 3, 5, 6, 12) Sohn Burs; tötet mit Vili und Ve den Urriesen Ymir und schafft mit ihnen die Welt. Er gestaltet das erste Menschenpaar, Askr und Embla, und bestimmt das Schicksal der Schlacht; die gefallenen Krieger versammelt er in Walhall. An ihrer Spitze zieht er zum letzten Kampf gegen die Weltenfeinde.

Offa (8) Sohn Varmunds; rettet durch einen siegreichen Zweikampf die Freiheit seines Landes und Volkes.

Ogn (3) Tochter des Königs Nordri, Gattin Hroars.

Ohthere (2) Sohn des Schwedenkönigs Ongentheow, Bruder Onelas.

Olaf (3) Sohn Ingjalds, Vater Halfdans und Frodis.

Olaf (5) Sohn eines Schwedenkönigs; er kämpft gegen Harald Kampfzahn.

Olaf (5) Herr über Drontheim. In Not kommt ihm Harald Kampfzahn zu Hilfe.

Olof (3) Königin in Sachsen, Mutter Yrsas.

Omund (9) Dänenkönig, Sohn Alis des Kühnen, Vater Sivards und Budlis.

Onela (2) Sohn des Schwedenkönigs Ongentheow, Bruder Ohtheres.

Ongentheow (2) Schwedenkönig, Vater Onelas und Ohtheres.

Orkaden (13) Inselgruppe an der Nordküste Schottlands; heute: Orkney-Inseln.

Ormar (12) Ziehvater Hervörs, der Tochter König Heidreks und Hergerds.

Oster (1) einer der vier Zwerge, die das Himmelsgewölbe tragen.

Rabenholz (2) *ae.* Hrefnesholt; Schauplatz des Kampfes zwischen Schweden und Gauten. Dort tötet Ongentheow Hädkyn.

Ragnar Lodbrok (6) (Lodbrok = Lodenhose), Sohn Sigurd Hrings, König über Dänemark. In dieser Gestalt vereinigen sich geschichtliche und sagenhafte Züge.

Ragnhild (6) Tochter des Ragnarsohns Sigurd Wurm im Auge, die Mutter des Norwegerkönigs Harald Schönhaar.

Ran (13) eine Meerriesin, in deren Reich die Ertrunkenen eingehen.

Randalin (6) »Schildträgerin«; Name, unter dem Aslaug als Heerführerin auftritt.

Randver (9) Sohn König Jörmunreks; stirbt durch die tückischen Anschläge Bikkis.

Ratatösk (1) das Eichhörnchen, das zwischen dem Adler im Wipfel und Nidhögg an den Wurzeln des Weltenbaumes Yggdrasil Zwietracht stiftet.

Rati (1) der Bohrer, mit dem Baugi ein Loch in den Felsen Hnitbjörg bohrt.

Regin (3) getreuer Rat des Königs Halfdan und Erzieher von dessen Söhnen Hroar und Helgi.

Reifnir (12) einer der zwölf Söhne Arngrims und Eyfuras.

Reifriesen (1) *an.* hrimthursar; die von Ymir abstammenden Riesen.

Rind (1) Mutter Valis, der Balders Tod rächt.

Rödulsberge (10) »Sonnenberge«.

Rödulsflur (10) »Glänzende Gefilde«, gedacht in König Hjörvards Reich.

Rögnvald (5) Herr über Norwegen, Vater der Drott; wird von Gunnar besiegt.

Rögnvald (6) Sohn Ragnar Lodbroks und der Aslaug.

Röskva (1) Bauerntochter, begleitet Thor zum Utgard-Loki.

Rötho (5) ein Wiking, der in Dänemark heert und von Börk bezwungen wird.

Rogheim (10) »Kampfheim«.

Sährimnir (1) der Eber, der, sich täglich erneuernd, den Einherjern als Speise dient.

Säming (12) einer der zwölf Söhne Arngrims und Eyfuras.

Sävil (3) ein Jarl, der mit König Halfdans Tochter Signy verheiratet ist. Bei ihm leben unerkannt Hroar und Helgi, bevor sie die Vaterrache vollstrecken.

Samsey (12) dänische Insel zwischen Jütland und Seeland, heute Samsö genannt. Auf ihr treffen sich Hjalmar und Angantyr zum Zweikampf um Ingibjörg.

Schildburg 12) Um den König schart sich in der Schlacht sein Gefolge und deckt ihn mit seinen Schilden.

Schildmaid, Schildjungfrau (4, 6,12) Wie ein Mann gerüstete Kämpferin. Als Schild-maid verkleidet sucht Hagbard Signy auf. Auch Hervör, Heidreks Mutter, und deren gleichnamige Enkelin, die Schwester von Angantyr und Hlöd, sowie Aslaug ziehen gewappnet in den Kampf (siehe Randalin). In der Sage werden solche Frauengestal-ten manchmal als Walküren bezeichnet wie Svava und Sigrun.

Schonen (3, 5) zu Dänemark gehörige Halbinsel, das Südende des heutigen Schweden.

Schutzwesen (3,11) *an.* fylgja; ein Wesen überirdischer Art, das den Menschen in Ge-fahren schützt und sich nur sehen lässt, wenn diesem der Tod bevorsteht.

Schwanenhügel (13) umschreibender Ausdruck für Meer.

Seeland (3) große dänische Insel zwischen Jütland und Schonen. Auf ihr lag Hleidar-gard, die Burg der Dänenkönige.

Sibilja (6) eine Kuh von zauberischer Kraft, deren sich der Schwedenkönig Eystein beim Kampf gegen seine Feinde bedient. Sie wird von Ivar ohne Knochen getötet.

Sif (1) Gattin Thors. Loki raubt ihr schönes Haupthaar.

Sifka (12) Tochter des Hunnenkönigs Humli, Mutter Hlöds.

Sigar (4) König in Dänemark, Vater Signys und Sivalds, Alfs und Algers.

Sigarsholm (10) »Insel des Sigar«.

Sigmund (2, 11) Sohn König Wälsungs, Vater Sigfrids (Sigurds). Der als sein Neffe bezeichnete Fitela heißt sonst Sinfjötli, *ahd.* Sintarfizzilo, und ist nach anderer Überlieferung sein Sohn. Sein Drachenkampf ist der deutschen Überlieferung unbekannt. Im Norden wird er als der Vater Helgi Hundingsbanis genannt.

Signy (3) Gattin König Haralds von Hördaland.

Signy (3) Tochter Halfdans, Schwester Hroars und Helgis, Gattin Jarl Sävils.

Signy (4) Toter König Sigars, Geliebte Hagbards, dem sie freiwillig in den Tod folgt.

Sigrlami (12) Sohn Odins, Herrscher über Gardariki.

Sigrlinn (10) *deutsch* Siglind, Tochter des Königs Svafnir, Gattin König Hjörvards.

Sigrun (11) Tochter König Högnis, Walküre und Gattin Helgi Hundingsbanis.

Sigurd Hring (5, 6) Sohn Ingjalds von Schweden, Neffe des Königs Harald Kampfzahn und dessen Gegner in der Schlacht von Bravellir.

Sigurd Wurm im Auge (6) Sohn Ragnar Lodbroks und Aslaugs.

Sigurd (9) *mhd.* Sigfrid; der berühmte Drachentöter und von Gutthorm (*mhd.* Hagen) ermordete Gatte Gudruns (*mhd.* Kriemhild).

Sigyn (1) Lokis Gattin, die auch nach seiner Fesselung bei ihm ausharrt und ihn vor Qualen zu schützen sucht.

Siklinge (4) dänisches Herrschergeschlecht, dem König Sigar angehört.

Sindri (1) ein Zwerg, Bruder Brokks. Als kunstfertiger Schmied schafft er den Eber Gullinborsti, den Ring Draupnir und den Hammer Mjölnir.

Sivald (4) Sohn König Sigars.

Sivard (4) König in Schweden, Vater Alfhilds.

Sivard (9) Sohn Omunds, Vater Jörmunreks.

Siwar (5) Sachse; wirbt auf die falsche Nachricht von Halfdans Tod um Gudrid.

Skadi (1) die Tochter des Riesen Thjazi, Gattin Njörds.

Skeaf (3) Vater Skjölds.

Skidbladnir (1) von Ivaldis Söhnen gefertigtes Schiff, das stets Fahrtwind hat.

Skirnir (1) Diener Freyrs, der für seinen Herrn um Gerd wirbt und dafür Ross und Schwert von ihm erhält.

Skjöld (3) kommt als Kind in ruderlosem Schiff über See an Land und wird Stammvater des dänischen Königshauses der Skjöldunge.

Skjöldunge (3) das älteste dänische Herrschergeschlecht.

Skrep (8) Schwert König Varmunds, das Offa im Zweikampf an der Eider führt.

Skrymir (1) Name, hinter dem sich Utgard-Loki verbirgt, als er mit Thor und dessen Gefährten zusammentrifft.

Skuld (1) eine der drei am Weltenbaum wohnenden Nornen.

Skuld (3) Tochter König Helgis von einem überirdischen Wesen, Schwester Hrolf Krakis. Sie stiftet ihren Gatten Hjörvard zum Verrat an ihrem Bruder an.

Sleipnir (1, 12) das achtbeinige Ross Odins.

Sörli (9) Sohn Gudruns und des Königs Jonaker, Bruder Hamdirs, Halbbruder Svanhilds und Erps.

Sognfjord (13) eingeschnittene, verzweigte Bucht im südwestlichen Norwegen.

Spangarheide (6) »Zur Spangarheide« ist der Name des Gehöfts des Bauern Aki.

Starkad (3, 5) Sohn Storverks; Inbegriff des altdänischen Reckentums.

Storverk (3) Vater Starkads.

Suder (1) einer der vier Zwerge, die an den vier Ecken des Himmelsgewölbes stehen und es tragen (siehe auch Norder, Oster, Vester).

Surt (l) der Hüter von Muspellheim, das er mit seinem Flammenschwert bewacht. Beim Weltenende kämpft er aufseiten der Weltenfeinde und stiftet den alles vernichtenden Weltenbrand.

Suttung (1) Riese, der als Buße für den Tod seines Vaters Gilling von den Zwergen Fjalar und Galar den Dichtermet erhält.

Svadilfari (1) das Ross des Riesenbaumeisters, das diesem bei der Erbauung des Schutzwalls für Asgard hilft.

Svafnir (10) ein König, Vater Sigrlinns.

Svafrlami (12) Sohn König Sigrlamis, Herrscher über Gardariki.

Svanhild (9) Tochter Sigurds und Gudruns, Gattin König Jörmunreks; sie wird von Bikki verleumdet und von ihrem jähzornigen Gatten getötet.

Svava (10) die als Walküre auftretende Braut Helgis, des Sohnes Hjörvards.

Svavaland (10) Herrschaftsgebiet des Königs Svafnir.

Sverting (3) Sachsenkönig, Feind der Dänen und Frodis, Gefährte Hanefs.

Svipdag (3) ein tapferer Krieger, der die Berserker des Königs Adils besiegt und später von diesem in der Schlacht verräterisch im Stich gelassen wird. Darauf tritt er in die Dienste Hrolf Krakis.

Svjagris (3) d. i. »Schwedenferkel«; so heißt der Ring, den Yrsa ihrem Sohn Hrolf Kraki bei dessen Besuch in Schweden schenkt.

Terwingenland (12) Land der sonst auch als Visigoten bezeichneten Westgoten, im Gegensatz zu den Greutungen, den Ostgoten.

Thing (1, 7) Name der Rats- und Gerichtsversammlung.

Thjalfi (l) ein Bauernsohn, Begleiter Thors auf der Fahrt zum Utgard-Loki.

Thjassi (12) ein Riese, der König Sigrlami im Kampf tötet.

Thjazi (1) ein Riese, der Idun mit ihren Lebensäpfeln raubt und von Thor getötet wird; Vater Skadis.

Thjof (13) »Dieb« nennt sich der verkleidete Fridthjof bei König Hring.

Thökk (1) eine Riesin, die sich weigert über Balders Tod zu weinen und dadurch dessen Rückkehr vereitelt; angeblich eine Gestalt, hinter der sich Loki verbirgt.

Thor (1, 3) *deutsch* Donar, einer der bedeutendsten Asen; Kämpfer gegen die Riesen und Sieger über die Midgardschlange, durch die auch er den Tod findet.

Thora (6) Tochter Jarl Herrauds von Gautland, erste Gattin Ragnar Lodbroks.

Thorstein (13) Freund und Gefolgsmann König Belis, Vater Fridthjofs.

Thrym (1) Riesenkönig, der den Hammer Thors an sich bringt und dafür von Thor erschlagen wird.

Thrymheim (1) Wohnsitz Thryms.

Thund (1) Fluss vor Walhall, den die toten Helden überschreiten müssen.

Thurse (1) Bezeichnung für Riese. Das Wort ist auch *mhd.* überliefert: turse, türse. Türsenmaere: Erzählung von Riesen.

Thursenheim (1) Wohnsitz der Riesen.

Tindr (12) einer der zwölf Söhne Arngrims und Eyfuras.

Tofa (12) Tochter des Jarls Bjartmar, Gattin Angantyrs, Mutter Hervörs.

Tyr (1) *ahd.* Ziu, ein Ase; er verliert bei der Fesselung des Fenriswolfes eine Hand und heißt daher der »einhändige Ase«.

Tyrfing (12) von den Zwergen Dulin und Dvalin geschmiedetes Schwert, das eines Mannes Mörder werden muss, sooft es gezogen wird.

Ubbi (5) ein Friese, der in das Gebiet des Königs Harald Kampfzahn einfällt, dabei besiegt, dann aber verschont wird. Er erhält eine Schwester des Königs zur Frau und wird in dessen Gefolgschaft aufgenommen.

Unferd (2) ein Däne, der Beowulf aus Eifersucht herabzusetzen versucht, von diesem aber beschämt und schließlich zum Freund gewonnen wird.

Unn (3) Gattin Storverks, Mutter Starkads.

Unn (11) eine Tochter des Meerriesen Ägir.

Uppsala (3, 6, 12) Stadt in Schweden, alte Residenz der Könige.

Urd (1) gemeingermanische Bezeichnung für Schicksal (*as.* wurd, *ae.* wyrd, *ahd.* wurt), Name einer Norne.

Utgard (1) »das, was außerhalb der menschlichen Behausungen liegt«, Außenwelt, der Bereich der den Asen und Menschen feindlich gesinnten Mächte.

Utgard-Loki (1) der »Außenwelt-Loki«, Beherrscher des Asen und Menschen feindlichen Utgard.

Vafthrudnir (l) ein Riese, mit dem sich Odin im Rätselwettkampf misst. Davon berichtet die eddische Dichtung Vafthrudnismal. Ihr Inhalt bezieht sich vor allem auf die Welt, ihre Einrichtung und Ordnung.

Vaga-Schäre (l) »Wogenschäre«, das Eiland, auf dem Heimdall mit Loki um das Halsband Brisingamen kämpft.

Vali (1) einer der beiden Söhne Lokis von Signy.

Vali (1) Sohn Odins und der Rind, Rächer Balders.

Valtam (1) nennt Odin seinen Vater, sich selbst Vegtam.

Van (l) der Strom, der als Speichel aus dem Rachen des Fenriswolfes fließt.

Varmund (8) König von Dänemark, Vater Offas.

Ve (l) Sohn Burs, Bruder Odins und Vilis.

Vegtam (1) ein Beiname Odins.

Vemund (4) Sohn König Sivards, Bruder Alfhilds.

Verdandi (l) Name einer der drei am Weltenbaum wohnenden Nornen.

Vermland (5) Landschaft in Schweden.

Veseti (5) von Seeland besiegt die Dänen, als ihn diese unter der Führung Halfdans angreifen. Er fällt in einem zweiten Krieg von der Hand des Königs Harald Kampfzahn, dessen Vater Halfdan er getötet hatte.

Vester (l) einer der vier Zwerge, die das Himmelsgewölbe tragen.

Vidar (l) der Ase, der den Tod Odins am Fenriswolf rächt.

Vifil (3) ein Bauer, der die Brüder Helgi und Hroar vor den Nachstellungen ihres Onkels verbirgt.

Vigleik (7, 8) König von Dänemark, Vater Varmunds.

Vigo (8) Sohn Frowins, Schwager Offas.

Vik (5, 13) »Bucht« in Norwegen; Fjord und Landschaft von Oslo.

Vikar (3) Sohn König Haralds von Hördaland, Gefolgsherr Starkads. Er wird Odin geopfert, dem er von Geburt an verpfändet ist.

Vili (l) Sohn Burs, Bruder Odins und Ves.

Vimur (l) Strom, durch den Thor waten muss, um nach Geirrödsgard zu gelangen.

Vingthor (l) Name für Thor.

Vögg (3) Gefolgsmann Hrolf Krakis, von dem der König den Beinamen »Kraki« erhält. Vögg rächt den Tod Hrolfs an dem Verräter Hjörvard.

Völva (1, 3) zukunftskundige Frau.

Waberlohe (l) das Feuer, das Gymirs Gehöft umgibt.

Wälsung (2) Vater Sigmunds, Onkel Fitelas. Fitela ist nach deutscher Überlieferung Sigmunds Sohn Sintarfizzilo, *an.* Sinfjötli.

Wagen-Thor (1) So wird der Ase Thor genannt, weil er seine Reisen mit einem von zwei Böcken gezogenen Wagen unternimmt.

Wal (3) zusammenfassender Name für die auf dem Schlachtfeld liegenden gefallenen Krieger. Daher die Bezeichnung »Walstatt« für das Schlachtfeld.

Walbrunna (4) »Leichenbrunnen«; die Stätte des Kampfes zwischen Sigar und Haki.

Walfischhöft (2) ae. Hronesnäs; »Walfischkap«, Vorgebirge an der Küste des Gautenlandes. Dort wird, weithin sichtbar, Beowulfs Grabhügel errichtet.

Walhall (1, 5, 12) »Halle für die im Kampf Gefallenen«. Dort sammeln sich die im Kampf gefallenen Krieger als Gefolgschaft um Odin als Führer.

Walküren (1, 3) Wesen übernatürlicher Herkunft, die auf Odins Geheiß die Auswahl treffen, wer in der Schlacht fallen soll.

Wanen (1) Göttergeschlecht, dem man vor allem die Fruchtbarkeit zuschrieb. Sie stehen zunächst in scharfem Gegensatz zu den Asen. Der Wanenkrieg endet jedoch mit Versöhnung und Frieden.

Warte (3) eine Beobachtungsstelle, an der man bei der Annäherung von Feinden ein Feuer als Signal entzündete.

Weohstan (2) Vater Wiglafs.

Wieland (2) der berühmte Schmied der deutschen Heldensage. Seiner Kunst schrieb man die besten Waffen zu.

Wiglaf (2) Gefolgsmann Beowulfs, der beim Drachenkampf als Einziger seinem Herrn beisteht.

Wikinge(r) (3, 6, 12, 13) kühne Seefahrer, die weit reichende Kriegs- und Beutezüge unternahmen.

Wolf im Heiligtum (13) »vargr i veum« hieß, wer im Heiligtum den Frieden gebrochen und dadurch sich selbst »friedlos« gemacht hatte.

Wonred (2) ein Gaute, Vater Wulfs und Eofors.

Wulf (2) Gaute, der gegen Ongentheow kämpft. Bruder Eofors, Sohn Wonreds.

Wyrd (2) Name für die Schicksalsgöttin; siehe Urd.

Yggdrasil (1) der Weltenbaum, in dem sich die gesamte Welt spiegelt. Yggr ist ein Beiname Odins, drasil = Reittier, also »Reittier Odins«. Nach alter Überlieferung wurde Odin am Weltenbaum gehenkt und mit einem Speer durchbohrt.

Ymir (1, 13) der Riese, aus dessen Leibesteilen die Welt errichtet wird. Er ist das erste Lebewesen; Ymirs Schädel = der Himmel.

Yngvi (12) König in Schweden, Vater Ingibjörgs.

Yrsa (3) Tochter des Königs Helgi. In Unkenntnis ihrer Abkunft nimmt Helgi sie zur Gattin. Sie ist die Mutter Hrolf Krakis.